Für meine Söhne

Scientology – Wahn und Wirklichkeit
28 Jahre in einer Psychosekte

MENSCH vs. SCIENTOLOGY –
Gesellschaft gegen Dogmen und Abhängigkeiten
1170 Wien
www.mensch-versus-scientology.org

2. Auflage 2005

Covermotiv: Angelika Wieland
Layout und Satz: Mensch vs. Scientology
Druck: Borgis, Bratislava

ISBN 3-200-00394-4

Inhalt

Vorwort

28 Jahre - mehr als die Hälfte seines Lebens war Wilfried Handl Mitglied bei Scientology. Er hat in dieser Zeit eine Unmenge an Erfahrungen gesammelt und kennt die Innensicht dieser Gruppierung wie nur wenig andere.

Über die Jahre hinweg haben eine Reihe von Personen Scientology verlassen, viele von ihnen wollen nie über ihre Erlebnisse sprechen. Es ist erstmals in Österreich, dass eine Person wie Wilfried Handl, der über fast drei Jahrzehnte fest in Scientology verankert war und selbst in dieser Zeit Leitungsfunktionen in der Organisation inne gehabt hat, seine Erfahrungen in der Öffentlichkeit darstellt.

Es ist von großer Bedeutung, dass ehemalige Mitglieder über ihre Erfahrungen in Scientology berichten. Vor allem ist es wichtig, dass diejenigen es tun, die über einen derartig langen Zeitraum einen Intensiven Einblick in die internen Strukturen und Verhaltensweisen der Gruppe erhalten haben. Dies hilft die realen Hintergründe und Mechanismen zu erfahren, um so das tatsächliche Gefährdungspotential einer Organisation einschätzen zu können.

In diesem Buch beschreibt Wilfried Handl anhand seiner eigenen Lebensgeschichte, wie leicht es ist, in eine Gruppe wie Scientology hinein zu kippen, wie harmlos oft der Beginn anmutet und zu welchen Denkweisen er selbst durch die Lehre von Scientology geführt wurde. Deutlich wird in seiner Beschreibung, wie er schrittweise seine Persönlichkeit verändert und beginnt, Handlungen zu setzen, die in der Zeit vor Scientology nicht denkbar gewesen wären.

Der Austritt von Scientology ist vielfach ein schwieriger Weg. Es ist für Außenstehende kaum vorstellbar, was im Inneren eines Menschen geschieht, wenn er nach so langer Zeit erkennt, welcher Organisation er den größten Teil seines Lebens gewidmet hat. Man muss sich vorstellen, dass der Ausstieg von Scientology meist den Verlust des gesamten sozialen Netzes zur Folge hat. Nur wer es selbst erlebt hat, weiß, dass es unheimlicher innerer

Kraft und Mut erfordert, sein gesamtes Leben neu zu organisieren und einen Platz in der Gesellschaft zu finden.

28 Jahre Scientology sind nicht in wenigen Wochen zu verarbeiten. Hier braucht es eine sehr lange Zeit um er erkennen, wer man wirklich ist, seine Gefühle wieder zu entdecken und die angelernten – oft sehr stark in der Person verankerten – Inhalte und Verhaltensweisen von Scientology aufzuspüren und zu erkennen. Dieses Buch stellt mit Sicherheit einen Teil dieses langen Weges von Wilfried Handl dar, sein eigenes Leben bei Scientology zu reflektieren.

Diesen Erfahrungsbericht zeichnet eine große Offenheit aus, mit der sich Wilfried Handl diesem Thema stellt. Er kennzeichnet auf sehr glaubhafte Art und Weise das Leben in Scientology und schätzt seine Rolle als Scientologe sehr differenziert ein. Wilfried Handl stellt sich nicht nur als „Opfer" in diesem System dar, sondern sieht sich auch über lange Strecken seines Lebens in Scientology als „Täter". Er gibt dem Leser einen großen Einblick, was ihn dazu bewegt hat, so lange und so intensiv bei Scientology mitzuarbeiten. Durch diesen Perspektivenwechsel gewinnt dieser Erfahrungsbericht weiter an Wichtigkeit.

Sein Mut, einen Insider-Bericht an die Öffentlichkeit zu tragen und sich damit möglichen Anfeindungen auszusetzen, ist Wilfried Handl hoch anzurechnen. Möglicherweise kann dieses Buch dazu beitragen, dass auch andere Menschen den Weg finden, mit ähnlichen Erfahrungen an die Öffentlichkeit zu treten. Vielleicht liest auch der eine oder andere Scientologe dieses Buch und sieht diesen Erfahrungsbericht als einen Anstoß, darüber nachzudenken, ob vielleicht schon länger gehegte, geheime Zweifel an dem System nicht tatsächlich der Wahrheit entsprechen.

Mag. Martin Felinger
Gesellschaft gegen Sekten- und Kultgefahren, Wien

Wien, im März 2005

Einleitung

Nachdem ich im Jahr 2002 nach 28 Jahren Mitgliedschaft aus Scientology ausgetreten bin, wollte ich eigentlich nichts anderes als meine Ruhe – und mich zurück „erhalten"; wodurch auch immer.

Der Sommer 2004 brachte mir jenen heilsamen Schock, den ich brauchte, um endgültig zu wissen, was zu tun war.

Und bei diesem Aufarbeiten bin ich jetzt – ich durchlebe, ähnlich einem Heroinsüchtigen, den Entzug. Aber ich bin auf dem Weg zur Gesundung – das weiß ich.

Ich habe in den 28 Jahren bei Scientology meine Fähigkeit, zu fühlen und zu empfinden, verloren.

Ob man so etwas verlieren kann?

Ja.

Aber man kann es auch wieder gewinnen.

Nur dass das eine Weile dauern kann und sehr schmerzhaft ist.

Eine weitere Frage bewegt mich: Warum reagiert man so unmenschlich, lässt Taten geschehen, die ganz eindeutig unmenschlich sind - oder begeht sie auch selbst?

Ich stellte diese Frage nicht „intellektuell", sondern aufgrund meiner eigenen Biographie: Ich bin nicht nur Opfer von Scientology, sondern war in all den Jahren auch Täter, der das „Gesetz" L. Ron Hubbards in die Tat umsetzte.

Es gab bereits Systeme, die das Menschenbild ganz „neu" schreiben wollten – und auch entsprechend handelten.

Mir geht es nicht um Verurteilung oder Sippenhaftung – aber lässt sich aus der Geschichte nicht auch etwas lernen?

Was hat derjenige davon, der so etwas möchte?

Macht und Geld?

Aber wie steht es mit mir – warum habe ich diese 28 Jahre in dieser Art gelebt, selten oder nie etwas hinterfragt und sicher nichts unternommen, das dem Hubbardschen „Gesetz" zuwiderlief?

Eine Freundin hat mich vor einiger Zeit gefragt: „Warst du unzurechnungsfähig?"

Auch wenn mir die Antwort nicht leicht fällt – sie heißt „Ja".

Ich war diese 28 Jahre über weite Strecken ganz einfach nicht zurechnungsfähig.

Aber ich war nicht nur Opfer, sondern auch Täter, der in dieser Zeit das „Gedankengebäude" von Scientology aktiv weitergab.

Ich möchte daher alle Menschen um Verzeihung bitten, die ich in diesen 28 Jahren indoktriniert, verletzt, verführt oder betrogen habe.

Wilfried Handl

Wien, im Januar 2005

Zu diesem Buch

Ich erzähle in diesem Buch die Geschichte eines sehr großen Teiles meines Lebens.

Zur Erklärung möchte ich noch Folgendes vorausschicken: Ich werde in meinem Buch keine „Klarnamen" nennen - um die Personen zu schützen. Die meisten werden daher nur mit ihrem Vornamen oder ihrem abgekürzten Nachnamen angesprochen. Bei meinen 3 Söhnen habe ich auch ihre Vornamen weggelassen, da ich sie einerseits schützen möchte und sie andererseits so wenig wie möglich mit diesem Thema zu tun haben sollen.

Ich erzähle meine Geschichte, indem ich zuerst auf die letzten Jahre zurückblicke - im Kapitel „Die Jahre 2001 bis 2004" zu finden.

Dann gebe ich ein Gespräch wieder, das fiktiv ist und irgendwo an einem völlig unwesentlichen Ort zwischen einem Freund und mir stattgefunden hat, dem ich mein Leben in Scientology erzähle.

Wir beginnen dabei 1974 und enden mit dem Jahr 2004.

Ich versuche, ihm das Eine oder Andere zu erklären, mir selbst über das Eine oder Andere klar zu werden - die Chronologie stellt dabei das „Rückgrat" dar.

Danach finden Sie das Nachwort jenes Menschen, dem ich es zu verdanken habe, dass ich im Jahr 2002 den bisher wichtigsten Schritt in meinem bisherigen Leben gesetzt habe: Ich bin aus Scientology ausgetreten.

Im Anschluss daran habe ich im Anhang noch einige Themen beschrieben bzw. wiedergegeben.

Noch ein Wort zum literarischen Anspruch dieses Buches: Über weite Strecken ist dieses Buch in einem Stil geschrieben, der nicht unbedingt „nobelpreisverdächtig" ist - das ist damit auch nicht beabsichtigt. Es soll eine Wirklichkeit widergeben - manche Satzstellung mag falsch sein, das Erkennen der Wirklichkeit aber sehr viel richtiger.

Die Jahre 2001 bis 2004

Im August 2001 begann ich plötzlich Blut zu husten – einfach so, aus heiterem Himmel. Ich wurde immer schwächer und schwächer. Also legte ich mich irgendwann ins Bett, um diese „Sommergrippe" auszukurieren – so dachte ich und ignorierte die Tatsache des Blutes.

Ich blieb 14 Tage lang im Bett und dann war es der 14. September 2001, der eine dramatische Veränderung mit sich brachte.

Vormittags kam Christiane, die seit dem März dieses Jahres meine Ex-Frau war, kurz vorbei, und erschrak, als sie mich sah. Abends kam dann Angelika, die zu dieser Zeit meine Seelenfreundin war und mit der ich eigentlich eine Ausstellung besuchen wollte, und erschrak noch mehr.

Sie rief einen Notarzt, der sofort eine Überweisung fürs Krankenhaus schrieb, um eine exakte Diagnose stellen zu können.

Irgendwann zwischen 19 und 22 Uhr wartete ich dann auf die Röntgenbilder, die ein Arzt im Kaiserin-Elisabeth-Spital von mir gemacht hatte.

Anfang 1999 war ich an Hodenkrebs erkrankt – ein Hoden wurde mir operativ entfernt und die nachträglichen Untersuchungen ergaben keinerlei Ausbreitung in andere Organe. Ich sah damals überhaupt keinen Zusammenhang damit und war von meiner Theorie, einer Sommergrippe oder ähnlichem, felsenfest überzeugt.

Und dann kamen die Röntgenbilder.

Ich war gespannt, immer noch von meiner Meinung ausgehend, dass ich nur an etwas eher Harmlosem erkrankt wäre und das Ganze schon vorüber gehen würde.

Der Arzt schob die Röntgenbilder unter die Klemmen seines Leuchtpultes und meinte lakonisch: „Das ist Krebs. Das ist eindeutig zu sehen". Dabei wies er auf einige kreisrunde, weiße und rund 6 Zentimeter große Kreise in meinen Lungen.

Ja – und dann wusste ich es definitiv.

Ich hatte Krebs und ich dachte zum ersten Mal daran, zu sterben.

In den nächsten Tagen ging es mit mir immer mehr bergab – sowohl physisch als auch psychisch.

Am 19. September fuhr ich ins Krankenhaus, obwohl erst am Tag darauf meine Untersuchung angesetzt war - ich konnte ganz einfach nicht mehr und hatte Mühe, mich zu bewegen.

Innerhalb von wenigen Tagen ähnelte ich mehr einem Skelett als einem Menschen und zeigte als einzige Regung meine immer häufiger werdenden Hustenanfälle, die eine Menge Blut enthielten.

Ich landete in der internen Abteilung des Kaiserin-Elisabeth-Spitals und lag inmitten von mehr oder weniger ähnlichen Fällen.

Obwohl ich auch geistig immer weniger Kraft hatte, begannen sich Fragen, die eigentlich immer ähnlicher klangen, mehr und mehr Gehör zu verschaffen.

Ich musste ihnen eine Antwort geben – ich musste mir eine Antwort geben.

Warum passierte mir so etwas? Warum sollte ich sterben? War es „richtig", mich meinem Schicksal zu ergeben und den Tod zu akzeptieren?

Ich lag in meinem Bett, hatte eine Menge Besuche und sah die Betroffenheit der Besucher in ihren Augen.

Dabei hatten sie es verhältnismäßig einfach – sie konnten auf ihren zwei Beinen wieder aus der Tür hinausspazieren, während ich todgeweiht im Bett lag.

In den nächsten Tagen passierte eigentlich gar nichts – ich war Mittwoch ins Spital gekommen und am Wochenende waren nicht nur ich, sondern irgendwie auch die Ärzte genau so schlau wie vorher.

Ich hatte Krebs – das war eindeutig.

Aber was sollte jetzt passieren?

Zwei Menschen erreichten mich in meiner zunehmenden Apathie – mein ältester Sohn und Angelika.

Nach der Scheidung von Christiane war Angelika wieder in mein Leben getreten – in jungen Jahren waren wir rund 1 ½ Jahre ein Paar gewesen, danach trennten sich unsere Lebenswege, um sich nach fast 30 Jahren wieder zu kreuzen.

Angelika sagte mir unter Tränen, dass es noch so vieles gab, das wir gemeinsam erleben, einfach leben wollten.

Mit wem sollte sie das tun, wenn ich nicht mehr da wäre?

Ich sprach mit meinem Sohn, der 17 Jahre alt war und ziemlich genau verstand, in welcher Lage ich mich befand.

Er konnte sehen, was die Perspektive war. Aber hatte ich ihm nicht versprochen, dass ich ihn als sein Vater während der ersten Schritte ins Leben begleiten wollte? Er fragte mich, was er jetzt machen sollte – wer würde ihn jetzt begleiten?

Anfangs „forderte" ich ganz einfach noch die Anerkennung meiner Krankheit, meines Todes, und war mehr damit beschäftigt, wer meine Witwe sein sollte.

Aber mehr und mehr beschäftigte ich mich mit ihren Fragen.

Ich konnte zwar nichts dagegen tun, zu sterben – aber ich konnte etwas dafür tun, zu leben.

Und dann „beschloss" ich irgendwann an diesem Wochenende, leben zu wollen, alles tun zu wollen, um das, was ich jetzt durchmachte, zu überleben.

Am Montag sollte ich dann in ein Krankenhaus verlegt werden, das auf die Behandlung von Krebs spezialisiert war – dem Kaiser-Franz Josef-Spital.

Gegen Abend wurde ich mit der Rettung transferiert, bekam ein Bett in einem freundlichen 2- Bett-Zimmer und Professor P. saß neben mir, um die Aufnahmeformalitäten abzuwickeln.

Er wirkte sehr freundlich und ließ sich nicht anmerken, wie es wirklich um mich stand.

Am nächsten Tag wurden weitere Untersuchungen durchgeführt und ich bekam einen Katheter in die Brust eingepflanzt, über den sämtliche Medikamente verabreicht und alle intravenösen Interventionen durchgeführt wurden.

Dazwischen wurde die Lungenfunktion getestet - ich bekam in meinem Dämmerzustand gerade noch mit, dass diese fast nicht mehr messbar war.

Meinem Körper war der Sauerstoff entzogen – also bekam ich den Sauerstoff über eine Sauerstoffflasche, die man neben mein Bett stellte.

Und mir wurde gesagt, dass jetzt mit einer Chemotherapie begonnen würde. Ich hatte in einer ganzen Menge von Organen Tumore in unterschiedlicher Größe, vor allem meine beiden Lungenflügel waren förmlich übersät; daneben hatte ich noch Metastasen in den Nebennieren, in der Leber und in den Lymphknoten.

Mir war irgendwie alles recht – ich lag einfach da und merkte nur, dass ich die jeweiligen Sauerstoffflaschen immer schneller „aussoff".

Tag und Nacht wurden immer ähnlicher, irgendwann wachte ich auf, hatte einen sehr starken Hustenreiz, und ein riesiger Schwall Blut wurde von mir ausgekotzt.

Mein Nachbar holte den Arzt.

Erst später erfuhr ich, dass man die Chemotherapie abbrechen hätte müssen, wenn ich auf die Intensivstation zwecks künstlicher Beatmung, verlegt worden wäre.

Instinktiv wusste ich, dass es das zu Verhindern galt – und ich machte dem Arzt klar, dass ich mich nur verschluckt hätte, also kein Grund zur Panik.

So wurde ich am Tag darauf in ein 6-Bett-Zimmer verlegt, das einen fixen Sauerstoffanschluss bot – ich leerte meine Sauerstoffflaschen derartig schnell, dass die Schwestern mit dem Wechseln gar nicht nachkamen. Daher ein anderes Zimmer.

Mir war es gleich – ich döste da wie dort vor mich hin.

Und dann war meine erste Chemotherapie vorbei, und ich lag in meinem Bett, hatte die Sauerstoffmaske um und plötzlich das Problem, dass die Sauerstoffanzeige am „Anschlag" war. Im Klartext: Mehr konnte ich nicht aus der Zufuhr saugen, mehr ging nicht.

Was sollte ich tun?

Ich war von dieser Art der Sauerstoffzufuhr abhängig. Ich drohte zunehmend unter Sauerstoffmangel zu leiden.

Irgendwie hatte ich die etwas wahnwitzige Idee, den Hahn sukzessive herunterzudrehen – meine Sauerstoffzufuhr zu drosseln - was ich dann tat.

Und gleichzeitig wurde mein Hunger immer größer – nicht nur aufs Leben, auch auf die Mahlzeiten, die ich tagelang eher nicht wahrgenommen hatte.

Ich nahm auch meine Besucher immer mehr wahr.

Ich trat wieder in eine Beziehung zu meiner Umwelt ein.

Ich drehte meine Sauerstoffzufuhr so weit zurück, dass ich sie nach wenigen Tagen nicht mehr brauchte, aß zweifache Portionen und wurde plötzlich von Oberärztin K. informiert, dass ich einige Tage nach Hause könnte, bevor mit dem zweiten Durchgang der Chemotherapie fortgefahren werden sollte.

Zwischen den Durchgängen lagen fast 3 Wochen – und die Aussicht, nach Hause zu können, war eigentlich der pure Wahnsinn.

Da ich die letzten Wochen eher schläfrig verbracht hatte, erinnerte ich mich nur daran, dass ich mit meinem Leben abgeschlossen hatte – und jetzt konnte ich nach Hause, wenn ich wollte.

Ich lebte auf einmal wieder, hatte wieder eine Perspektive.

Also ging ich nach Hause – noch schwach, aber eben mit dieser Perspektive; wobei sie vorerst nur daraus bestand, dass ich leben würde.

Nur das „Was" war mir klar. Über das „Wie" hatte ich noch keine Sekunde nachgedacht.

Und dann stand ich erstmals nach so langer Zeit – zumindest empfand ich das so – wieder vor dem Schloss Wilhelminenberg in Wien, sah die wunderschöne Natur, den Himmel, die Sonne und blickte hinab auf Wien.

Ich fühlte mich wie neugeboren und verlebte einige Tage in dieser wiedergewonnenen Freiheit.

Dann fuhr ich zurück ins Spital, absolvierte meinen zweiten Durchgang der Chemotherapie – 5 Tage, während derer in rund

10 Stunden alle möglichen Substanzen durch meinen Körper liefen – und ging dann wieder nach Hause.

Diesmal war es schon anders als beim ersten Mal – das „Was" war alltäglicher geworden, das „Wie" stellte sich einfach vor mich hin und wollte erst irgendwann einmal gelöst sein.

Diesmal hatte ich über 2 Wochen der wiedergewonnen „Freiheit" bevor ich wieder ins Spital musste, um meinen dritten Durchgang zu absolvieren.

Ich hatte auch erstmals Zeit, die vergangenen Wochen an sich, aber auch mein ganzes Leben einmal Revue passieren zu lassen.

Die Intensivphase war vorüber – das spürte ich.

Ich spürte aber genauso, dass ich nicht einfach nur so über den „Berg" war.

In mir sagte es ziemlich laut und eindeutig, dass sich damit auch eine Aufgabe verband.

Und wenn man sich das Wort „Aufgabe" ansieht, dann entdeckt man darin sehr leicht das Wort „aufgeben". Es leitet sich vom mittelhochdeutschen „üfgeben" ab, entstand irgendwann im 13. Jahrhundert und meint ganz einfach „Aufhören, verzichten".

Irgendwie wurde mir schnell klar, dass ich nicht einfach so gesund werden konnte – meine Aufgabe war, herauszufinden, was ich genau tun musste. Das war die große Frage, auf die ich anfangs keine Antwort hatte.

Klar, ich würde mein Leben ändern – soweit, so klar. Würde es ändern müssen. Aber was sollte ich genau ändern?

Ich genoss einmal, bewusst wieder zu leben, verbrachte die Tage damit, ganz einfach diesen Umstand zu genießen, und ging danach wieder ins Spital zu meinem dritten Durchgang.

Mittlerweile war ich „Profi", absolvierte routiniert meinen fünftägigen Aufenthalt und ging danach wieder nach Hause.

Ich hatte sogar die Idee, den vierten Durchgang abzusagen, da ich der Ansicht war, dass ich diesen nicht brauchen würde und eine Chemotherapie ja bekanntlich jede Menge Gift in den Körper pumpt.

Mir waren die Haare ausgefallen, mein Schnurbart verschwand völlig, aber ich fühlte mich schon wieder fast wie der „Alte".

Trotzdem machte ich dann doch den vierten Durchgang – irgend etwas in „mir" traute mir selbst nicht wirklich über den Weg.

Ich wusste instinktiv, dass ich nicht darum herum kommen würde, mich mit meinem Leben auseinander zu setzen; mit allem, was mein Leben so ausmachte.

Aber noch hatte ich Zeit, konnte mich auf mein Patient sein ausreden und mich darauf konzentrieren.

Am 1. Dezember 2001 war mein 4. Durchgang Chemotherapie vorüber, meine Krebs-Marker waren schon wieder fast positiv, und ich sah keinen wirklichen Grund, der mich davon abhalten sollte, wieder ins Leben zurückzukehren.

Es gab eine Menge zu tun – ich war mittellos geworden, da ich in den letzten Monaten nichts verdient hatte, hatte Alimente für meine 3 Kinder zu bezahlen, auch sonst noch Verpflichtungen aller Art und wollte daher so schnell wie möglich wieder in meinen alten Job als selbständiger Marketing- und Werbungsberater zurück und einfach einmal Geld verdienen.

Ich war ja dem Schrecken entronnen – oder?

Im Januar wollte man an mir noch eine Bauchoperation vornehmen, um einen ursprünglich 12 cm, mittlerweile nur mehr 6 cm großen „Knödel" in der Bauchhöhle zu entfernen.

Ich wurde also operiert, und nachdem der besagte „Knödel" nicht einfach greifbar, sondern eine entartete Lymphdrüse war, musste man mir den gesamten Bauchinhalt „ausräumen", um dann festzustellen, das er über der Zuleitung der rechten Niere „saß".

Während der Operation „bröselte" diese Zuleitung, und meine an sich gesunde rechte Niere musste entfernt werden, da sie nun im wahrsten Sinne des Wortes „in der Luft hing". Da ein Gefäßchirurg anwesend war, konnte ich nach einigen Blutumleitungen wieder zusammengeflickt werden, und nach rund 8 Stunden landete ich im Aufwachzimmer des Spitals.

Mein Operateur kam auch nicht ganz ohne Schaden davon – er erlitt bei diesem Marathon einen Hexenschuss.

Was sich jetzt so salopp anhört, war das zweite Mal, dass ich an einer tödlichen Situation vorbeischrammte.

Aber ich ließ mir immer noch nichts anmerken – unter dem Motto: Life as usual. Das war mein Denken.

Unbewusst rollte der Zug – ich hatte es nur noch nicht bewusst realisiert.

Irgendwann kam dann ein Thema immer stärker in mein Bewusstsein: Scientology.

Ich war seit 1974 Mitglied dieser Gruppe – und erstmals seit sehr, sehr langer Zeit dachte ich darüber nach, was es bedeutet, ein Mitglied von Scientology zu sein.

Ich dachte an die Ereignisse zurück, die erst ein Jahr zurücklagen und mein Leben einschneidend änderten.

Anfang März 2001 standen meine damalige Frau Christiane und ich vor einem Familienrichter des Bezirkgerichts Josefstadt, um unsere 17-jährige Ehe aufzulösen.

Wir ließen uns einvernehmlich scheiden.

In den Monaten zuvor hatten wir diesen Schritt vorbereitet, in nächtelangen Diskussionen die verschiedensten Zukunftsszenarien durchgesprochen, um dann diesen Schritt zu setzen.

Wir trennten uns als Freunde. Für uns beide war es gleich wichtig, dass wir bei allem, was die Zukunft bringen würde, niemals irgend etwas auf den Rücken unserer Kinder austragen wollten. Ihr Leben sollte so wenig wie möglich durch diesen Schritt verändert werden.

Nachdem wir sogar kurzfristig überlegt hatten, dass wir weiter zusammen in unserer Wohnung leben würden – sie war 250 m² groß –, zog ich dann Mitte Februar 2001 aus und bezog eine kleine Mietwohnung in der Nähe. Sie wollte einige Monate später mit unseren 3 Kindern in eine kleinere Wohnung umziehen – diese lag ebenfalls nur einige Gassen entfernt.

Es änderte sich in den nächsten Monaten gar nicht sehr viel – ich war fast täglich bei ihr und unseren Kindern, half ihnen bei ihrem Umzug usw.

Wir begannen langsam, unser „neues" Leben zu planen - und zu leben.

Ich arbeitete die Jahre davor, wie gesagt, selbständig im Bereich „Marketing/Werbung", und musste mein Business wieder ankurbeln, da ich die Monate rund um die Scheidung sehr wenig in meinem Beruf gemacht hatte. Christiane war bisher hauptsächlich Hausfrau und Mutter gewesen – auch sie musste, den neuen Lebensumständen entsprechend, nun daran denken, dass es in Zukunft nicht mehr so gehen könnte, wie sie es bisher gewohnt war.

Man könnte sagen, dass es eine ganz normale Trennungsgeschichte war – mit all den üblichen Nebengeräuschen und Irritationen, dabei aber durchaus von Freundschaft getragen.

Wir hatten bei unserer Scheidung vereinbart, dass ich rund 1.500 Euro an Alimenten zahlen sollte, um derart den Lebensstandard von meinen Kindern und Christiane sicherzustellen.

Es war die ersten Monate nicht sehr einfach für mich, diese Summe zu verdienen - es funktionierte anfangs holprig, aber dann immer klagloser.

Und dann kam das Frühjahr – und der Faktor „Scientology" zum Tragen.

Was sich bisher wie eine durchaus übliche Geschichte angehört hat, bekam nun erstmals eine etwas andere Note.

Christiane und ich waren Scientologen.

Meine Geschäftstätigkeit bestand in den letzten Jahren vornehmlich daraus, mit einer Scientologen-Firma – „Business Success" – zusammenzuarbeiten. Ich war dort als Seminarleiter und Berater tätig.

Einer der Scheidungsauslöser bestand darin, dass mein nunmehrige Ex-Frau 2 Jahre zuvor ein außereheliches Verhältnis mit einem Mitarbeiter der Firma „Business Success" hatte, dessen Nachwehen sich bis ins Jahr 2001 bemerkbar machten. Meine Zusammenarbeit mit „Business Success" litt erheblich darunter.

Und dann kam auch noch WISE – das „World Institute of Scientology Enterprises" – eine Abteilung von Scientology, die alle wirtschaftlichen Belange „betreut".

„Business Success" ist ein Seminarunternehmen, das verschiedene Seminare zur Verkaufsförderung, Kommunikation und andere Trainings anbietet, die zu einem hohen Prozentsatz auf den „Technologien" von L. Ron Hubbard, des Gründers von Scientology, aufbaut.

Und „Business Success" war und ist WISE-Mitglied.

Und eines Tages kamen dann 2 Herren von WISE und beschäftigten sich mit „Business Success".

Und nachdem ich über „Business Success" ein Marketing-Seminar anbot, das fast nichts von L. Ron Hubbard enthielt, wurde es ganz einfach, und vor allem sehr schnell, verboten.

Jetzt könnte man natürlich als außenstehender Beobachter fragen: Wie gibt es denn so etwas? Leben wir in Nordkorea?

Nein, es ist schon Österreich, über das ich berichte.

Aber das Berufsverbot war trotzdem eindeutig.

Ich war seit 27 Jahren Scientologe und stand vor zwei Möglichkeiten: Einerseits konnte ich mit meinem restlichen Verstand durchaus sehen, dass da etwas ablief, was despotischen Charakter hatte, aber andererseits war ich durch meinen „Glauben" an Scientology in der Zwickmühle.

Nachdem ich noch mit der Zäsur unserer Trennung beschäftigt war, hatte ich nun ein weiteres Problem zu lösen.

Aber ich war derart auch mit dem Thema „Scientology" an sich konfrontiert.

Wobei man wieder fragen könnte: Der Mann ist jahrelanges Mitglied und plötzlich beschäftigt er sich damit? Was hat er die Jahre davor gemacht?

Und während ich begann, mich mit dieser Frage mehr und mehr zu beschäftigen, begann ich im August 2001 Blut zu spucken – um bekanntlich im Spital zu landen.

Damit wieder zurück ins Frühjahr 2002: Irgendwann läutete mein Telefon und Jasmin M. rief mich an und fragte, ob sie mir helfen könne.

Mich riefen damals sehr viele Menschen mit einer ähnlichen Frage an – nur ist Jasmin M. die „Ethikbeauftragte" der Wiener Scientology-Organisation.

Und damit verließ dieses Thema den Bereich des Unbewussten, und mir wurde schlagartig klar, dass ich eine Entscheidung treffen musste.

Die Ereignisse des Jahres 2001 machten „das Fass voll", dem Jasmin M. nur mehr einen Tropfen hinzufügen musste, um so dieses Fass zum Überlaufen zu bringen.

Jasmin M. ist ein liebes Mädchen um die Zwanzig, die vielleicht sogar daran glaubt, was sie tut und mich vielleicht auch angerufen hat, da sie dachte, mir damit wirklich helfen zu können.

Aber dahinter steht das Wort von L. Ron Hubbard – und der meint, wenn man es ganz einfach formuliert: *„Hinter jeder Krankheit steckt der eigene böse Wille, das eigene böse Tun; sonst wäre man nicht krank. "*

Und diese Glocke schrillte in mir – die „Ethikbeauftragte" bot mir ihre „Hilfe" an.

Irgendwie wurde es mir mehr und mehr zur Gewissheit, dass ich bei einer solchen Vereinigung nicht bleiben wollte – nicht bleiben konnte.

Ich machte mir damals noch überhaupt kein Gesamtbild, sondern hörte nur diesen schrillen Glockenton.

Einige Zeit später rief ich Andreas B. an, seines Zeichens „Direktor für Spezielle Angelegenheiten" – das ist so etwas wie der scientologische Geheimdienst –, und bat ihn um ein Treffen.

In einem japanischen Restaurant teilte ich ihm dann meinen Entschluss, aus Scientology auszutreten, mit.

Er wollte wissen, warum – aber das wusste ich damals selbst noch nicht so genau; ich wusste nur, dass ich austreten wollte.

Das Gespräch verlief dann über weite Strecken durchaus freundschaftlich, und er meinte nur, dass ich mich zu wenig bemüht hätte; was immer er damit gemeint haben mag.

Und damit war ich ausgetreten.

Ich hatte nichts wirklich behandelt oder verarbeitet – aber ich fühlte mich unheimlich erleichtert über diesen Schritt.

Ich hatte wirklich die Idee, ein Kapitel meines Lebens abgeschlossen zu haben.

Im Nachhinein betrachtet, die Schnapsidee schlechthin – dafür war ganz einfach dieses Kapitel zu lang; es würde sich nicht so einfach abschließen lassen.

Aber das würde ich erst eine ganze Weile später feststellen.

Im Frühjahr 2002 war ich einmal glücklich, dass ich diesen Schritt gemacht hatte – und damit war das Thema für mich abgehakt.

Ich ging mit allem in meinem Leben so um – jetzt war es Scientology, kurz davor war es der Krebs.

Mein Krebs war behandelt, Scientology war behandelt – alles kam in seine Lade und man ging wieder zur Tagesordnung über.

So sah ich die Dinge.

Aber „irgendwer" sah die ganze Sache dann doch etwas anders. Im August 2002 ging ich zur routinemäßigen Untersuchung und dabei entdeckte man eine weitere Krebsgeschwulst in meinem Kopf. Meine Tumormarker waren ebenfalls gestiegen.

Ich hatte die Monate davor ganz normal verbracht – versuchte mein Leben wieder zu organisieren, war 4 Wochen in Kroatien auf Urlaub gewesen, ging zu meinen Routineuntersuchungen und war guter Hoffnung, mein Leben bald wieder auf der Reihe zu haben.

Und dann fand man den Tumor in meinem Kopf – mein erster Gedanke, den niemand verstand und der auch mir anfänglich nicht klar gewesen ist: ein „Reminder".

Nur, woran ich mich erinnern sollte, ahnte ich damals noch nicht.

Dafür hatte ich das erste Mal wirklich Angst.

Auch wenn es nicht ganz nachvollziehbar klingt: Im Herbst 2001 hatte ich keine Angst.

Diesmal schon.

Die allgemein übliche Meinung, dass Metastasen im Kopf das letzte Stadium vor dem Tod bedeuten, wirkte.

Anfang September wurde ich im Allgemeinen Krankenhaus in Wien mittels „Gamma-Knife" behandelt. Sehr vereinfacht ausgedrückt: Das ist eine Behandlung, bei der hochkonzentrierte, radioaktive „Ladungen" auf den Tumor „geschossen" werden; dabei muss man den Kopf nicht operativ öffnen.

Die ganze Behandlung nahm insgesamt nur einen Tag in Anspruch: Den Nachmittag und die Nacht verbrachte ich im Spital, am nächsten Morgen wurde ich „ge-gammaknifed" und ging danach nach Hause.

Aber die erstmals verspürte Angst bewog mich, jetzt einmal wirklich damit zu beginnen, die Krankheit und vor allem mich selbst wahrzunehmen und nicht immer davon auszugehen, dass ich ohnehin alles am besten konnte.

Ich wusste damals noch nicht, woher ein derartiges Denken kam – aber immerhin erkannte ich, dass ich nicht alles wusste und konnte.

Also konsultierte ich verschiedene Ärzte, Therapeuten, las eine ganze Menge – aber behielt dabei mein „übliches" Benehmen.

Letztendlich wollte ich nur die „Absolution" - dass man mir versicherte, dass ich super, ein Wahnsinn oder sonst etwas war.

Ich hatte zwar ein Stückchen kapiert, aber lange noch nicht alles – trotz der leichten „Schläge auf den Hinterkopf".

Also vergingen wiederum einige Monate, in denen ich zwar alles mögliche unternahm, aber noch immer nichts aufklärte.

Meine persönliche Situation sah damals folgendermaßen aus: Auf der einen Seite war Christiane und meine 3 Söhne, auf der anderen Angelika.

Meine Krebserkrankung hatte zwar eine Verschärfung der Lage mit sich gebracht, aber ich war nach wie vor fast täglich bei meinen Söhnen und unterhielt auch eine freundschaftliche Beziehung zu Christiane - was für Außenstehende oft gar nicht so leicht nachvollziehbar war.

Angelika war von der anfänglichen Seelengefährtin zur geliebten Lebenspartnerin geworden.

In den Monaten zwischen meiner Bauchoperation und der Entdeckung meiner Kopfmetastase war es vor allem ein Problem, das immer mehr in Mittelpunkt rückte: Meine finanzielle Situation.

Ich war vor meiner Erkrankung selbständig gewesen – durch meine Krankheit fiel dieses Einkommen komplett aus.

Seit Dezember 2001 war ich ein Sozialfall und bekam rund 800 Euro an Sozialhilfe ausbezahlt.

Ich konnte meine Familie nicht mehr finanziell unterstützen, von meiner vereinbarten Alimentenzahlung ganz zu schweigen.

Die Ärzte sagten mir Anfang 2002, dass ich wahrscheinlich zumindest 1 Jahr brauchen würde, um wieder der „Alte" zu sein und voll in meinem Beruf arbeiten zu können.

Und ich hatte noch eine weitere Hürde zu überwinden: In den letzten Jahren arbeitete ich in erster Linie für Scientology-Firmen oder bekam Kunden über diese.

Durch meinen Austritt aus Scientology war dieser Weg vollkommen verschlossen, da es ein Gesetz von Scientology gibt, nicht mehr mit einem „Abtrünnigen" in Kontakt zu sein. Ich hatte also alle Kontakte und Freunde damit schlagartig verloren.

Nach dem Sommer 2002 wollte ich aber trotzdem wieder beginnen – wie das ging, hatte ich in meinem Leben schon mehrmals durchlebt.

Durch das neuerliche Rezidiv erlitt mein Optimismus einen argen Dämpfer.

Christiane hatte im August 2002 über das Internet einen Mann, namens Cliff, kennen gelernt. Im Herbst besuchte sie ihn in den USA – und plötzlich stand die Idee im Raum, zu ihm nach Amerika zu ziehen.

Ursprünglich wollte sie mit den Kindern im Sommer 2003 in die USA fliegen, um derart einmal zu sehen, wie es sich dort für die Kinder leben ließ.

Dann kam Cliff nach Wien und plötzlich wollte Christiane schon im Dezember 2002 in die USA übersiedeln und begann die Auflösung des Haushaltes zu planen.

Während wir in tagelangen Gesprächen versuchten, eine Lösung zu finden, die vor allem die beste für unsere Kinder war, rückte der Abreisetermin immer näher.

Ich konnte sie damals durchaus verstehen: Ihr ehemaliger Mann litt an Krebs und seine Lebensaussichten hatten sich nach der Kopfoperation extrem verschlechtert; ihre Einkommenssituation zeigte ebenfalls keine wesentliche Verbesserung, da ich mit hoher Wahrscheinlichkeit noch eine ganze Weile finanziell ausfallen würde.

Aber für unsere Söhne konnten wir keine wirkliche Lösung finden – plötzlich mussten sie sich zwischen Alabama und Wien entscheiden; etwas, was niemand wirklich wollte.

Im Nachhinein betrachtet habe ich damals völlig falsch reagiert – aber ich war nicht in der Lage, einen vernünftigen Gedanken zu fassen.

Zusätzlich zu meiner persönlichen Situation war ich plötzlich mit etwas konfrontiert, dessen Tragweite ich maximal erahnen konnte.

Sosehr ich den Gedanken aus Christianes Sicht nachvollziehen konnte, so sehr war mir bewusst, dass es unsere Kinder im wahrsten Sinne des Wortes „zerreißen" musste.

Aber eine wirkliche Lösung war damals nicht in Sicht.

Und so kam der Dezember und Christiane flog mit unseren beiden jüngeren Söhnen am 4. Dezember 2002 in die USA. Unser ältester Sohn blieb in Wien und zog zu mir.

Unser jüngster Sohn war damals knapp 10 Jahre, sein Bruder 15 Jahre alt, ihr ältester Bruder stand vor seinem 18. Geburtstag.

Es war ein sehr trauriger Abschied, bei dem es uns zum Schluss nur mehr möglich war, uns unter Tränen festzuhalten.

Unsere Familie war endgültig zerrissen worden – aber Christiane und ich hielten eines weiterhin für das Wichtigste: Unsere Söhne sollten so wenig wie möglich unter den Umständen leiden. Alles sollte vermieden werden, um ihre Herzen noch weiter zu verletzen.

Als wir uns unter Tränen verabschiedeten, versprach sie mir, dass sie auch in Amerika dieses Gelöbnis nicht vergessen würde.

Cliff hatte sich zuvor als ein Mann präsentiert, der alles tun würde, um eine Beziehung zwischen den Kindern und ihren leiblichen Eltern zu gewährleisten.

Er war Scientologe – und er wusste, dass ich aus Scientology ausgetreten war und Krebs mit einer schlechten Lebensaussicht hatte. Er wusste auch, dass vor allem die erste Zeit in Amerika nicht einfach werden würde, da meine Kinder keine Aufenthaltsgenehmigung hatten und daher z.B. eine Privatschule besuchen mussten, die teuer war, und überdies keine Krankenversicherung hatten.

Aber er meinte nur, dass das kein Problem sei – genau so wie es kein Problem sei, wenn ich nach Amerika fliegen wollte: Er würde selbstverständlich die Tickets bezahlen, da er über meine finanzielle Situation Bescheid wusste.

Zumindest aus finanzieller Sicht schien die Zukunft meiner Familie abgesichert zu sein – aber überhaupt nicht emotional.

Mein ältester Sohn war in Wien geblieben – und er wurde mit meiner Gesamtsituation in einer Art und Weise konfrontiert, die für ihn die ersten Monate sehr schwer war. Er war es in den Jahren zuvor gewohnt, in einer großen Wohnung mit eigenem Zimmer und ohne finanzielle Sorgen zu leben. Er besuchte die 7. Klasse Gymnasium, wollte maturieren – und lebte plötzlich mit mir in einer Gemeindewohnung, die nur einen Raum für uns beide bot.

Es war völlig klar, dass mein Sohn bei mir leben würde – über das „Wie" waren wir uns beide nicht so klar.

Ich würde natürlich versuchen, meinen Sohn auch zu versorgen – auch hier bedachte ich nicht, wie das mit 800 Euro im Monat gehen sollte.

Aber ich verdrängte diese Gedanken.

Zwischen Dezember 2002 und März 2003 war mir überhaupt sehr wenig wirklich klar – auch nicht jener Tag am Vorabend der Abreise von Christiane und meiner Söhne.

Eine Schwester von Christiane half ihr damals, den Haushalt aufzulösen, und an besagtem Vorabend kam noch eine andere Schwester von ihr: Doro G.

Nicht, um ihr ebenfalls zu helfen, sondern in „Heiliger Mission".

Doro war zuvor mit einem ehemaligen Geschäftspartner von mir verheiratet gewesen und wir verstanden uns eigentlich über all die Jahre gut.

Auch Doro G. ist Scientologin, arbeitete jahrelang bei der Scientology-Firma „Business Success" und war mittlerweile in die sogenannten „Seeorganisation" von Scientology eingetreten.

Diese Seeorganisation ist die paramilitärische Organisation von Scientology, deren rund 5.000 Mitglieder laufen der Einfachheit halber gleich in Uniformen herum.

Und dann betrat Doro G. die Wohnung von Christiane, sah mich und „strafte" mich mit einem eiskalten Blick, den ich bei ihr bis dahin noch nie gesehen hatte.

Ich verabschiedete mich gerade, als sie den Raum betrat.

Damals dachte ich mir nicht wirklich etwas dabei, da mich der Abschied mehr als nur beschäftigt hielt.

Und die Zeit danach sollte ich ja jede Menge anderer Probleme haben.

Es kam das Jahr 2003, und ich hatte seit Anfang Januar immer öfter Kopfweh und nahm immer mehr schmerzstillende Tabletten.

Anfang März 2003 verschlechterte sich mein Zustand derart, dass ich mit der Rettung – wieder einmal – im Allgemeinen Krankenhaus landete.

Nach stundenlangen Untersuchungen eröffnete mir der diensthabende Arzt, Professor M., dass der Tumor in meinem Kopf scheinbar das „Gamma-Knife" ausgetrickst hatte, inzwischen 6 cm groß war, und den Abfluss der Gehirnflüssigkeit verhinderte, wodurch der Druck im Schädel enorm war.

Die einzige Möglichkeit der Behandlung: Sofortige Operation.

Während ich noch versuchte, all dies zu verarbeiten, schob man mich bereits in den Operationssaal.

Ich kam nicht umhin, auch dort noch einen Witz zu reißen und versank dann in die Narkose.

Irgendwann nach Mitternacht wachte ich auf der Intensivstation auf und verspürte mehr und mehr den Schmerz und Schwindel in meinem Kopf.

Ich wollte wieder zurück in mein normales Leben, obwohl das aus medizinischer Sicht nicht so eindeutig war. Irgendwann schaffte ich das auch – ich kam wieder zurück in mein „normales" Krankenzimmer und lag dann dort mehr oder weniger bewegungslos.

Aber noch wirkten die Medikamente der Operation, und ich hatte immer wieder wache Energieschübe. Diese vergingen aber bald und entließen mich in eine Agonie, die ich bis dahin noch nicht erlebt hatte.

Ich nahm mich völlig reduziert wahr, freute mich zwar, wenn mich jemand besuchte – aber eigentlich nur für wenige Sekunden. Dann musste ich wieder schlafen.

So vergingen fast 3 Wochen.

Dann steigerten sich meine Kopfschmerzen plötzlich extrem – es war kaum auszuhalten.

Ich durchlebte einen Tag des Schmerzes, bei dem auch die zahlreichen Schmerztabletten wenig bis nichts halfen.

Ich war zeitweise völlig weggetreten und schlief dann irgendwann ein.

Am nächsten Tag wachte ich auf – und meine Schmerzen waren weg.

Dafür war etwas anderes da: Der Gedanke, nach Hause gehen zu wollen.

Und ich ging auch nach Hause.

Einige Tage später verließ ich das Allgemeine Krankenhaus – zwar noch auf sehr unsicheren Beinen, aber ich ging nach Hause.

Und dann saß ich wieder im Leben – in meinem Fall im wahrsten Sinne des Wortes; ich konnte nämlich nicht sehr viel anderes, als dumpf starrend herumzusitzen.

Diesmal hatte es mich wirklich „erwischt".

Ich hatte schon Einiges erlebt in den letzten Jahren – aber das war eindeutig der Gipfel.

Während ich die nächsten Wochen mehr oder weniger dumpf verbrachte, begann ganz langsam wieder die Umwelt an Kontur zu gewinnen.

In dieser Phase bekam ich einen Brief von Scientology Österreich – ganz lakonisch wurde mir mitgeteilt, dass ich zur „Unterdrückerischen Person" erklärt wurde. Schlagartig konnte ich den Blick von Doro G. im Dezember des Vorjahres deuten – ich war von Scientology zum „Bösen" erklärt worden.

Zur einfachen Erklärung: Scientology unterscheidet ganz einfach zwischen den „Guten" – den Scientologen – und den „Bösen" – den Anti-Scientologen. Ich kannte das – schließlich war ich 28 Jahre lang Mitglied bei Scientology gewesen – und war darüber nicht einmal sonderlich überrascht.

Ich hatte ganz andere Sorgen – und vor allem die Idee, dass dies keinen Einfluss auf meine Söhne oder mich haben könnte.

Aber ich sollte mich täuschen.

Trotz der Entfernung war ich regelmäßig in Kontakt mit meinen Söhnen – und auch mit Christiane.

Den Umstand, dass sowohl sie als auch Cliff Scientologen waren, ignorierte ich.

Aber dann kam plötzlich ein Mail von Cliff mit folgender Kernaussage:

„Wir sind Scientologen, denen es ab sofort verboten ist, mit dir Umgang zu haben. Auch alles andere, was ich dir im Herbst 2002 versprochen hatte, kann nicht eingehalten werden. Um den Kontakt zu deinen Söhnen gewährleisten zu können, sollten sogenannte Telefonzeiten etabliert werden, um dies zu ermöglichen."

Ich ignorierte dieses Mail.

Dies fiel mir nicht sonderlich schwer, denn das Thema „Nachbehandlung" stand im Raum.

Ich hatte mich im Mai soweit von meiner Kopfoperation erholt, dass ich damit beginnen konnte.

Professor P. riet mir zu einer weiteren Chemotherapie.

Wie schon 2001 bekam ich auch diesmal wieder die „Rosskur"-Chemo, die ich aber wie damals problemlos vertrug.

Nach 5 Tagen verließ ich das Krankenhaus.

Diesmal fühlte ich mich aber einige Tage danach sehr schlecht – meine weißen Blutkörperchen verschwanden zunehmend.

Als Komplikation trat diesmal hohes Fieber auf, sodass ich ins Krankenhaus eingeliefert wurde, wo ich mit einigen Tagen Verspätung wieder in den „Genuss" der zweiten Chemotherapie kam.

Die ersten beiden Tage verliefen normal, aber dann merkte ich, dass alles plötzlich ganz anders wurde.

Ich bekam dunkel mit, dass ich wieder einmal in der Röhre des Computertomographen landete, hielt meinen Mitpatienten plötzlich für einen Spion der Ärzte, die Übles planten, und wusste den Code meines eigenen Handys nicht mehr.

Nachmittags besuchten mich zwei Freunde, und ich bot ihnen etwas zu trinken an – nur wollte ich das aus dem Schwesternnotruf bewerkstelligen, der über dem Bett hing, und aus dem absolut keine Flüssigkeit herauskam. Ein anderes Mal urinierte ich neben der Schwester auf den Boden, als sie mich um eine Urinprobe bat.

In einem hellen Moment realisierte ich, dass ich alles andere als normal war – und schon gar nicht so reagierte.

Ich war am Rande des Wahnsinns.

Mittlerweile hatten auch die Ärzte registriert, dass ich nicht normal reagierte, und eine Unverträglichkeit gegen eines der verabreichten Mittel festgestellt.

Ein Gegenmittel wurde mir daraufhin verabreicht, das wirkte.

Drei Tage später verließ ich das Spital und begann dann langsam zu realisieren, was in den letzten Wochen geschehen war – und war gleichzeitig damit konfrontiert, dass ich in rund zwei Wochen mit einer Hochdosis-Chemotherapie weitermachen sollte.

Meine Lebenserwartung wurde von den behandelnden Ärzten eher gering eingeschätzt – statistisch gesehen stand es optimistisch gesehen maximal 10:90, dass ich wieder gesund werden würde.

In mir regierte aufgrund dieser Tatsache die absolute Panik – und gleichzeitig rückte der erste Tag der „Turbo-Chemo" näher und näher - sehr vereinfacht ausgedrückt, besteht eine „Turbo-Chemo" daraus, dass das komplette Blut ausgetauscht wird; zuerst wird das eigene Blut entfernt und danach über Stammzellen wieder „aufgebaut".

Gleichzeitig wusste ich, dass ich wieder einmal eine Entscheidung treffen musste – ohne genau sagen zu können, was sie beinhalten würde.

Es war so ähnlich wie im Frühjahr des Vorjahres, als ich aus Scientology austrat.

Ich fuhr eine Woche aufs Land, um einfach einmal Abstand zu gewinnen.

Es war eine wunderschöne Woche – das Wetter war herrlich, die Natur stand in vollem Saft, und ich hatte ein wunderschönes und ruhiges Quartier.

In mir kam es mehr und mehr zur Ruhe.

Und irgendwann war mein Entschluss dann da: Ich würde die „Turbo-Chemo" nicht machen, aber ich würde mein Schicksal selbst in die Hand nehmen; denn ich wusste auch, dass ich nicht einfach nur „Nein" sagen konnte, sondern auch „Ja" sagen musste, wenn ich leben wollte.

Ich erholte mich relativ rasch und im August 2003 fuhr ich sogar eine Woche, aufgrund der Einladung eines Freundes, nach Kroatien segeln.

Im Herbst 2003 wollte ich mit dem Ja-Sagen beginnen, alle meine Lebensthemen unter dem Bett hervorzuzerren und hinterfragen.

Es dauerte fast 5 Monate, bis ich derart wenigstens eine Art „Themenkatalog" erstellt hatte – ansonsten schlich ich eher wie die Katze um den heißen Brei herum.

Aber ich erkannte, dass Scientology eines dieser Themen war – wenn nicht das Hauptthema.

Am 25. Januar 2004 feierte ich meinen 50. Geburtstag und ich nahm mir für das folgende Jahr vor, wirklich alles anzusehen, was in meinem Leben bisher war, und einmal wirklich „zusammenzuräumen".

Das Thema „Scientology" wurde sehr schnell zum Hauptthema. Seit meinem Austritt aus Scientology waren fast zwei Jahre vergangen und mir wurde eines immer klarer: Alleine würde ich es niemals schaffen, das Thema „Scientology" aufzugreifen und all die „Muster" zu erkennen.

Im Februar brach ich unter dieser „Last" zusammen und lernte mich von einer ganz anderen Seite kennen: Bisher kannte ich mich nur als smarten Sunnyboy, der mit einem Lächeln und einem allgegenwärtigen Witz auf den Lippen durch das Leben lief – aber jetzt sah ich mich nur als ganz kleines, verunsichertes

Häuflein Elend, das eigentlich lebensunfähig war, da es nicht einmal wusste, welche Gedanken wirklich seine eigenen waren.

Und ich trat meinen „Gang nach Canossa" an – in meinem Fall zum Scientology-„Feind Nummer 1": Der Gesellschaft gegen Sekten- und Suchtgefahren und Mag. Martin Felinger.

In meiner Zeit bei Scientology wurde mir dieses Feindbild derart eingebrannt, dass ich glaubte, dass man nach einem Gespräch mit Mag. Martin Felinger nur deformiert oder schwer beschädigt herauskommen würde.

Unser erstes Gespräch dauerte fast 3 Stunden und ich kam danach um 3 Liter Schweiß „leichter" heraus, wollte aber die nächste Woche wieder kommen.

Wir hatten damit begonnen, über das Thema Scientology zu sprechen – ganz langsam und am Anfang sicherlich mehr schwitzend als denkend oder fühlend.

Was Ende Februar begonnen hatte, zeigte anfangs wenig Wirkung – aber ganz langsam kam ich hinter die Muster und Denkweisen von Scientology.

Im Juli 2004 erhielt ich dann ein Mail von Cliff.

Es war ein zorniges Mail – ein sehr böses. Neben Beschimpfungen aller Art, verbot er mir darin schlussendlich jeden Kontakt mit meinen beiden Söhnen.

Und dass er damit nicht spaßen würde, merkte ich, als ich in Amerika wie üblich anrief – und das Telefon formlos aufgelegt wurde, als ich meinen Namen nannte.

Es gab dann einigen „Mailverkehr" zwischen Cliff und mir und schlussendlich ein letztes Mail von Cliff:

> „Wilfred, I got your first email. You answered my questions I needed you to answer. There are no more questions from you I need to ask you. Also, my first email has stated everything you need to know about my position. Thank you for your answers. Have a nice life. I will not read or respond to anymore emails from you. Cliff"

Er wünschte mir ein schönes Leben - war er sich überhaupt irgendwelcher Auswirkungen seiner Taten oder Aussagen bewusst?

Ich war absolut am Boden – sowohl emotionell als auch vom Kopf her; ich hatte überhaupt keine Idee mehr, schwankte zwischen der Absicht, in ein Flugzeug zu steigen und nach Amerika zu fliegen und absolutem Versinken in tiefste Depression.

Wie konnte es so etwas geben? Mit welcher Menschenverachtung wurde da gedacht?

Ich fühlte mich unendlich müde, fertig mit der Welt.

Auf den ersten Blick sieht es nach einer ganz normalen Schlammschlacht nach einer Scheidung aus – so ähnliche Dinge passieren unzählige Male, beide Seiten werfen sich Dinge vor und die Kinder bleiben dabei auf der Strecke.

Was ich überhaupt nicht verstand: Wie konnte so etwas passieren, wo Christiane und ich vereinbart hatten, dass unsere Scheidung nicht bedeuten darf, dass unsere Kinder darunter leiden.

Wir wollten keine Stellvertreterkriege auf ihrem Rücken austragen.

Warum konnte man plötzlich so denken, konnte es zulassen, dass der Kontakt zwischen dem Vater und seinen Söhnen unterbunden wurde? Ich verstand überhaupt nichts mehr und wünschte mich manchmal wieder zurück in irgendein Bett in irgendeinem Krankenhaus – die schlimmste Diagnose könnte ich leichter ertragen als diese Situation.

Auch rechtlich hatte ich wenige Möglichkeiten – das machte mir die zuständige Richterin am Jugendgericht sehr schnell klar. Ich würde jeden Prozess gewinnen – sowohl was das Besuchsrecht als auch die Alimentenzahlungen betraf.

Aber das Urteil war nicht in Amerika vollstreckbar.

Und während ich noch in eine tiefe Hoffnungslosigkeit versank, trat immer mehr ein Umstand vor mein Auge: Kannte ich dieses Denken nicht? Auch wenn es mich erstmals selbst betraf – waren mir deren Inhalte nicht über all die Jahre vertraut?

Die nächste Frage lag dann praktisch auf der Hand: Woher kommt dieses Denken?

Und auch die Antwort darauf fiel mir nicht wirklich schwer: L. Ron Hubbard und Scientology.

Ich hatte wieder einmal vergessen, dass ich 28 Jahre lang nicht nur Mitglied von Scientology war, sondern dieses Denken gelebt und verinnerlicht hatte.

Und damit hatte ich den letzten Anstoß, den ich benötigte, um dieses Kapitel wirklich anzusehen – endlich.

Und ich begann es diesmal wirklich.

Ich ließ nochmals die letzten Jahre Revue passieren und sah noch einmal meine Krankheit, die Reaktionen von Christiane und ihres nunmehrigen Mannes, Cliff. Ich sah, dass es mir verboten war, mit meinen eigenen Kindern in Kontakt zu sein. Gleichzeitig weiß ich auch, dass Christiane ein liebenswerter Mensch ist.

Aber was macht jemanden zu einem gefühlskalten, dogmatisierten Menschen?

Diese Frage beschäftige mich, denn ich konnte mehr und mehr erkennen, dass ich auch in mir diese Gefühlskälte und diesen Dogmatismus fand.

Ich war selbst 28 Jahre lang Mitglied in Scientology.

Und ich war jetzt erschüttert, dass es so etwas gab – aber habe ich dazu wirklich 28 Jahre gebraucht?

Und war ich in diesen 28 Jahren nicht auch so gewesen, wie ich es jetzt sehen konnte, da andere so agierten und ich selbst davon betroffen war?

Ich fragte mich, was Menschen dazu bringt, lieber in solchen „Schlachten" unterzugehen, als danach zu trachten, auch als Menschen zu leben?

Und: Was ist die beste Antwort auf jede Frage?

Die Wahrheit.

Auch wenn sie weh tut.

Einige Erklärungen, die man benötigt, um die künstliche Welt von Scientology halbwegs zu verstehen ...

Ein wesentlicher Grund dafür, dass sich Scientologen ganz „automatisch" nach sehr kurzer Zeit nur mehr mit anderen Scientologen verstehen, liegt für mich in der Kunstsprache von Scientology.

In 2 dicken Bänden wird sowohl der „technische" als auch der administrative Bereich definiert und so erklärt, wie es Scientology sieht - und benennt.

Man spricht dann nicht mehr deutsch oder eine andere Sprache, sondern „scientologisch" – und das verstehen wiederum nur andere Scientologen.

Fast zwangsläufig wendet man sich von allem anderem ab – wie das vor sich geht, habe ich am eigenen Leib erlebt.

Für einen Außenstehenden ist es daher auch fast unmöglich, sich auf Anhieb mit Scientology auseinander zu setzen. Das Gleiche gilt, wenn man über Scientology schreibt – will man den Leser nicht vollständig verwirren, muss man zumindest die wichtigsten Worte, die immer wieder in Scientology verwendet werden, beschreiben.

Ich habe daher am Anfang dieses Buchteiles eine Auswahl dieser Worte gestellt – es sind meine Definitionen, nicht jene von Scientology; das heißt: Was sie wirklich sind und nicht, was jemand erzählt, was sie sein sollten, könnten oder sonst etwas.

Advanced Organisation (AO) – das sind Organisationen, welche die „höheren" Kurse anbieten und mit jener Organisation verbunden sind, die einen „Kontinent" managen; das europäische Hauptquartier von Scientology ist in Kopenhagen. England gilt in Scientology als eigener Kontinent, die Advanced Organisation ist Saint Hill Manor in East Grinstead.

Auditing – abgeleitet vom lateinischen audire (= zuhören) stellt es das zentrale Mittel bei Scientology dar. Dabei sitzen einander ein sogenannter „Auditor" und ein sogenannter „Preclear" gegenüber; dazwischen steht zumeist ein „E-Meter". Dann gibt es verschiedene Fragetechniken, die in einen Gesprächsprozess münden, der irgendwo zwischen Verhör, Hypnose, Therapie und Beichte angesiedelt sind.

Bank – damit meint Scientology nicht das Geldinstitut an der Ecke, sondern jenen Teil des Verstandes, der auch als „reaktiver Verstand" bezeichnet wird. Und den gilt es, so predigt es Hubbard, auszulöschen - und dazu hat er das Auditing „erfunden".

Brücke – diese „Brücke" beinhaltet ungefähr 20 Schritte und es finden sich dort neben anderem „Clear" und die „OT-Stufen".

Clear – Clear heißt bei Scientology nichts anderes, als dass ein Mensch „klar" sein würde, was soviel bedeutet, dass er keine eigene „Bank" mehr besaß. Im Hubbardschen Kochbuch steht, dass ein Clear keine Neurosen, Psychosen, Zwänge und Verdrängungen mehr hat - und natürlich auch keine Krankheiten; nur habe ich das in 28 Jahren nie gesehen. Unabhängig davon ist diese Stufe ein „Muss" für jeden Scientologen und die „Hälfte" des Weges auf jener „Brücke", die Hubbard skizziert hat (siehe dazu „OT"; dort findet sich die zweite Hälfte dieses Weges).

CSI (Church of Scientology) – die „Mutterkirche" und theoretisch höchste Autorität der "Religion" Scientology.

Dianetik – so stellt sich Hubbard eine Therapie vor. Er hat den Namen aus dem griechischen dia (= durch) und nous (= Verstand) abgeleitet. Am Ende dieser „Therapieform" ist man „Clear", dass heißt, man hat keine Bank und so weiter und so fort.

E-Meter – das scientologische „Zauberkästchen", eigentlich ein Elektrometer, das den Hautwiderstand misst, ohne das aber das scientologische Auditing mit wenigen Ausnahmen nicht möglich ist. Das E-Meter bestimmt bei Scientology letztendlich alles – wenn man an solche Dinge glauben möchte.

Ethik - das zentrale Thema bei Scientology und eine der „Fundamente" der Hubbardschen Gedankenwelt. Sie hat mit dem, was man normalerweise unter dem Begriff „Ethik" versteht, wenig bis gar nichts zu tun. Dabei sollte man nicht vergessen, dass er zuvor Science-Fiction-Autor war.

Flag (Flag Land Base) – das technische „Mekka" von Scientology und ein Hauptquartier der sogenannten „Seeorganisation" in Clearwater/Florida.

Guardian Office (GO) – die „Schutzengel", die bis zum Anfang der 80er-Jahre Scientology vor allen möglichen „Feinden" verteidigte. Am Ende wanderte deren Chefin – Hubbards Ehefrau Mary Sue – wegen Verschwörung u.ä. in ein amerikanisches Gefängnis, und man installierte einen Nachfolger: OSA – Office of Special Affairs (Büro für spezielle Angelegenheiten), das dort fortfuhr, wo das Guardian Office aufhörte.

IAS (International Association of Scientologists) – offiziell werden hier die Mitgliedschaften verwaltet, inoffiziell bezeichne ich sie gerne als „rasende Geldeintreiber"; andere sehen in ihr das „Kriegsministerium" von Scientology.

Mind – das meint Hubbard den Verstand, aber Scientology unterscheidet dabei den analytischen, den reaktiven und den somatischen Verstand. Der analytische Verstand analysiert, so seine These, im somatischen findet sich z.B. die Atmung und dem reaktiven wird mit den „Rezepten" Hubbards der Garaus gemacht. Auditing und E-Meter sei dank – am Ende kommt dann Clear oder sonst etwas heraus.

Organisation (Org) – wenn ich in meinem Fall von Scientology-Organisationen hier in Wien spreche, meine ich immer zwei: Einerseits jene im 10. Bezirk, die ursprünglich aus dem von Gottfried Helnwein gegründeten „Zentrum für Kunst und Kommunikation" hervorging und nun als

„Celebrity Center" Berühmtheiten sucht, die wie Tom Cruise die Fahne Scientologys hochhalten. Nur dass sie in Österreich noch nie richtig fündig wurden und selbst Gottfried Helnwein behauptet, dass er nur einige kleine Kurse in Scientology gemacht hat – und das als „OT" und Gründer eines Scientology-Zentrums. Andererseits jene, die vorher im 7. und nunmehr im 6. Bezirk als „Scientology Kirche Österreich" residierende Organsiation. Das Wort „Kirche" darf einen dabei nicht irritieren – es ist keine Kirche, lediglich der Verein heißt so, unter dem Scientology hier in Österreich firmiert.

OSA (Office of Special Affairs – Büro für spezielle Angelegenheiten) – als Nachfolger des Guardian Office wurde es Mitte der 80er-Jahre installiert. Trotz der Umbenennung ist es im Großen und Ganzen mit den gleichen „Aufgaben" betraut.

OT (Operierender Thetan) – wenn man Clear ist, kann man die sogenannten „OT-Stufen" 1 bis 8 machen und ist danach ein „operierender Thetan" (siehe dazu auch „Thetan").

Policy (Gesetz) – enthält Richtlinien und Befehle Hubbards, die man als Scientologe in der Form einzuhalten hat, wie sie geschrieben stehen.

Preclear (PC) – damit bezeichnet man in Scientology jedermann, den es zu „klären" gilt. Tritt dann auf, wenn Auditing eintritt und auf der einen Seite der Auditor (= der Zuhörende) und auf der anderen Seite der Preclear sitzt.

Potentielle Schwierigkeitsquelle (Potential Trouble Source – PTS) – neben den „Unterdrückern" die zweite wichtige Gruppe aus Sicht von Scientology. Jeder, der irgendwie nicht mit Scientology einverstanden ist oder aus Sicht von Scientology einen „Makel" aufweist, wird automatisch dieser Gruppe zugeordnet.

Publics – damit werden von Scientology alle Menschen bezeichnet, die nicht Mitarbeiter einer Organisation sind. Man unterscheidet dabei „Publics", die einen Scientology-Kurs oder ähnliches machen und „Raw-Publics", die auch gerne als „Frischfleisch" bezeichnet werden und die noch nicht mit Scientology in Berührung gekommen sind.

RPF (Rehabilitation Project Force) – sehr vereinfacht ausgedrückt sind das Straflager, wo unproduktive „Seeorganisations"-Mitglieder interniert werden, um Gehorsam zu „lernen".

RTC (Religious Technology Center) – David Miscavige ist der Chef dieser „gemeinnützigen" Körperschaft, die in Kalifornien angesiedelt ist und alle scientologischen Dienstleistungs- und Warenzeichen besitzt, verwenden darf oder auch nicht. Auf jeden Fall „beschützt" das RTC Scientology wachen Auges und achtet dabei vor allem darauf, dass im Scientology-Reich nicht einmal ein Schirmständer umfallen darf, ohne dass dies vom RTC genehmigt wird.

Saint Hill Manor (East Grinstead) – ein alter Landsitz im Süden England, den Hubbard einem Maharadscha abgekauft hat, wo er selbst lange lebte, viel schrieb und wo jetzt eine Advanced Organisation besteht.

Scientology – das lateinische scire (= Wissen) und das griechische logos (= Lehre) mussten herhalten, um daraus eine Lehre vom Wissen zu machen. Hört sich doch gut an – oder?

Seeorganisation (Sea Org) – Hubbard gründete sie, als er mit einigen kleine Schiffen über die Meere zuckelte und behielt sie bei, nachdem er die Schiffe verkauft hatte, da ihm die „Struktur" gefiel. Ich betrachte sie als Basis für den ganzen Apparat – rund 5.000 Frauen und Männer laufen in Uniformen (samt Säbeln) durch die Gegend und exekutieren das Wort ihres Herrn. Die Vertragsdauer beträgt dabei 1 Milliarde Jahre und ihr Motto ist demgemäss „revenimus" (wir kommen wieder). Hubbard war Science-Fiction-Autor und daher darf dies nicht verwundern. Berichte ehemaliger Seeorganisations-Mitglieder geben ein Bild, wie deren Leben in Wirklichkeit aussieht.

Thetan - der Thetan ist das Schlüsselwort in Scientology - sehr vereinfacht ausgedrückt, ist man das selbst, ohne dabei „Materie, Energie, Raum und Zeit" zu „benutzen". Wie das geht, möchte Hubbard gerne der Menschheit klar machen. Auch dabei darf man wiederum nicht vergessen, dass Hubbard Science-Fiction-Schreiber war, bevor er sich seine Thetantheorie ausdachte.

Unterdrückerische Person (Suppressive Person – SP) – der zentrale Begriff der scientologischen „Ethik-Technologie". Sehr vereinfacht ausgedrückt sind unterdrückerische Personen ganz einfach „böse" Menschen und Anti-Scientologen. Gemäß Hubbard fallen darunter u.a. Regierungsbeamte, Journalisten, Polizisten, Psychologen und überhaupt jeder Kritiker von Scientology. Auch eine eigene Meinung zu diesem Thema kann schon gefährlich sein.

WISE (World Institute of Scientology Enterprises) – zuständig für die Verbreitung der Hubbardschen Technologie in der Wirtschaft.

WOG (Scientology-Slang - engl. „Worthy Oriental Gentleman") – damit wird von Scientology alles und jeder bezeichnet, der nicht Scientologe ist. Ein Scientologe sieht in jedem Nicht-Scientologen - und das sind ja mehr als 99,99999 Prozent der Weltbevölkerung - jemanden, der „nicht einmal weiß, dass ein geistiges Wesen überhaupt vorhanden ist und sich für einen Körper hält". Und davor muss er - von Scientology - „gerettet" werden; die „Methoden" beschreibt Hubbard auf unzähligen Seiten.

Ein Gespräch ...

Es begann irgendwann im Herbst 1974. Ich kann mich nicht mehr so genau an den exakten Zeitpunkt erinnern. Er spielt aber auch keine wirkliche Rolle. Es war schon herbstlich, das weiß ich noch. Ich lernte damals in einem Folk-Club ein Mädchen kennen. Es war ein wunderschönes Mädchen mit langen blonden Haaren, das auch noch Moped fuhr. Ich war ein bisschen verliebt – mir gefiel, was ich sah. Du kennst das sicher aus deinem Leben.

Ich stand damals an einer Schwelle meines Lebens – war dabei, mich umzusehen, mich zu orientieren, für mich einen Sinn im Leben zu finden. Ich war die Jahre zuvor aufgewacht, hatte mich als Lehrling plötzlich dafür interessiert, was es außer stupiden Lehrtätigkeiten, wie Zettelschlichten oder ähnlichem, noch alles gab. Es war die Zeit der sogenannten „68er", die wie üblich, etwas verspätet nach Österreich kam. Ich habe mich damals einmal „politisiert", wollte in meiner Lehrfirma einen Lehrlingsvertrauensmann installieren und demonstrierte gegen den Schah von Persien, Vietnam und Richard Nixon. Das Wertebild, das ich bis zu meinem 17. Lebensjahr hatte, war erschüttert worden und ich hatte eine Menge an Fragen und bekam darauf nur sehr wenige Antworten.

Zwischen meinem 17. und 20. Geburtstag taumelte ich mehr oder weniger durchs Leben – und wusste dabei mehr, was ich nicht wollte und weniger, was ich wollte. Ich sah vieles, machte bei einigem mit, war aber irgendwie bei nichts mit meinem Herzen dabei. Ich sah die Radikalisierung, indem manche begannen, den Staat zu bekämpfen – um aber letztendlich doch wieder nur eigenem Egoismus ein Mäntelchen umzuhängen. Aber das wäre eine andere Geschichte und soll dir nur ein bisschen zeigen, wie ich damals dachte und fühlte. Was ich wollte, wusste ich selbst nicht so genau.

Und dann kam dieses Mädchen und hatte außer langen, blonden Haaren auch einen Namen: Margit. Sie brachte eine neue Welt in mein Leben, eine Welt, die ich noch nicht kannte, die sich aber aus meiner Sicht gut anfühlte.

Und dann liefen die Dinge halt so, wie Dinge laufen, wenn man Zwanzig ist und jemand kennen lernt, in den man ein bisschen verliebt ist.

Wir hatten so eine Art von Beziehung, irgendwie nichts Verbindliches – wir zeigten einander die jeweils andere Welt.

Margit war 3 Abende in der Woche nicht da – sie sagte mir nicht, was sie machte, sagte mir nur, dass sie an diesen 3 Abenden keine Zeit hatte und mir nicht sagen wollte, was sie da tat. Das war kein wirkliches Problem für mich und bedeutete nur, dass sie eben an diesen 3 Abenden keine Zeit hatte.

Aber irgendwann siegte die Neugierde in mir, denn ich sagte mir: Wenn Margit etwas tat, das ihr gefiel, dann könnte es auch mir gefallen. Denn immerhin gefiel mir sehr vieles, was Margit tat. Diese Logik war aus meiner Sicht bestechend und ich fragte sie, was sie tat; mehrmals, denn sie sagte es mir nicht gleich.

Dabei war dann das, was sie mir erzählte, gar nichts so Geheimnisvolles: Sie ging 3 mal pro Woche auf einen Kurs, der „Hubbard Qualifizierter Scientologe" hieß. Und das bei einer Organisation, die „Scientology" hieß. Mir sagte weder der Kurstitel noch Scientology etwas.

Aber meine Neugierde war geweckt. Du weißt ja: Wenn Margit etwas tat, das ihr gefiel, dann könnte es auch mir gefallen; denn immerhin gefiel mir sehr vieles, was Margit tat. Also beschloss ich, mir Scientology anzusehen.

Du bist einfach hingegangen?

Ich weiß, das ist nicht gerade typisch für das Kennen lernen von Scientology. Normalerweise wird man entweder von der Straße geholt, macht einen kostenlosen „200-Fragen-Test" und landet auf einem Einführungskurs.

Ich war da irgendwie atypisch – Margit hatte nicht gesagt, dass ich mir Scientology ansehen sollte. Ich tat es, da ich mir auch in den Monaten davor die verschiedensten Personen und Philosophien in Volkshochschulen oder sonst wo ansah, und dabei nichts fand, das nun wieder zu praktizieren.

Also ging ich in die Mariahilfer Straße, wo Scientology damals logierte, läutete an der Tür und lernte so Scientology kennen.

Das erste, was ich sah, war der schwarze Schreibtisch, der riesengroß war und gleich neben dem Eingang stand.

Das zweite war die Person dahinter, die offensichtlich verwirrt war, dass ich nicht gekommen war, um einen Persönlichkeitstest samt Auswertung zu machen, sondern Scientology kennen lernen wollte. Wie ich später erfuhr, hieß dieser Jemand Hannes und hatte derart auch eine außerirdische Erfahrung.

Ich nahm, nach einigem Hin und Her mit Hannes, Platz auf einem Klappsessel, da er mir versprochen hatte, dass ich mit jemandem reden könnte, der mir etwas über Scientology erzählen würde.

Außer mir waren eine Menge Leute damit beschäftigt, diesen ominösen 200-Fragen-Test auszufüllen; Hannes wachte darüber mit Argusaugen und von Zeit zu Zeit wurde auch jemand aufgerufen, um hinter einer Tür zu verschwinden, wo er die Auswertung dieses Testes erhielt. Mir fiel auf, dass das eine ganze Weile dauern konnte – sowohl das Warten, als auch die Auswertung.

Und ging da niemand? Ich würde einfach gehen, wenn ich so lange warten müsste.

Die Idee hatten sicherlich eine Menge Leute – aber da gab es Hannes, und der hatte seinen Schreibtisch neben der Tür aufgebaut und ließ keinen so einfach wieder hinaus, der einmal herinnen war.

Würdest du das als Zwang oder sonst was sehen?

Es war kein physischer Zwang, wenn du das meinst. Es lief anders herum: Immerhin hatten sich die Menschen durch den 200 Fragen-Test gequält und jetzt sollten sie auf das Ergebnis verzichten? Meistens reichte das, in einigen Fällen wurde etwas eingesetzt, das ich erst später kennen lernen sollte: „8C".

Und was ist das?

Sehr vereinfacht ausgedrückt: Kontrolle über jemand anderen. Natürlich gepaart damit, dass demjenigen ja Gutes getan wird; nur eben aus Scientology-Sicht.

Das versteh ich nicht.

Geduld. Wenn ich jetzt bereits in diese Materie eintauchen würde, wäre nicht nur die Chronologie gleich zu Beginn gesprengt, sondern vor allem die Verwirrung groß.

Hannes saß also beim Eingang und bewachte ihn.

Und irgendwann kam auch ich dran – zwar ohne Test, aber irgend jemand wollte mir sagen, was Scientology ist.

Und auch dieser Jemand hatte einen Namen: Gerhard.

Er erzählte mir, dass Scientology eine angewandte, religiöse Philosophie war, die von L. Ron Hubbard gegründet worden war, und so weiter und so fort.

Letztendlich kam heraus, dass man Scientology machen musste, um zu wissen, was Scientology ist. Im Klartext bedeutete dies, einen sogenannten Einführungskurs zu machen. Alles hörte sich irgendwie gut an – so in die Richtung „Eh klar".

Gerhard wirkte sehr überzeugt, aber auch überzeugend und Margit machte ja auch einen Kurs; und dieser Einführungskurs war darüber hinaus auch nicht teuer.

Also beschloss ich, diesen Kurs zu machen – denn immerhin wollte ich ja wissen, was Scientology war und landete ich im sogenannten Kursraum.

Dort absolvierte man seinen Kurs, wie mir die Kursüberwacherin, Lisa mit Namen, erklärte. Dabei gab es eine Unterteilung – auch räumlich: Es gab einen Kursraum für die sogenannten „Einführungskurse" und die „Akademie", wo jene saßen, die sogenannte „Fortgeschrittenere Kurse" machten.

Ich weiß nicht mehr, wie der Kurs eigentlich hieß - aber er sollte angeblich meine Fragen beantworten.

Ich bekam ein sogenanntes „Checksheet" ausgehändigt, auf dem im Wesentlichen die Stationen dieses Kurses verzeichnet waren. Sinn und Zweck der Übung war es, diese Stationen in der vorgegebenen Reihenfolge zu durchlaufen. Was ich tat.

Ich las, wie vorgegeben, machte Übungen unter Zuhilfenahme von Büroklammern und ähnlichem; ebenfalls vorgegeben. Und ich lernte die sogenannten „Knetdemonstrationen" kennen: Plastilin wurde dazu verwendet, um bestimmte Szenen darzustellen.

Und dann kam ich zu jener Stelle, wo es lakonisch hieß: Stellen Sie in Plastilin den Körper, den Verstand und den Thetan dar.

Was ist ein Thetan? Habe ich überhaupt noch nie gehört.

Ich bis dahin auch nicht. Aber dieser Thetan ist einerseits die Basis der scientologischen Philosophie und andererseits laut dieser Philosophie ganz einfach „man selbst"; nicht der Körper (scientologisch: body) und nicht der Verstand (scientologisch: mind), sonder eben dieses geistige „Gebilde", das man laut Scientology ist, und das Thetan genannt wird.

Und warum gerade Thetan?

Ich weiß es nicht. Im nachhinein betrachtet, wurde dieses Wort vielleicht geprägt, um die Sache interessant zu machen oder um gängigere Begriffe wie „Seele" oder „Geist", die ja auch verfügbar wären, nicht zu verwenden. Also nahm man - in diesem Fall: Herr Hubbard - den Begriff „Thetan".

Und ich sollte das in Plastilin darstellen. Einen Körper darzustellen, war nicht wirklich schwierig, auch wenn mein „Männchen" nur bedingt Ähnlichkeit damit hatte. Auch das mit dem Verstand schaffte ich irgendwie – ich klebte einfach eine Kugel an den Kopf des Männchens.

Aber dann blieb der Thetan über, der mir nicht nur unbekannt, sondern laut Kursbeschreibung auch nicht sichtbar war. Das war zwar der Verstand in diesem Sinne auch nicht, aber der Thetan stellte noch eine Steigerung dar.

Nachdem ich einige Zeit darüber gegrübelt hatte, formte ich einfach eine weitere Kugel und platzierte sie neben meinem Männchen.

Und ich hatte mein „Aha-Erlebnis", mir wurde etwas „bewusst".

Danach ließ ich meine Logik walten: Nachdem mir Scientology zu dieser Erkenntnis verholfen hatte, musste Scientology eine gute Sache sein. Und damit hatte ich die Antwort auf meine Frage.

Aber ist das nicht naiv? Es gab und gibt eine ganze Menge anderer Philosophien, die das auch beinhalten – warum dann Scientology?

Es ging mir damals nicht um Exklusivität oder ähnliches. Ich „wusste" nur, dass Scientology aus meiner damaligen Sicht eine gute Sache sein könnte, und war auch nicht sonderlich interessiert daran, anderswo weiter nach Antworten auf meine Fragen zu suchen. Ich habe dir ja anfangs gesagt, dass ich dabei erst am Beginn war.

Scientology brachte mir meine „Thetan-Erkenntnis" - ich war damals einfach nicht so weit und ganz glücklich mit dieser Antwort.

Weiter dachte ich nicht.

Ich absolvierte meinen Einführungskurs im Rahmen einiger Stunden und schloss ihn ab.

Dazwischen hatte ich auch den 200-Fragen-Test gemacht und hatte – im Nachhinein betrachtet würde ich sagen: natürlich – ein schlechtes Ergebnis. Aber, wie mir Gerhard versicherte, der mir den Test auswertete, war ich ja gerettet, da ich einen Kurs bei Scientology belegt hatte und damit konnte ich gegen das schlechte Test-Ergebnis etwas tun.

Wie er mir immer wieder versicherte, konnte nur Scientology dies bieten. Ich nahm das damals nicht so wahr oder ließ es unter der Devise „Jeder Kaufmann lobt seine Ware" unbeachtet.

Wichtig war mir nur, dass ich etwas für mich entdeckt hatte – und damit war ich zufrieden. Mehr wollte ich nicht sehen – oder konnte es nicht sehen. Ich kam gar nicht auf die Idee, dass vielleicht hinter Scientology etwas anderes stecken könnte.

> *Du warst ja nicht nur bei Scientology auf Kurs, sondern hattest ja auch noch dein Leben – wie lief das? Und was wurde aus Margit?*

Meine Beziehung zu Margit war bald danach aus – unsere Wege trennten sich im wahrsten Sinne des Wortes, da sie auch ihren Scientology-Kurs nicht mehr weiter machte.

Mein übriges Leben verlief auch irgendwie eigenartig – ich kann im Nachhinein betrachtet nur sagen, dass mich die Dinge dieses „Außerhalb-von-Scientology-Lebens" mehr und mehr nicht mehr interessierten. Mein Freundeskreis verstand mich weniger und weniger – oder ich fühlte mich immer weniger verstanden. Ich verbrachte immer mehr Zeit in der Organisation von Scientology. Vor allem, als ich meinen nächsten Kurs startete: den sogenannten „Kommunikationskurs".

Der sicherlich teurer als der Einführungskurs war?

War er, aber nicht wirklich rasend teuer. Er hat zwischen 70 und 100 Euro gekostet und war wesentlich umfangreicher als dieser Einführungskurs. Also keine Spur noch von hohen Preisen.

Der ganze Kurs bestand im Wesentlichen aus den sogenannten „Trainingsroutinen" – Übungen, die von 0 bis 9 gestaffelt waren, und die man stundenlang machen konnte – und musste. Und das tat ich, nachdem mir durchaus gefiel, was ich sah und machte.

Ich hinterfragte nicht sonderlich, warum ich stundenlang jemand anderem mit geschlossenen oder offenen Augen gegenüber saß. Mir war ein anderer Effekt bei weitem lieber: Ich fand sehr schnell heraus, dass es nach gemeinsamem Üben sehr viel leichter war, mit einem weiblichen Gegenüber ins Gespräch oder sonst wohin zu kommen. Und dieser „Nutzen" war zwar von Scientology nicht vorgesehen, aber aus meiner Sicht ein echtes Ergebnis.

Und dann gab es auch lustige Übungen, wie das sogenannte „Trainingsroutine 0 – Reizen". Die Aufgabe bestand darin, dass der Eine „bequem" dasaß und der Andere versuchte, ihn aus der Fassung zu bringen; dabei war so ziemlich alles erlaubt.

Mein alter Freundeskreis ging mir immer weniger ab – ich war erfüllt mit meinen Übungen und machte den Kommunikationskurs, nachdem ich ihn abgeschlossen hatte, gleich freiwillig ein zweites Mal.

Ich übernahm alles, was ich sah und las – und nahm es als eine Wahrheit hin und machte es zu meiner Wahrheit.

Ganz schlicht und ergreifend war ich einfach enthusiastisch und kam gar nicht auf die Idee, dass da irgend etwas anderes dahinter stecken könnte.

Neben den Kurs-Übungen waren es ja auch die Menschen, die Scientology für mich ausmachten – und sie alle waren immer fröhlich, freundlich, gingen auf mich ein und waren einfach so, dass sie mein Bild abrundeten: Ich fühlte mich sowohl menschlich geborgen, als auch mit einem Welt- und Menschenbild konfrontiert, das ich damals nur gutheißen konnte.

Die Wochen und Monate vergingen und ich war immer mehr in der Organisation von Scientology. War es anfangs der Kommunikationskurs, waren es nach dessen Ende mehr und mehr die Gruppe der Menschen, die diese Organisation bildeten.

Das kann ich ja nachvollziehen – das würde wahrscheinlich jedem so ergehen. Was mich noch interessieren würde, war, ob es auf dem Kommunikationskurs noch anderes gab, als den netten Nebeneffekt bei weiblichen Kursteilnehmerinnen?

Erst viele Jahre später und nach meinem Austritt aus Scientology ist mir bewusst geworden, dass dieser Kommunikationskurs eine Art von „Initiierung" dargestellte und weiterhin darstellt, wenn man das Tor von Scientology betritt.

Ohne dass ich es merkte, habe ich damals das „System" Scientology übernommen und wurde „initiiert" und letztendlich „infiziert".

Verstehe ich wieder einmal nicht – was soll das heißen?

Ich verstand das lange Zeit auch nicht – und damals schon gar nicht. Aber wenn man sich die Übungen im Detail ansieht und wenn man berücksichtigt, dass man sie über einen längeren Zeitraum – sprich: Stunden – macht, gingen dabei wesentliche Grundmerkmale von Scientology in Fleisch und Blut über.

Was ja theoretisch ganz harmlos klingen mag, und der unverfängliche Titel „Kommunikationskurs" suggerierte einem ja auch die Verbesserung der Kommunikation, sieht in der Wirklichkeit ganz anders aus. Ohne jetzt in den philosophischen Dschungel von Scientology einzudringen, werde ich dir kurz die einzelnen Übungen beschreiben und dabei die, aus meiner Sicht, wesentlichen Merkmale hervorheben.

Unter anderem beantwortet sich auch die Frage nach dem Zauberwort „8C", das ja auch an sich harmlos klingt.

Es begann mit der Übung „OT TR 0" – dabei ging es darum, jemandem mit geschlossen Augen gegenüberzusitzen. Dann wurden die Augen geöffnet und das gleiche unter dem Namen „TR 0" gemacht. Dann kam das bereits erwähnte „TR 0 Reizen"

– diesmal versucht das Gegenüber, dich aus dem „Einfach bequem da sein" zu holen.

Hört sich doch alles ganz harmlos an und macht, wie bereits erwähnt, auch jede Menge Spaß, auch wenn einem der Hintern speziell während der ersten beiden Übungen ganz schön weh tun konnte.

Ich fand, wie gesagt, nichts Böses dabei und machte das Ganze exzessiv.

30 Jahre später stellte ich mir die Frage, ob es dabei nicht auch um etwas gehen könnte, was nicht mit Kommunikation zu tun hat.

Warum geht es bei diesen Übungen so sehr um die Ausschaltung von allen menschlichen Regungen, allen Zuckungen, Reflexen, sodass man schlussendlich so ziemlich alles über sich ergehen lassen kann, ohne mit der Wimper oder sonst was zu zucken?

Was glaubst du?

Vielleicht geht es darum, eine gewisse Basis von Gefühllosigkeit herzustellen; jemanden unbeeindruckbar zu machen – fast wie eine Maschine. Aber wozu kann das dienen?

Genau. Auf so Ähnliches kam ich auch, als mein Blick wieder klarer wurde und ich mir die Trainingsroutinen nochmals ansah. Gefühle wurden bzw. werden einem abtrainiert. Man wird zum Roboter, der selbst noch lacht, wenn er sein eigenes Todesurteil erfährt.

Und wem das dienen kann: Ich würde sagen, auf jeden Fall Herrn Hubbard, und da der ja bekanntlich nicht mehr lebt, seinen Nachfolgern.

Sind Roboter, die nicht mehr denken und fühlen, nicht etwas wunderschönes?

Wie ging es dir, als du diese Übungen gemacht hast, mit geschlossenen oder offenen Augen dagesessen bist?

In mir liefen jede Menge „Filme" ab, mir tat der Hintern und alles mögliche andere weh. Ich habe diese beiden Übungen – die Trainingsroutinen „OT TR 0" und „TR 0" – nie sonderlich gemocht und in erster Linie gemacht, damit ich die anderen machen konnte, und das ging nur, wenn man diese zuerst einmal gemacht hatte.

Während ich bei den ersten beiden Übungen eher nur dasaß und das Ganze über mich ergehen ließ, wurde ich bei der Übung „TR 0 Reizen" richtig aktiv. Da ging die „Post ab", wie man so schön sagt.

Andere probierten, mich aus der Fassung zu bringen – und ich versuchte das Gleiche bei ihnen. Damit hatten wir den Fasching quasi das ganze Jahr.

Wie ging es anderen damit?

Sehr unterschiedlich. Die einen schliefen ganz einfach ein, bei den meisten kann ich es nicht wirklich sagen, da man von außen wenig bis gar nichts mitbekam, wie es den Menschen dabei ging. Am Offensichtlichsten waren immer jene, die einschliefen. Bei anderen konnte man danach bemerken, dass ihre Augen sehr stark gerötet waren. Aber so ziemlich alle liebten dieses „Reizen" – da war fast jeder mit vollem Einsatz dabei.

Und damit war man „initiiert" oder „infiziert"?

Es war und ist ein erster Schritt. Für Scientology stellen die Trainingsroutinen sozusagen den „Schlüssel zum Leben" dar.

Und wenn man sich nun diese ersten 3 Übungen ansieht und das, was man tut, während man sie macht, erinnert das Ganze irgendwie an Roboter, an gefühllose Roboter, die alles über sich ergehen lassen. Man trainiert dieses „Roboter-sein" ganz einfach und ist sogar noch stolz darauf, dass man mit keiner Wimper zuckt – egal was passiert.

Und nachdem man sozusagen die Basis dieses roboterhaften Lebens gelegt hat, bekommt man in den nächsten Übungen einige Werkzeuge, um den antrainierten Roboter zum Leben zu erwecken. Es geht ja nicht nur um das Erdulden von allem Möglichen, sondern auch darum, dass man selbst aktiv wird.

Du verzeihst, dass ich darauf neugierig bin, zu erfahren, wie Roboter zum Leben erweckt werden.

Während ich also stundenlang dasaß und mir mein Hintern weh tat, bemerkte ich noch etwas anderes: Ich fühlte Macht in mir

– Macht über das Leben und andere Menschen. In mir hob etwas ab, das sich aufschwang über das Schicksal.

Allmacht machte sich in mir zunehmend breit – und vor allem nach der Übung „TR 0 Reizen" konnte mich im wahrsten Sinne des Wortes nichts mehr erschüttern.

Ich konnte mir fast alles ansehen, nichts erreichte mehr mein Herz, nichts erschütterte mich mehr, drang zu mir durch. Ich „ruhte" in mir und war nur mehr von meinen Gedanken beseelt – dass das nicht meine Gedanken waren, bemerkte ich erst 28 Jahre später.

Also wurdest du zu einem Roboter, ohne es zu merken?

Du brauchst dir nur einen Scientologen genauer anzusehen. Dabei fällt auf, dass er sehr oft mit einem starrenden und dabei leeren Blick schaut.

Schaut man zwangsläufig so?

Ich würde sagen, ja – das hat man sich so antrainiert.

Verspürt man etwas dabei?

Eigentlich nicht – man hat ja Hubbards „Rezepte" in sich und weiß damit ohnehin alles. Wozu sollte ein Scientologe sonst noch etwas wissen wollen, wo Hubbard doch ohnehin alles erklärt hat?

Wie gesagt: Der Blick auf die Beute, der Gedanke nur beim baldigen „Festmahl" – so könnte man vereinfacht beschreiben, was in einem Scientologen vorgeht. Auch wenn er eine „menschenfreundliche" Geschichte erzählt – das macht der Scientologe nur, um die Menschheit nicht frühzeitig zu erschrecken, die Beute vielleicht aufzuscheuchen.

Also, mir wird leicht übel – aber erzähl weiter von den Trainingsroutinen. Die waren ja nach diesen 3 Übungen nicht vorbei – oder?

Nein, da gab es noch einige. Zunächst einmal die Trainingsroutine „TR 1", und die bestand im wesentlichen daraus, das „Hinüberbekommen" von Worten zu trainiert. Man sagte einen Satz in der Art, dass er bei der anderen Person „ankam". Ganz einfach, und deshalb übte man es dieser Einfachheit halber mit Sätzen aus dem Buch „Carol im Wunderland".

Bei der Trainingsroutine „TR 2" ging es um die Bestätigung dieser Sätze, damit quasi sichergestellt wurde, dass das Gesagte auch angekommen war. *„Sehr gut"*, *„Gut"* und *„OK"* waren dabei im Großen und Ganzen die Antwortmöglichkeiten. Das ist in etwa so, als wenn du ein SMS schickst und der andere schreibt zurück, dass er es erhalten hat.

Also mehr oder weniger Sprachübungen?

Ja, das kann man so sagen – eher die harmlose Abteilung.

Aber dann kam Trainingsroutine „TR 3" – und da ging es schon anders zu. Denn nun galt es zu lernen, dass das Gegenüber ja außer Zustimmung noch etwas Anderes parat haben könnte – und vor allem, wie man als Scientologe damit umzugehen hat.

Sogenannte „Einwände" oder ähnliches sollten kurz behandelt werden, aber dann ging es wieder flott zur Ausgangsbasis zurück. Auch dabei ging es darum, sich nicht irritieren zu lassen, sondern sein „Programm" abzuspulen.

Diesmal wurde nichts mehr vorgelesen, sondern das Ganze wurde sinnigerweise gleich auf zwei Sätze minimiert: *„Fliegen Vögel?"* oder *„Schwimmen Fische?"*.

Also: „Fliegen Vögel", dann kam irgendein Einwand und man ging trotzdem so schnell wie möglich zu seinen Vögeln zurück?

Ja, das wurde trainiert – denn es galt ja, den vorgebebenen Pfad nicht zu verlassen.

Das heißt im Alltag: Wenn ich in einem Geschäft stehe und ich sage irgend etwas, dann wird ein scientologischer Verkäufer dies „bestätigen" und danach wieder zu seinem Argument zurückkehren, ohne dass mein Argument nur irgendwo berücksichtigt worden wäre – sehe ich das richtig?

Ja – völlig. Trainiert wird man bei dieser Übung darauf, auf etwaige Einwände kurz einzugehen und dann wieder zu seinen Fischen, Vögeln oder was auch immer zurückzukehren.

Damit ignoriert man ganz einfach sein Gegenüber ...

Ja. Und um es scientologisch zu betrachten: Nachdem man ja „weiß", was dem Gegenüber „gut" tut, wäre es ja nur Zeitverschwendung, wenn man darauf eingehen würde. Also ging und geht es nur darum, rasch zu den Fischen, Vögeln oder was auch immer zurückzukehren.

Oder anders gesagt: Wie reagieren Roboter, die nur ihr Programm kennen?

Das wird einem aber sicher nicht so gesagt – oder?

Überhaupt nicht. Man bekommt zu hören, dass man das alles nur macht, um den „Prozess", oder sonst etwas, nicht zu stören und daher führt man sein Gegenüber rasch wieder zurück. Der „menschenfreundliche" Aspekt steht klarerweise immer im Vordergrund.

Und damit man nicht vergisst, wie ein Scientologe zu kommunizieren hat, übt man dies klarerweise – im fortgeschrittenen Stadium stundenlang und mit Videoüberwachung.

Wie bitte?

In den 70er-Jahren absolvierte ich ja die vergleichsweise harmlose Variante – mittlerweile wird das Ganze „professionell" und derart gemacht, dass man dies 2 Stunden lang ohne „Abweichung" durchhält, während man auf Video aufgenommen wird. Danach erhält man das dokumentierte „Technische OK" – auf dem Video sind die Beweise dafür.

Und das machen erwachsene, mündige Menschen?

Ja – ich habe eine ganze Menge davon selbst gesehen – und die schwören darauf, wenn man sie fragt. Unabhängig der Auswirkung für sie und ihre Umwelt.

Aber jetzt wieder weiter mit den Trainingsroutinen – es gibt ja noch einige davon.

Da wäre einmal die Trainingsroutine „TR 4", wo alles dann noch ein wenig subtiler wird, indem es gilt die Einwände, nach deren „Sinnhaftigkeit" auszusortieren. Eingegangen wird nur auf solche Einwände, die für einen Scientologen Sinn machen.

Also, wenn jemand sagt, dass er jetzt 3 Wochen auf Urlaub fährt, fällt das sicher nicht darunter – oder?

Völlig richtig. Ein Scientologe fährt sowieso nie 3 Wochen auf Urlaub und Urlaub an sich ist ein Thema, das Scientologen nur geheim absolvieren – so ein Einwand würde als nicht sehr sinnvoll eingestuft werden. Also müssen andere Argumente kommen, damit darauf eingegangen wird.

Wenn jemand z.B. einen Todesfall in der Familie oder ein Problem mit seinem Partner oder den Kindern hat, wird darauf eingegangen, es in einer durchaus menschlichen Form besprochen - und dann geht es wieder hurtig zu den Vögeln und Fischen.

Wie ging es dir damit?

Anfänglich eigentlich gar nicht schlecht - im Nachhinein betracht: leider.

Derart kann man sich nämlich eine ganze Menge an zwischenmenschlichen Regungen „ersparen" – entweder ging man gleich wieder auf „sein" Thema zurück oder ging kurz auf irgendwelche Argumente ein und ging dann wieder auf sein Thema zurück. Das war für mich jahrelang sehr praktisch.

Oder kennst du einen Roboter, der sich darüber beklagt, dass er ein Roboter ist – er bemerkt es nicht einmal.

Reagieren Menschen überhaupt so? Kommunizieren sie so?
Wollen sie so reagieren oder kommunizieren? Ich kann mir das
nicht vorstellen.

Man muss das anders betrachten: Damit wurden einem die „Benimm-Regeln für Roboter" beigebracht – nur zu starren und alles an sich abprallen zu lassen, ist ja nicht abendfüllend und würde sehr schnell unbefriedigend bleiben. Daher gab und gibt es die Trainingsroutinen „TR 1" bis „TR 9". Nummer 1 bis 4 haben wir jetzt behandelt.

Also daher zu den nächsten. Und die beschäftigten sich dann alle mit dem Zauberwörtchen „8C". Damit ist im Scientology-Jargon „Kontrolle" gemeint.

Was ist damit gemeint?

Ganz einfach das, was es sagt: Kontrolle – nichts passiert ganz einfach nur so, man übt Einfluss auf alles und jeden aus, hat es im „Griff" oder sonst was.

Wenn man z.B. Ski fährt, kontrolliert man seine Ski, die Piste und noch etliches anderes – abschließend wirft man noch einen kontrollierenden Blick auf die Schlange beim Lift und geht dann vielleicht auf einen „Jagatee". Oder ein Kontrolleur waltet in einer Straßenbahn seines Amtes – für Schwarzfahrer vielleicht nicht das Angenehmste, aber ansonsten natürlich.

Aber wie wäre das Ganze, wenn es unnatürlich werden würde? Die ehemalige DDR gibt Anschauungsunterricht, wie so etwas im Leben aussehen mag. Und wenn man die Uhr um 60 Jahre zurückdreht, findet man das Nazi-Regime und den „Blockwart", der seinen Häuserblock kontrolliert – und an die Gestapo meldet.

Das ist bei Scientology auch so?

Gestapo und Stasi kommen natürlich nicht vor – das Ganze kommt ja schließlich aus Amerika, wo das unbekannt ist. Aber die Methoden finden sich wieder.

Kontrolle ist der springende Punkt in Scientology – und „8C" steht dafür.

Ohne dass man weiß, was man tut, macht man es – die Trainingsroutinen dienen dabei als Übungsfeld.

Jetzt weiß ich endgültig nicht mehr, worauf du hinauswillst.

Im Zuge meiner Rückschau tauchte immer wieder eine Frage auf, die ich mir beantworten wollte: Warum bin ich so auf Scientology abgefahren und das auch noch so lange Zeit?

Gibt es etwas, das wie ein „Superkleber" funktioniert – auch bei mir funktioniert hat?

Diese Frage hat mich beschäftigt und ich habe dabei die ganze Fülle der „Technologie" und dann auch noch den mehr oder weniger kompletten Wortschwall der vielen scientologischen Erklärungen an mir vorbei marschieren lassen.

Und es gibt in Scientology ja eine Menge an Worten.

Die aber letztendlich fast alle nicht wirklich etwas aussagen.

Ich fand darin keine Antwort auf meine Frage.

Also stellte ich sie anders: Was möchte ein Wort oder eine Technologie, worauf will man wirklich hinaus?

Dabei geht es mir nicht darum, was mir wiederum jemand erklärt.

Ich habe, ganz im Gegenteil, die Worte einmal anders vor mein geistiges Auge gestellt – indem ich mir einmal ansah, wie das im sogenannten „Alltag" aussah. Wie wurden diese Worte gelebt?

Und als zweiten Schritt: Gibt es Übungen, die dahinter stehen, die derart diese Worte in Fleisch und Blut übergehen lassen?

Und so kam ich auf die Trainingsroutinen. Aus meiner Sicht kann man alles andere mehr oder weniger weg lassen – in diesen Trainingsroutinen liegt „der Hund begraben". Dort erhält jeder angehende Scientologe, was er aus Scientology-Sicht braucht.

Und aus meiner Sicht: Ich habe fast 30 Jahre gebraucht, um wieder klar sehen zu können.

Aber wäre das nicht Indoktrination wie sie im Buche steht?

Ganz schlicht und ergreifend: Ja.

Ich konnte über all die Jahre beobachten, wie sich Scientologen in ihrem sogenannten Alltag verhielten, wie sie lebten.

Und dann sehe ich die Trainingsroutinen, die zwar in ihrer „scharfen" Form nicht mehr sofort als Einstieg angeboten werden, denn da gibt es mittlerweile den sogenannten „Erfolg-durch-Kommunikations-Kurs", wo das Ganze eben entschärft und unverdächtig angeboten wird.

Der Effekt ist zwar nicht mehr so extrem, aber nach einer Weile durchläuft man auch die bereits angesprochenen Trainings-routinen, indem man den klassischen „Kommunikationskurs" macht.

Verstehst du, was ich meine?

Und warum sieht das niemand von außen so?

Gute Frage. Und ich habe mich das auch eine Weile gefragt, ohne dass ich darauf eine Antwort bekommen habe.

Aber dann fand ich doch eine Antwort: Normalerweise kommt man nicht einfach dahinter, da man sich derartiges einfach nicht vorstellen kann.

Alles sieht ja im höchsten Maße unverdächtig aus – und Sciento-logen sind ja in der Mehrzahl auch nette Menschen, die darüber hinaus im Bereich der Kommunikation nicht nur „Experten" sind, sondern mit diesem Thema in einer Art und Weise umge-hen, die schon beeindrucken kann.

Also kann man von außen betrachtet nicht dahinterkommen.

Und damit „pickt" es?

Noch nicht ganz - es gibt noch etwas, das dahinter stehen muss, damit dieser „Superkleber" auch wirklich hält: Und das ist schlicht und ergreifend Druck.

Auch wenn es sich blöd anhört: Aber es ist wieder der altbekannte Mechanismus, wenn auch in einer Verpackung, wo dieses Wörtchen nicht draufsteht.

In den Trainingsroutinen finden sich die „Ingredienzen", die Zutaten, um einen „köstlichen" Kuchen zu backen. Aber dann muss noch ein Supergewürz eingesetzt werden, damit der Kuchen auch ein „Highlight" wird. Und das ist der Druck.

Scientologisch ausgedrückt: „8C".

Erinnerst du dich noch an die Beschreibung von diesem „8C"? Schaut doch gar nicht so schlimm aus – oder?

Alleine würde es sicher nicht zum „Supergewürz" reichen – wenn es da nicht noch jemand gäbe, der entscheidend wäre, ob der Kuchen nun gut oder schlecht ausfallen würde.

Und das ist der „Koch", der die vielen „Zutaten" zu einem Kuchen werden lässt.

Das ist schon richtig. Aber kann man aus einer an sich harmlosen oder unverdächtigen Substanz etwas machen, das dann in die falsche Richtung losgeht?

Die Antwort lautet wieder: Ja.

Ich gehe jetzt nicht her und steige in eine Wortschlacht mit Scientology ein – das sind wieder nur Worte. Ich schau mir ganz einfach an, was ich 28 Jahre sah – was aus diesen Worten gemacht wurde und noch immer wird.

Der Druck geht nicht von den Zutaten oder vom Kuchen aus – der Druck wird vom Koch gemacht.

Die Zutaten geben nur eine Richtung vor – mehr nicht. Aber der Koch ist es dann, der etwas daraus macht.

„8C" macht an sich nichts – da muss schon der Koch her, um etwas daraus zu machen. Verstehst du das?

Der Mensch liest das Rezept, sagt sich „Hört sich doch gut an. Funktioniert. So viele andere machen es auch". Und so weiter.

Und dann möchte man vielleicht auch einmal etwas anderes kosten – es gibt ja immerhin mehr als nur diesen Kuchen. Und dann kommt die Keule des Kochs – nix da, es wird nur der Kuchen gegessen.

Und unser lieber Koch hat selbst genug vom „8C" gegessen – er wird die Keule ordentlich schwingen.

Hört sich galaktisch an – und das soll so ablaufen?

Lassen wir Worte einmal Worte sein und gehen wir nicht in Für und Wider. Ich erzähl dir meine Geschichte weiter. Und dabei den zweiten Teil dieser Trainings-Routinen, wo dieses „8C" erklärt wird.

Da war zunächst einmal Trainingsroutine „TR 6" – die heißt ganz schlicht und ergreifend „8C - Körperkontrolle".

Zuerst führt man jemand anderen nonverbal im Raum herum und dann gab man ihm in der zweiten Hälfte folgende Kommandos: *„Schau auf diese Wand"* - *„Danke"* - *„Geh hinüber zu dieser Wand"* - *„Danke"* - *„Berühre diese Wand"* - *„Danke"* - *„Dreh dich um"* - *„Danke"*.

Bei der Trainingsroutine „TR 7" – Name: „High School" - macht man im Wesentlichen das Gleiche wie bei „TR 6" – nur dass der andere diesmal alle Register ziehen kann, um denjenigen der diese Übung macht, aus der Fassung zu bringen.

Also so eine Art „TR 0 Reizen"?

Richtig, nur dass man diesmal nicht sitzt.

Und darf man da auch alles machen, um sein „Ziel" zu erreichen?

Ähnlich wie bei „TR 0 Reizen", ist alles gestattet – wieder darf der Übende die Contenance nicht verlieren; jedes Abweichen vom Ziel wird „korrigiert".

Kann man den anderen auch einfach schnappen und ihn zu seinem „Glück" zwingen?

Ja – wie gesagt: Alles ist erlaubt; verbal und körperlich, solange das geschieht, was vorgegeben ist.

Wie glaubst du, wie Kontrolle sonst ablaufen soll?

Aber ich verstehe immer noch nicht den Sinn und Zweck der Übung – es sind doch Menschen, die so etwas trainieren.

Wenn man es ganz nüchtern betrachtet, kommt man exakt zu deiner Frage: Wozu sollte so etwas gut sein?

Aber schauen wir uns noch die beiden nächsten Übungen an – sozusagen die Höhepunkte des Ganzen.

Da haben wir einmal jene Übung, wo stellvertretend ein Aschenbecher angeschrien wird, der quasi symbolisiert, dass etwas mit dem Willen des Schreiers bewegt wird – Trainingsroutine „TR 8".

Hier begegnete man neben dem bekannten „8C" – also der Kontrolle – einem weiteren Baustein: „Ton 40".

Du wirst sicher gleich erklären, was dieser „Ton 40" ist?

„Ton 40" ist ganz einfach jener Tonfall, der demjenigen, dem er gilt, wenig bis gar keine andere Wahl lässt, als das zu tun, was man unter Zuhilfenahme dieses Tonfalls befielt.

Also, eine Art „Supersklaventreiber"?

Ja – aber natürlich betont Scientology immer, dass das natürlich nicht der Fall sei – auch wenn ich mich an sehr viele Gelegenheiten erinnere, wo das sehr wohl der Fall war und ist. Und damit meine ich nicht nur alte Geschichten, sondern durchaus noch bis ins 21. Jahrhundert hinein, obwohl der Ton etwas moderater wurde. Man ist zunehmend um das Öffentlichkeitsbild besorgt.

Die Übung selbst ist ganz einfach – das Schwierigste bestand zumeist darin, einen Raum zu finden, wo man brüllen konnte, ohne das die Nachbarn die Polizei riefen.

Man saß einem Aschenbecher gegenüber und „kommandierte" ihn: Steh auf – setz dich auf diesen Stuhl usw.

Damit das nicht zu einfach wird, versucht die andere Person wieder einmal, den „Übenden" aus der Fassung zu bringen.

Als ich das 1975 erstmals machte, glaubte ich all das – oder wollte es glauben.

Mittlerweile sehe ich in dieser Übung einen der „Hauptschlüssel" der Trainingsroutinen, die anderen Übungen erhalten plötzlich einen Sinn.

Dieses „TR 8" enthält nicht nur eine Verwandtschaft mit dem Zauberwörtchen „8C„ – interessanterweise beinhalten beide die gleiche Zahl –, sondern integriert den angesprochenen Tonfall: „Ton 40" wird zur absoluten Absicht.

Wenn ich mich in Nachhinein sehe, wie sich mein Verhalten gegenüber anderen Menschen veränderte, fällt mir eines auf: Plötzlich stand ich ihnen ganz anders gegenüber.

Ich erinnere mich an ein Erlebnis kurz nach der Trainingsroutine „TR 8", als ich mit einem Freund auf einen Kaffee ging, und er wie üblich zu einem seiner Monologe ansetzte. Irgendwann hatte ich dann das Gefühl, dass ich jetzt genug davon hatte - und habe in „gestoppt". Und zwar in einer Art und Weise, dass er gleich ganz kreidebleich wurde und auch zu reden aufhörte.

Meine Aschenbecher-Anbrüllerei lag noch nicht lang zurück – und irgendwie habe ich ihn wahrscheinlich für einen Aschenbecher angesehen; anstatt *„Steh auf"* und *„Setz dich nieder"* habe ich *„Halt den Mund"* gesagt.

Wenn ich mir ansehe, wie plötzlich alles abläuft, spricht das eine eindeutige Sprache.

Ich verstehe.

Bei der Trainingsroutine „TR 9" vereinen sich dann alle Wege. Sie heißt darum auch ganz einfach „Ton 40 bei einer Person".

Wieder läuft es so ab, wie wir es schon von Trainingsroutine „TR 7" kennen, nur dass der noch relativ moderate Ton endgültig weg ist und man nun den zuvor trainierten „Ton 40" einsetzt.

Alles was dabei nicht diesem „Ton 40" entspricht, wird gnadenlos korrigiert – Im Englischen schreibt unser Koch: *„Too little force definitly is a flunk"*. Ein „Flunk" bedeutet dabei so etwas ähnliches, wie „durchgefallen". Hubbard hat diese Übung 1957 in Washington „entdeckt" und hat folgendes geschrieben: *„Purpose of these four tranings drills, T(rainings)R(outinen) 6, 7, 8 and 9, is to bring about in the student the willingness and ability to handle and control other people's bodies, and to cheerfully confront another person* *while giving that person commands. Also, to maintain a high level of control in any circumstances[2]."*

Auf gut wienerisch: Es soll der Wille und die Fähigkeit trainiert werden, anderer Leute Körper zu kontrollieren und dann auch noch die „Fähigkeit", freundlich zu lächeln, während man seinem Gegenüber das Todesurteil vorliest.

Ist das nicht etwas überzogen?

Nein. Die Theorie mag noch halbwegs unverdächtig aussehen, aber die Vergangenheit, meine Vergangenheit, lehrt mich, dass dem nicht so ist.

Da sprang man gnadenlos über die Klinge seines Gegenübers, der dabei selig lächelte – gelernt ist eben gelernt.

Oder wie glaubst du, dass es aussieht, wenn man das stundenlang macht, man vielleicht sogar von Kindesbeinen an irgendwelche Wahnsinnsvisionen glaubt und dann im Sinne dieser „Mission" unterwegs ist?

Wozu sollte man das üben?

Ich habe sicher mehrheitlich „abgedämpfte" Versionen gesehen – aber auch jede Menge „Berserker-Versionen".

Das hört sich irgendwie logisch an – aber es sagt noch nicht wirklich etwas aus, woraus ich ersehen kann, wie die Dinge geschehen konnten, die in immerhin 28 Jahren passiert sind.

Das kann ich verstehen und ich habe dir das Ganze auch nur aus zweierlei Gründen erzählt: Erstens war es jener Kurs, den ich am Anfang meiner Karriere bei Scientology gemacht habe, und zweitens verstehe ich erst jetzt, dass alles Nachfolgende auf dieser Basis aufbaut.

Damit hat man eine „Grundsäule" - sie ermöglicht erst, dass das Gebäude Scientology überhaupt stehen kann.

Ich habe 1975 vor lauter Beigeisterung diesen Kurs gleich zwei Mal gemacht – habe also derart das Rezept für diesen Kuchen im wahrsten Sinne des Wortes verinnerlicht.

Leider ging es nicht nur mir so – in den 28 Jahren sah ich eine Menge Menschen durch diese „Rezeptstation" marschieren.

Der Koch gab vor – und wir aßen den Kuchen. Und er machte Druck – und wir reagierten darauf, da wir ja den „Kuchen" gegessen hatten.

Was heißt „Koch" – deine Sprüche sind ja plakativ, aber wie schaut das real aus? Wie kann der Koch noch dazu Druck machen?

OK, der Koch. Und der Druck. Ich erzähle dir einfach meine Geschichte weiter – vielleicht erkennt man daran am besten den Koch, aber auch den Druck und ich muss nicht theoretisieren.

Ich hatte also diese beiden Kurse gemacht und fühlte mich immer mehr hingezogen zu dieser Gruppe. Die Menschen waren in sehr hohem Maße – um es auf gut Wienerisch zu sagen – „leiwand".

Neben meinen Kursbesuchen und der Aufnahme der „Scientology-Wahrheiten" verbrachte ich immer mehr Zeit in der Organisation und lernte nicht nur die Menschen, sondern auch das Organigramm von Scientology kennen.

Es gab da den Direktor mit Namen Antonio del F. Er war, glaube ich, italienischstämmiger Schweizer und schlich immer durch die Gegend und war dabei vor allem auf der Suche nach Comicheften, die er sich in erster Linie von Gerhard besorgte.

Und dann gab es 7 Abteilungen. Zuerst einmal jene Executive-Abteilung, in der Antonio als Person beheimatet war.

Dann das sogenannte „Hubbard Communications Office", welches Personal, Kommunikation und die sogenannte „Ethik" beinhaltete; als Personen waren das Engelbert und meine erste Bekanntschaft, Hannes.

Dann kam die sogenannte „Disseminationsabteilung". Sie war verwaist und nur Rainer war ad personum vorhanden und war für die Werbung zuständig.

Dann kam die „Schatzkammer" – ebenfalls verwaist. Und dann die „Technologie-Abteilung", wo Lisa beheimatet war.

Dann eine Art von „Korrektur-Abteilung", in der Marie-Luise ihr Arbeitsgebiet hatte. Sie war die Frau eines der Gründer von Scientology in Österreich und auch der einzige sogenannte „Auditor".

Was ist das jetzt wieder?

Unabhängig der Eigenbeschreibungen von Scientology sehe ich das so: Zwei Menschen sitzen sich gegenüber – der eine weiß, was er will, der andere weiß nur, dass er etwas nicht mehr will oder etwas haben möchte. Zumindest hat ihm das der Koch gesagt.

Nicht schon wieder der Koch! Wird er jetzt endlich auch einmal sichtbar – immerhin hat er diesem Menschen ja etwas gesagt.

Also machen wir es einfach und geben wir das ganze Brimborium einfach weg – obwohl das nicht so einfach ist, da Scientology sehr kompliziert daherkommt und sich hinter einer Fülle von „Definition" versteckt.

Aber man kommt nicht darum herum, sich mit dem Einen oder Anderen auseinander zusetzen – man muss die „Säulen" in irgendeiner Art beschreiben, sonst versteht man überhaupt nicht, was das für eine Art von „Dach" ist, wo dann die Fahne flattert.

Also nochmals: Zwei Menschen sitzen sich gegenüber – der eine hat seine Listen, Anweisungen und was auch immer vor sich und im Kopf. Der andere hat ein Problem, oder weiß vielleicht noch gar nicht, dass er eines hat.

Der Koch ist natürlich nicht persönlich anwesend – nur sein Kochbuch. Irgendwer, im Falle des Jahres 1975 war es Antonio, der seinen Blick aus seinen Comics erhob und diesen Menschen ordentlich bearbeitete. Dabei kam heraus, was eigentlich immer dabei heraus kam: Dieser Mensch war sich plötzlich alles Möglichen „bewusst", und auch gleich, dass Scientology die Lösung schlechthin dafür war. Also ab zur Kassa, und dann saß man auch sehr rasch einem Auditor – in meinem Fall Marie-Luise – gegenüber.

Und dann ging das Prozedere auch schon los: Der Mensch erzählte, der Auditor hörte zwar zu, ging aber streng nach dem Kochbuch vor. Idealer weise hatte er ja die Trainingsroutinen intus – du erinnerst dich noch?

Und damit der Auditor weiß, wo es jetzt langgeht, hatte er ein kleines Hilfsinstrument aufgebaut: Das E-Meter.

Schaut irgendwie wie ein Lügendetektor aus, misst den Hautwiderstand und funktioniert auch so ähnlich. Es ist das scientologische „Zauberkästchen". Und damit dieses „Zauberkästchen" auch etwas „sieht", hält man Dosen in der Hand, die Suppenbüchsen zum Verwechseln ähnlich sehen.

Damit haben wir zum „Zauberwörtchen" nun auch ein „Zauberkästchen" – das kann einen mehr als nur beeindrucken, vor allem wenn man nicht weiß, wie einem geschieht.

Aber was wäre schlecht daran, jemandem zu erzählen, was einen bedrückt usw.?

Eigentlich überhaupt nichts – ganz im Gegenteil. Es wirkt allein schon unheimlich befreiend, wenn man das tut.

Nur, wenn man das macht und es einem Falschen erzählt, kann es in eine ganz falsche Richtung gehen.

Scientology bietet eine unendliche Menge an „Abhilfen" für dieses und jenes an – aber dahinter steht immer das gleiche Strickmuster.

Die Dinge sind alle unverdächtig, haben manchmal sogar wissenschaftliche Bezeichnungen, schauen alle irgendwie sinnvoll aus – und beinhalten dann ganz etwas anderes, etwas, was man nicht sieht.

Das „Zauberkästchen" ist an sich ein harmloses Ding – erst durch die verschiedenen Rezepte wird es „lebendig". Verstehst du, was ich meine?

Langsam beginne ich zu begreifen. Aber verarscht man dadurch die Menschen nicht? Benutzt man sie nicht?

Klar. Ich kann über die Motivation des Kochs, der über weite Strecken L. Ron Hubbard heißen dürfte, nur mutmaßen, da ich ihn ja nicht persönlich kennen gelernt habe.

Wieso „weite Strecken"?

Es gibt ja eine Fülle von Materialien, die alle L. Ron Hubbard zugeschrieben werden. Ob er die wirklich alle geschrieben hat? Ich kann das weder bestätigen noch verneinen.

Ich kann nur sagen, was ich sah – und das war so, dass es in den 70er-Jahren noch gar nicht so viel „Material" gab, Hubbard dann gegen Ende der 70er-Jahre verschwand – offizielle Version: Forschungsarbeiten – aber seit den 80er-Jahren eine immense Fülle an Gedrucktem auftauchte. Alles berief sich natürlich auf Hubbard.

Er starb dann 1986, aber es tauchten immer mehr und mehr dieser „vorausgesehenen" Dinge auf.

Aber jetzt sollten wir wieder zu meiner Geschichte zurückkehren, sonst verlieren wir uns im Theoretischen, wo doch das wirkliche Leben oft viel mehr zeigt.

Ist das Thema „Auditing" vorerst einmal so weit verständlich?

Ja.

Dann lass mich mit meiner Aufzählung fortfahren. Wie gesagt, war Marie-Luise für das „Seelenheil" aller Scientologen zuständig - sie war der sogenannte „Fallüberwacher".

Bevor deine Frage kommt: Das ist so eine Art Hilfskoch, was die technische Seite betrifft.

Vereinfacht ausgedrückt gibt es keine Auditing-Sitzung ohne diesen Fallüberwacher. Er sagt immer, wo es langgeht.

Sein Pendant sitzt im „Hubbard Communication Office" und hält dort mit dem Scientology-Ethikbuch Wache, so dass man nicht „fehlgeleitet" wird – dort finden wir den zweiten der Hilfsköche.

Im Organigramm sind diese beiden Abteilungen auch erhöht – soll sagen: Sie stellen zwei wichtige Eckpfeiler dar, die das Dach tragen, damit die Fahne schön flattern kann.

Ja, und dann gab es die sogenannte „Verbreitungs-Abteilung" – dort, wo Scientology auf die Menschheit trifft.

Dort waren der bereits bekannte Gerhard und weiter noch Herbert sowie Annette beheimatet, die Tag für Tag vor allem den 200-Fragen-Persönlichkeitstest auswerteten. Und Mitte der 70er-Jahre war der Warteraum, der von Hannes bewacht wurde, von früh bis spät gerammelt voll.

Diese drei symbolisierten jeder für sich ein Stück von Scientology.

Gerhard war der „Retter" – ihm lag wirklich etwas an dem Menschen vor ihm, jeden wollte er retten. Und das natürlich mit Scientology.

Jede Auswertung samt dazugehörigem Gespräch lief mehr oder weniger gleich ab: Das Ergebnis dieser Persönlichkeitsanalyse war schlecht, Gerhard schaltete das Blaulicht ein, montierte sich geistig sein rotes Kreuz und begann mit seiner Rettungsaktion.

Annette war da aus anderem Holz geschnitzt – sie war die Frau von Antonio, dem Chef, agierte aber mehr oder weniger offen als „Femme fatale". Sie war groß und hatte lange Beine, die durch einen entsprechenden Mini-Rock wenig bis gar nicht verhüllt wurden.

Sehr vereinfacht ausgedrückt, machten Männer nach der Begegnung mit ihr „freiwillig" einen Scientology-Kurs.

Ich habe erlebt, wie mein Bruder nach Annettes Auswertungsritual mit leuchtenden Augen aus der „Sitzung" mit ihr kam.

Herbert war der Leiter der Truppe und wiederum ein anderes Kaliber. Er musste für ein ordentliches Ergebnis der Gespräche – sprich: Kursstarts – sorgen und konnte schon aus diesem Grund nicht locker an die Sache herangehen.

Er war daher eher knochentrocken und hatte die nette Angewohnheit, während des Gespräches einzuschlafen – interessanterweise sprach er dabei weiter als ob nichts geschehen wäre. Ihm gegenüber zu sitzen, war also schon aus diesem Aspekt interessant – wer konnte schon mit einem schlafenden Menschen ein Gespräch führen?

Alles in allem war die Gruppe menschlich durchaus ansprechend, arbeitete rund um die Uhr, war nach Dienstschluss eher eine Hippie-Gemeinschaft als sonst etwas. Der Koch – mir gefällt das Wort immer besser – und sein Kochbuch waren augenscheinlich nicht anwesend.

Mir fiel zu Beginn auf jeden Fall nichts auf, was die augenscheinliche Harmonie störte. Als sogenannter „Public" – das ist jemand, der einen Kurs absolvierte – fehlte mir auch der entsprechende Einblick.

Irgendwann fiel ich dann in Antonios Arme und er machte mich auf den Aspekt des Mitarbeiters aufmerksam: *„Das wäre doch etwas für dich – oder?"*

Nachdem sich mein Leben zunehmend auf Scientology fokussiert hatte, war die Antwort eigentlich vorgegeben.

Und irgendwann hörte ich dann auch von der „Seeorganisation", und dass sich deren Mitarbeiter für eine Milliarde Jahre verpflichteten, bei Scientology und vor allem für das Wohl der Menschheit zu dienen.

Was ist die „Seeorganisation"?

Die Seeorganisations-Mitglieder sind Hubbards „Küchengehilfen", die, sehr vereinfacht gesagt, dafür sorgen, dass niemand den Blick aus dem Kochbuch hebt, und dass vor allem keine anderen Gerichte auf den Tisch des Hauses kommen.

Hubbard hatte ein Faible für alles, was die Marine ausmacht, und dementsprechend martialisch schaut die Truppe auch aus.

Mir hat später einmal ein Seeorganisations-Mitglied erzählt, dass deren Zahl weltweit rund 5.000 Männlein und Weiblein ausmache.

Man trat in diese Gruppe – schon aufgrund ihres Aussehens, mit Uniformen und Rangbezeichnungen, sehen sie ziemlich paramilitärisch aus – ein und blieb dann sein weiteres Leben dabei; man konnte so wenigstens ein kleines Stückchen der Milliarde absolvieren. Im nächsten Leben hatte man dann „Zeit", sich wieder zu erinnern und musste mit spätestens 21 Jahren wieder anmustern, um seinen Vertrag weiter zu erfüllen.

Ein Ziel der Truppe war und ist es, „Ethik auf diesen Planeten zu bringen", und dann ab ins Raumschiff auf den nächsten Planeten.

Antonio und Annette waren zwei solcher Seeorganisations-Mitglieder – auf einer „Mission" in Wien.

Soweit einmal ein kurzer Einstieg in diese Materie – neben den Trainingsroutinen, den „Zauberwörtchen" und dem „Zauberkästchen" E-Meter stellt diese „Seeorganisation" eine weitere wichtige Säule in diesem Gebilde dar.

Mehr im Laufe meiner Erzählung, die immer mehr und mehr auch von der Seeorganisation beeinflusst wird.

Aber jetzt zurück zu meinem „1-Milliarde-Jahre-Vertrag": Er hörte sich gut an – die Milliarde war so galaktisch, dass ich ihn unterschrieb, nachdem sich augenscheinlich alle freuten, dass ich das tat. Ich hatte zwar nicht vor, „in den Dienst" einzutreten, aber bei einer Milliarde Jahre konnte man sich ja auch Zeit lassen.

Dieses „Ja" kam mir auch leichter über die Lippen als das „Ja" zu jenem Vertrag, den mir Antonio weiterhin schmackhaft machen wollte. Der sollte über 5 Jahre gehen – und das war eindeutig konkreter.

Letztendlich sollte er seinen Blick aber nicht umsonst aus seinen Comics gehoben haben, ich unterschrieb und sollte die verwaiste „Disseminationsabteilung" übernehmen. Das war immerhin die Absicht von Antonio. Bösartig betrachtet, wollte er sich derart vielleicht mehr Zeit zum Lesen seiner Comics verschaffen, da er die Agenden dieser Abteilung mitmachen musste, solange sie unbesetzt war.

Und dann war ich plötzlich Mitarbeiter - und damit war Schluss mit lustig.

Die Leute waren immer noch nett – aber irgendwie begann jetzt der Ernst des Lebens.

Ich begann nicht in der vorgesehenen „Disseminationsabteilung", sondern erstmals in der ähnlichen „Verbreitungsabteilung".

Was ist dabei der Unterschied?

Die Erste wendet sich nur an Menschen, die bereits Scientologen sind, die Zweite ist für die „Frischfleischbeschaffung" zuständig.

Ganz schön zynisch.

Nicht wirklich. Scientology spricht von „Raw Publics" – also „rohen", unbehandelten Menschen - und im Jargon von „Frischfleisch".

Aber wieder zurück zur „Frischfleischabteilung": Herbert war ja damals deren Leiter, wurde dann meiner und meine erste Aufgabe bestand darin, Leute von der Straße zu holen, damit diese den 200-Fragen-Persönlichkeitstest ausfüllen konnten.

Interessanterweise kam ja nur sehr selten jemand freiwillig auf diese Idee – also musste man die Menschen zu ihrem Glück „zwingen".

Gleichzeitig mit mir fing noch Chris an und fand sich wie ich sehr rasch auf der Straße – das Ganze firmierte unter dem Titel „Body Routing", auf gut Wienerisch: „Körperbegleitung".

Ist das nicht menschenverachtend?

Im Nachhinein betrachtet: Ja. Mir fiel das damals nicht so richtig auf – aber wenn man sich dieses Wort nicht nur ansieht, sondern sich deren Sinn auf der Zunge zergehen lässt: Körper werden geleitet.

Man führt Tiere zur Schlachtbank, da bisher auch keine Kuh auf die Idee gekommen ist, sich selbst zu filetieren und in Wurst zu verwandeln.

Aber Menschen? Man „geleitet" den Körper – aber wohin geht der Rest?

Gute Frage - aber weiter in meiner Erzählung. Trotz der Einfachheit bekam ich von Herbert einen Blitzkurs darin, wie man in der Praxis erfolgreich ist: Man fixiert sein „Opfer", schreitet zügig auf es zu und überrascht es dann mit einer kniffligen Frage: *„Wie viele Paar Socken haben sie heute an?"*, Varianten konnten sein: *„Welche Farben haben ihre Socken?"* und da Frauen selten Socken tragen *„Sind sie aus Wien?"*.

Dann folgt zumeist irgendeine Antwort, die man auf jeden Fall mit *„Sehr gut"* bestätigte und seinem Gegenüber dann sagte: „Sie können jetzt einen kostenlosen Persönlichkeitstest machen. Kommen sie bitte mit".

Dann drehte man sich um und schritt festen Schrittes in Richtung des Reiches von Scientology – damals vor allem jenes von Hannes.

Interessanterweise gingen die meisten so Angesprochenen wirklich mit – und landeten auf einem der Klappstühle hinter Hannes Schreibtisch vor einem Test mit 200 Fragen. Das löste meist Murren aus – aber Hannes verstand es meisterlich, auch dieses Murren nur sehr kurz zu gestatten.

Das sogenannten Schlüsselwort in der Ansprechphase war dabei „kostenlos" – das musste man rüberbringen.

Und wie gut, dass man den „Umgang" mit Menschen auf den Trainingsroutinen gelernt hat – schön langsam beginne ich zu begreifen.

Ich habe dazu 28 Jahre gebraucht – und nicht einmal nach dieser Zeit bin ich von alleine dahintergekommen!

Damals habe ich das überhaupt nicht realisiert. Vielleicht konnte ich das auch gar nicht - und diese Erkenntnis nimmt immer mehr und mehr Raum ein.

„Body Routing" ist keine Erfindung von Scientology – dubiose Zeitschriftenabos und Portiere vor Sex-Klubs praktizieren das ja auch. In ersterem Fall hat man dann ein überteuertes Abo am Hals und im zweiten eine überteuerte Nacht hinter sich.

Ganz sicher geht man mehr oder weniger unbeschadet daraus hervor.

Nur bei Scientology nicht.

Zwar war der Prozentsatz auch Mitte der Siebziger sehr bescheiden – in einer Woche wurden oft 500 Menschen „abgeschleppt" und weniger als 5 % starteten auch einen Kurs – aber für diese 25 Menschen kann ein bleibender Schaden nicht ausgeschlossen werden.

Aber ich sah das damals nicht.

Herbert, Antonio und natürlich der Koch, obwohl unsichtbar, waren zufrieden. War doch schön - oder?

Ich weiß nicht.

Spaß beiseite. Ich hatte genug zu tun, um meine „Planziele" – gesteckt von Herbert – zu erreichen, und war nun Teil dieser Gruppe, die wie gesagt eine Art von Familie war. Diese Familie kochte gemeinsam, da es zwar wenig Geld, aber eine Gemeinschaftsküche gab, akquirierte „Zigarettenstummeln" – aus 5 oder 6 Stummeln der diversen Aschenbecher ließ sich mittels Handarbeit eine neue Zigarette machen -, saß nach dem gemeinsamen Tagwerk beisammen und sang zu Herberts Gitarrenspiel. Es war gemütlich, auch wenn mir das „Body Routen" mehr und mehr auf den Geist ging.

Nebenbei studierte ich die sogenannten „Mitarbeiterkurse" – vereinfacht ausgedrückt sind das die Kurse, auf denen einem gesagt wird, wie es der Koch sieht und wie man es demnach sehen sollte. Die Kurse bestanden vorrangig aus den „Gesetzesbriefen" L. Ron Hubbards, die man nach deren Studium in seinem Leben und vor allem bei seinem Job anzuwenden hatte.

Mich störte das alles damals wenig bis gar nicht, ich brachte nach und nach alle meine Bekannten und Freunde zu Scientology und einige blieben auch, machten Kurse und wurden sogar Mitarbeiter. Ganz konkret waren es Manfred, Georg und Sepperl, die wie ich anheuerten.

Irgendwann wohnten dann auch einige der Mitarbeiter bei mir, da sich die Gruppe mehr und mehr vergrößerte.

Wir hörten Genesis, trugen indische Gewänder und waren mehr der bereits angesprochenen Hippiekommune, als einem Psychokonzern ähnlich.

Nachdem meine Wohnung aus den Nähten zu platzen drohte, mieteten wir eine 240m²-Wohnung im ersten Bezirk und 12 oder 13 Personen bezogen die Wohnung. Gemeinsam bewohnte ich dort mit Rainer und Engelbert ein Zimmer.

Es war Idylle pur: Rainer platzierte seine Matratze auf einer Kommode und las im „Tibetanischen Totenbuch", Engelbert brutzelte derweil köstliche Koteletts und ich war einfach nur happy. Frühmorgens gingen wir gemeinsam in die Scientology-Organisation. Durch die Wiener Innenstadt und die anschließenden Parks erreichten wir die Mariahilfer Straße, wo sie auf Nummer 88a war.

Es war schön und vor lauter Freude vergaßen wir auch gleich, die Miete für unser neues Quartier zu bezahlen.

Das heißt: Die Freude war endend, da wir die Wohnung bald räumen mussten, so wie ich zuvor schon meine Wohnung aus dem gleichen Grund verlor.

Ich erfuhr davon erst nach meiner Rückkehr aus Kopenhagen, wo ich eine Ausbildung als Kursüberwacher absolvierte.

Eigentlich sollte ich ja, wie bereits angesprochen, etwas anderes ausüben. Aber Antonio eröffnete mir eines Tages, dass es mit meinem Job in der Disseminationsabteilung nichts werden würde – vielmehr mussten Kursüberwacher ausgebildet werden. Und da das schnell gehen sollte und ich verfügbar war, wurde ich dementsprechend „umgepolt".

In meinem Mitarbeitervertrag hatte ich ja auch den Passus unterschrieben, dass ich mir meinen Job nicht aussuchen könnte.

Nachdem ich festgestellt hatte, dass ich auch als Kursüberwacher rauchen durfte und außerdem von meiner Tätigkeit als „Body Router" befreit wurde, gefiel mir dieser Gedanken durchaus; ich konnte mir unter dem Begriff „Kursüberwacher" ohnehin wenig bis gar nichts vorstellen.

Die dazugehörige Ausbildung sollte ich in Kopenhagen erhalten, der vorgesetzten Organisation von Wien und der Zentrale von Europa.

Bei mir überwog wieder einmal die Neugier, ich dachte mir wenig bis gar nichts dabei und tingelte mit dem Zug nach Kopenhagen.

Dort angekommen, präsentierte sich das europäische Hauptquartier in Form eines etwas größeren Mehrfamilienhauses samt dazugehörigem Garten, wo ich dann der „Leitenden Direktorin" von Europa vorgestellt wurde, die mir anbot, flugs nach Wien zu „schauen", um mir zu sagen, wie dort das Wetter sei. Ich war beeindruckt, obwohl es nicht weiter schwierig ist, bezüglich des Wetters eine Aussage zu machen – ich konnte ja mehr als 1.000 Kilometer entfernt nicht sagen, ob das stimmte, was sie sagte.

Nachdem sie mich derart beeindruckt hatte, lernte ich den Kursraum kennen und machte dort den entsprechenden Ausbildungskurs eines Kursüberwachers.

Es sollte zwar nominell auch ein Kursüberwacher da sein – aber eben nur nominell; wahrscheinlich wurde er erst ausgebildet. Also waren meine Mitstudenten und ich mehr oder weniger auf uns gestellt.

Neben mir war noch ein anderer Mitarbeiter aus Wien da, ich weiß nicht mehr wie er hieß, aber wir fanden sehr schnell zwei wichtige Dinge heraus: Die Trainingsroutine „OT TR 0" eignete sich hervorragend zum Schlafen – was wir jeden Morgen auch ausgiebig taten, während wir von außen wie zwei Studenten aussahen, die eben die besagte Trainingsroutine machten.

Weiter fanden wir heraus, wie man auch mit offenen Augen schlafen konnte. Dies war insofern von Nutzen, als es eine große Menge an Vorträgen und sonstigem auf Tonband gab – und das konnte wirklich ermüden, da nicht nur der Sprecher eine Schlaftablette war, sondern auch der Inhalt.

Wenn also doch einmal jemand vorbeischaute, sah er einen Studenten, der selig lächelnd mit offenen Augen – schlief.

War es nicht gerade die Ausbildung, auf die Scientology so stolz ist?

Mitte der 70er-Jahre war man zwar auch schon stolz, hatte aber wenig bis gar keinen Grund dazu. In späteren Jahren setzte man mehr auf die „Militärdevise" – und zwar insofern, als die Kursüberwacher wie „Wachhunde" herumliefen und derart zumindest den Schlaf der Studenten verhinderten.

Irgendwann war mein Kurs zu Ende und ich sollte wieder nach Wien zurückfahren – im wahrsten Sinne des Wortes ausgeschlafen tat ich dies auch. Und tauchte wieder in den Alltag ein, der sich nur unmerklich verändert hatte. Bis auf den Umstand eben, dass wir delogiert worden waren.

Aber ich war jetzt ausgebildeter Kursleiter – zumindest auf dem Papier und saß ich nun in jenem Raum, den ich schon anfangs als „Akademie" kennen gelernt hatte. Ich lernte dann noch etwas weiteres näher kennen, das ich zwar schon oberflächlich kannte, das ich bis dahin aber nicht so ernst nahm: Statistiken.

Gibt es. Es gibt sogar ein Statistisches Zentralamt. Was konnte man dabei noch kennen lernen?

Klar, im wirklichen Leben gibt es Statistiken für alles Mögliche. Bei Scientology haben Statistiken einen eigenen Stellenwert – man kann sie als „Heilige Kühe" ansehen, um die sich alles dreht.

Aber gibt es nicht eine ganze Menge dieser „heiligen Kühe" bei Scientology?

Ja, es gibt sicherlich eine ganze Herde davon und ich sollte sie alle kennen lernen.

1975 begann sich das Bild der Hippiekommune zu verwandeln, da die jeweiligen Zentralen ihre verstreuten Organisationen zu „disziplinieren" begannen.

Und was hat das mit den Statistiken zu tun?

Auf den ersten Blick nicht unbedingt etwas. Statistiken zeigen etwas, sind ein „totes Objekt", das eine Menge in Zahlen darstellt, die man wiederum auf ein Millimeterpapier bringen kann.

Wenn also 10 Leute bei einer Tür herein gehen, hat man einen Wert von 10. Waren es in der nächsten Woche 15, erhöhte sich der Wert um 5, und auch die Kurve auf dem Papier steigt entsprechend. Waren es in der Woche darauf nur 3, sank der Wert entsprechend.

Wobei im Unterschied zum Statistischen Zentralamt bei Scientology „Feuer am Dach" war. Der Chefkoch hatte nämlich die Idee, dass Statistiken immer zu steigen haben. Scheinbar glaubte er seine Rezepte – oder wollte sie glauben.

Und insofern lernte ich sie kennen. Ich saß Tag-ein-Tag-aus im Kursraum, der besagten Akademie, schaute dass die Dinge halbwegs so liefen, wie sie laufen sollten und erfreute mich des Lebens.

Das Wesentliche war, dass ich dabei rauchen durfte.

Und dann gab es Elfi. Sie brachte den neuen „Wind", den man noch nicht so genau definieren konnte. Sie war auch ein sogenannter Seeorganisations-Missionar und begann danach zu fragen, warum diese Woche nur 3 Personen mehr durch die Tür gekommen waren.

Das wäre ja noch halb so wild, aber irgendwie versuchte sie, die Idee hinüber zu bekommen, dass ich dafür sorgen sollte, die Vorgabe von 15 Personen zu überbieten – sprich: 16 Personen.

Aber ist das nicht normal, dass jemand auf den Umsatz schaut?

Durchaus. Aber geht es bei Scientology um Umsatz?

Das war das Problem mit der Statistik: Lag sie über der Vorwoche war das Management, das in den jeweiligen Zentralen saß, happy, lag es darunter, gab es Druck.

Wobei es nicht so wichtig war, wie die Zahlen zustande kamen. Klar, gab es nie die Anweisung, zu schummeln oder zu betrügen. Aber im Prinzip war es nicht sehr wichtig – Hauptsache das Ergebnis hörte sich gut an.

Das war 1975 so und es war zwanzig Jahre später so, als man Hamburg als Muster-Organisation feierte, um dann festzustellen, dass die Statistiken gefälscht worden waren.

Der Wind hatte sich gedreht und brachte neben Elfi auch Anthony, einen weiteren Seeorganisations-Missionar. Der war aber von der gemütlichen Sorte und vorrangig an den Standorten der Prostituierten interessiert, die er Freitag gerne besuchte. Er war ein lieber Typ, und da er ihm ähnlich sah, bald unter dem Namen „Bugs Bunny" bekannt.

Aber Elfi und Anthony waren nur die Vorhut. Bald kamen weitere „Missionare" – diesmal aus Amerika und sahen sich dies und das an. „Big Brother" war in Wien einmarschiert – die Küchengehilfen des Kochs fanden das, was sie sahen, gar nicht lustig und vor allem weit von dem entfernt, was im Kochbuch stand. Noch resultierte nichts daraus – es wurde vorerst nur analysiert.

Aber dann kamen schon die nächsten beiden Missionare. Diesmal ein Deutscher, der, glaube ich, Wolf oder so ähnlich hieß, und ein Amerikaner, der, glaube ich, sinnigerweise Black hieß.

Das war schon mehr ein „Action-Team", nicht die kleinen Helferlein des Kochs, sondern eher schon die „Test-Verkoster".

Im Klartext: Nach den Statistiken lernte ich das „Guardian Office" in diesen beiden Personen kennen.

Ich wusste, dass es diese „Schutzengel" gab – das stand immerhin auf dem Organigramm. Wen oder was sie schützten, war mir nicht so klar.

Bis ich es am eigenen Leib erfuhr.

Nachdem schon bald mehr Auswärtige als Mitarbeiter da waren, die Stimmung ohnehin mehr als gedrückt war und ich mehr und mehr damit kämpfte, meinen Job als Kursüberwacher zu machen, wurde ich eines Tages zu einem Interview mit Wolf und Black gerufen.

Die beiden empfingen mich sehr freundlich und baten mich, beim folgenden Gespräch doch die beiden Suppendosen des E-Meters in die Hand zu nehmen. Wie sie meinten, seien diese doch nicht störend.

Nachdem ich nichts Rechtes erwidern konnte, nahm ich sie in die Hand – das „Zauberkästchen" konnte nun „sehen", welche Art von Körperspannung gerade lief.

Ich ließ die Dinge auf mich zukommen und auch der Umstand, dass ich an das E-Meter angeschlossen war, störte mich eigentlich nicht wirklich.

Sie fragten dies und das, eigentlich eher belanglose Dinge. Irgendwie kam im Laufe des nachfolgenden Gespräches heraus, dass die beiden auf der Suche nach „Unterdrückerischen Personen" die Organisation durchleuchteten.

Unterdrücker – ist das dasjenige, was du in den Augen von Scientology bist, seitdem du diese Organisation verlassen hast?

Ja. Und was ich damals noch nicht wirklich wusste, aber sehr bald vorgeführt bekam: Das Guardian Office – kurz GO genannt – wachte darüber, dass keine Unterdrücker innerhalb von Scientology waren.

Unterdrücker waren aus Sicht des Kochs z.B. andere Personen, die ihn an daran hinderten, seine Rezepte auszuprobieren, diese vielleicht modifizierten oder gleich andere Rezepte auf Lager hatten.

Und es gab das Guardian Office, dass mit Argusaugen diese „Unterdrückerischen Personen" suchte. Dabei war jedes Mittel recht.

Denn plötzlich war auch der freundliche Ton verschwunden und ich bekam eine wunderbare „Alternative" präsentiert: Entweder ich würde im nächsten Leben ein Stein sein oder ich gebe zu, dass ich gemeinsam mit meinen beiden Freunden Manfred und Georg ein Komplott geplant hatte, um Scientology zu unterwandern und zu zerstören.

Und da saß ich, hatte diese wunderschöne Alternative vor Augen und versank mehr und mehr in eine tiefe Verwirrung.

Wahrscheinlich hätte ich derart so ziemlich alles zugegeben – dass ich eigentlich der Papst oder in Wirklichkeit ein Frau sei.

Wolf und Black bekamen was sie bekommen wollten. Noch völlig benommen schleppten mich die beiden zu einem Notar und ließen diese Aussage von mir beglaubigen. Dann waren sie zufrieden, bestätigten mir süffisant, dass ich sehr krank sei und schmissen mich hinaus.

Aber ist das nicht ein Wahnsinn? Warum hast du dabei mitgemacht?

Klar. Im Nachhinein gesehen würde ich das auch nicht mehr machen. Aber damals tat ich es. Ich konnte mir nicht vorstellen, dass es so etwas überhaupt gibt. Dass das keine Eintagsfliege war, habe ich Ende der 70er-Jahre und bis zur Auflösung des Guardian Office Anfang der 80er-Jahre gesehen.

Aber was hätte ich tun sollen?

Ich war völlig eingeschüchtert. Und alle anderen Brüder und Schwestern zogen auch den Kopf ein, um ihr Leben zu retten.

Jahre später wurde diese Zeit selbst Scientology-intern als „Wilde Zeit" betrachtet und darüber hinaus soll das „Zauberkästchen" der Herren Wolf und Black auch noch kaputt gewesen sein.

Was die Nachfolger des Guardian Offices - der „Büro für Spezielle Angelegenheiten" - aber im Jahr 2004 nicht daran hinderte, mir den Notariats-Wisch mit meinem erpressten „Geständnis" vor die Nase zu halten.

Ich stand plötzlich wieder auf der Straße, wurde von Scientology hinausgeschmissen, sollte meine sogenannte „Schmarotzerrechnung" bezahlen, wenn ich weitermachen wollte; natürlich wieder als sogenannter Public.

Was ist jetzt wiederum eine „Schmarotzerrechnung"?

Als Mitarbeiter bezahlst du natürlich nichts für deine Kurse; dafür unterschreibst du bei jeder Rechnung den Passus, dass du bezahlst, wenn du den Vertrag brichst.

Im Nachhinein betrachtet der Übergag: Man warf mich hinaus und unterstelle mir gleichzeitig, dass ich den Vertrag gebrochen hatte.

Mit auf den Weg gab man mir noch die Auflage, keinen Kontakt mehr mit Manfred und Georg zu haben. Das waren ja meine Mitverschwörer.

Das ist ja komplett verrückt.

Ja – aber damals war ich derart eingeschüchtert, dass ich mich sogar eine Zeit lang daran hielt und speziell im Fall Georg lange gebraucht habe, bis ich wieder mit ihm in Kontakt war.

Aber jetzt war ich auf jeden Fall wieder „draußen".

Irgendwie war jeder Lebenswille weg – ich hatte komischerweise kein Ziel, nichts was mich irgendwie motivierte.

30 Jahre später kann ich mir das gar nicht mehr vorstellen – aber ich war komplett desillusioniert.

Alles fing im Herbst 1974 irgendwie paradiesisch an und plötzlich war ich Teil einer Verschwörung und hatte als Alternative, ein Stein zu sein oder zu „gestehen". Abschließend wurde mir konstatiert, dass ich sehr krank sei.

Damit hatte ich meine Punzierung – und tschüss.

Ich habe danach 4 Jahre gebraucht, um das zu verarbeiten und kam nur ganz langsam wieder auf die Beine.

Was geschah mit den anderen Mitarbeitern der damaligen Zeit? Waren die auch „Unterdrücker"?

Ich hörte, dass Antonio del F. irgendwann auch zu einem erklärt wurde, seine Frau Annette traf ich in den 80er-Jahren in Kopenhagen, wo sie mittlerweile stationiert war. Hannes verließ Scientology einige Jahre später und Engelbert trat der Seeorganisation bei, war dort jahrelang ein leitendes Mitglied - „L. Ron Hubbard Kommunikator" für Europa - und kam sterbenskrank nach Wien zurück. Das Büro für spezielle Angelegenheiten hat sich in den 90er-Jahren noch einige Mal um ihn gekümmert, da sein Fall ja „schlechte" Presse bringen könnte.

Ist doch komisch - oder?

Eher menschenverachtend, dass man einem Mitarbeiter nicht einmal half, als er krank wurde und ihn derart seinem Schicksal überlies.

Aber weiter zu meiner Auflistung: Lisa ging auch in die Seeorganisation, wo sie im „Übersetzungsbüro" arbeitete, Marie-Luise verließ Anfang der 80er-Jahre Scientology, Gerhard und Herbert ebenfalls. Auch all jene, die in meiner Zeit begannen, gingen diesen Weg. Rainer gibt es als Einzigen immer noch in Wien.

Es blieb also kaum wer über?

Ja - aber jetzt weiter mit meiner Geschichte. Im Frühjahr 1979 traf ich am Flohmarkt in Wien eine Freundin, die mich fragte, ob ich mit ihr nach Ried/Innkreis fahren würde. Da ich nichts vor hatte, fuhr ich mit ihr nach Ried, wo ein Freund von ihr ein

Lokal eröffnen wollte. Diesen Freund kannte ich aus meiner Zeit bei Scientology – er war Scientologe.

Und damit hatte mich dieses Thema wieder eingeholt.

Ich blieb über die Eröffnung hinaus als Kellner, da Fritz, so hieß der Freund, feststellte, dass er keinen hatte.

Scientology war anfangs kein Thema, und ich lebte mich mehr und mehr ein.

Aber dann kam Scientology wieder ins Spiel. Fritz und seine Frau waren ja Scientologen und eines Tages war Besuch angekündigt. Mitarbeiter der Wiener Organisation wollten Fritz besuchen – was mich hellhörig werden ließ, war der Umstand, dass dabei auch Mitarbeiter des Guardian Office waren.

Die „Schutzengel" waren immer noch unterwegs und wollten sogar auf Besuch kommen! In mir klang das Frühjahr 1975 wieder an, ich war paralysiert, und vermied es diesen Besuch zu treffen. Ich wollte unter keinen Umständen mit diesen Menschen in Berührung kommen.

Wieso bist du dann eigentlich wieder bei Scientologen gelandet? War das Mädchen, das dich nach Ried mitnahmen, Scientologin?

Überhaupt nicht. Ich habe sie bei einem Konzert eines Freundes kennen gelernt und später auf dem Flohmarkt wieder getroffen. Dass Fritz und seine Frau Scientologen waren, war, so gesehen, reiner Zufall.

Christine, die Frau von Fritz, begann mich zu überreden, wieder bei Scientology weiterzumachen und meine „Schmarotzerrechnung" zu bezahlen. Nachdem ich bei ihr arbeitete, wusste sie, was ich verdiente, und dass ich mir die rund 1.000 Euro leisten konnte.

Also zahlte ich nach entsprechender „Bearbeitung" durch sie.

Und nachdem ich schon gezahlt hatte, konnte ich ja auch den nächsten Schritt machen: Die Organisation in Wien aufsuchen.

Und das tat ich irgendwann auch.

Damit begann der zweite Abschnitt meiner scientologischen „Tätigkeit".

Was ich ja überhaupt nicht verstehe: Da stehst du völlig trau-
matisiert 1975 im wahrsten Sinne des Wortes auf der Straße
und dann hast du nichts Besseres zu tun, als bei der ersten
Gelegenheit wieder in den „Schoß" dieser Organisation zurück
zu kehren? Aufgrund der Vorkommnisse würde ich zumindest
einen großen Bogen um sie machen, wenn ich dieses Unrecht
nicht bekämpfen würde.

Ich kann dir diese Frage auch nur so beantworten: Ja, du hast
recht. Aber damals sah ich das nicht.

Aus heutiger Sicht kann ich es erkennen, aber es gab und gibt einige Kochrezepte und „Zauberwörter" - die bekam ich 1974/75
„eingepflanzt" und sie wirkten.

Christine erinnerte mich auch, dass es ja darum ging, „diesen
Planeten zu klären" usw. – und ich ging wie ferngesteuert wieder
zurück.

In mir – so blöd sich das anhört – war der Impuls da. Ich verstand ihn nicht, wollte ihn eigentlich auch nicht verstehen. Ich
wusste nur, dass ich zurück wollte.

Und war das so wie 1974/75?

Überhaupt nicht. Es war alles ganz anders. Der Wind, der damals
zu wehen begonnen hatte, hatte mittlerweile eine straff geführte
Organisation entstehen lassen. Die „Schutzengel" – sprich: das
Guardian Office - hatten sich vermehrt und waren jetzt um die
10 Mann bzw. Frau stark.

Und sie waren auch meine erste Anlaufstation.

Ich musste wieder einmal eines der berüchtigten Interviews
über mich ergehen lassen. Mit dabei wie immer das „Zauberkästchen" E-Meter. Sie schrieen und brüllten dabei – alles natürlich zum Schutz des Kochs, ich war dabei nicht so wesentlich.

Der erste Teil meiner Scientology-Zugehörigkeit hatte damit geendet, der zweite begann damit.

5 Stunden lang wurde alles Mögliche immer wieder durchgekaut und dann waren die beiden – ein Ehepaar mit Namen D.
– zufrieden. Witzigerweise waren es auch diese beiden, die Fritz
in Ried besucht hatten.

Wie sah diese „Fragestunde" aus?

Anders als 1975 kam man gleich zur Sache und durchleuchtete mein komplettes Leben. Abwechselnd stellten die D.s Fragen zu meiner Lehrzeit, meinen politischen Gedanken und Aktionen, natürlich den „Ereignissen" um Scientology aus dem Jahr 1975, meine sexuellen Gewohnheiten und Vorlieben ...

Also wirklich jeder Bereich?

Ja - nichts war tabu bei dieser Art der Befragung. Und wenn ich nicht gleich antwortete, wurde geschrieen und ich wurde als „nicht kooperativ" usw. bezeichnet.

Eigentlich ein klassisches Verhör?

Ich kann mir sehr gut vorstellen, wenn jemand in einem totalitären Staat in einer ähnlichen Situation ist und durchleuchtet wird.

Aber irgendwann war es dann vorbei - ich war aus ihrer Sicht „clean" und damit keine Gefahr für den Koch und die Küche.

Auch das Thema der Verschwörung aus dem Jahr 1975 war plötzlich keines mehr – obwohl der Notariatsakt noch im Jahr 2004 vorhanden ist! Es entschuldigte sich zwar auch niemand – aber es ging nicht mehr darum, entweder ein Stein zu werden oder zu gestehen.

Ich war glücklich, diesen „Check" geschafft zu haben – irgendwie pervers, aber es war so.

Ich hatte einige Auflagen zu erfüllen: In meiner Jugendzeit war ich eine Zeitlang bei „Offensiv Links", einer linken Politgruppe, engagiert – also sollte ich eine Bestätigung bringen, dass ich nicht mehr in deren Adressliste war. Das tat ich.

Danach durfte ich mich wieder umsehen, durfte mir anschauen, inwieweit sich Scientology in den letzten 4 Jahren verändert hatte.

Aus der gemütlichen Organisation, wo der Chef der Truppe mehr mit der Jagd nach irgendwelchen Comics als mit sonst etwas beschäftigt war, war eine stramm geführte Organisation geworden.

Waren es damals 10 oder 12 Mitarbeiter, waren es nunmehr 90, war alles damals eher individuell-leger, wuselten jetzt jede Menge Leute geschäftig durcheinander.

Ich war beeindruckt.

Residierte Scientology früher eine Stiege weiter in einer ehemaligen Wohnung im dritten Stock, dehnte sie sich nunmehr über das komplette Stockwerk der Nachbarstiege aus.

Überall hingen und standen die Kochrezepte, der Atem des Kochs war spürbar.

Und während ich mich noch orientierte, wurde ich bereits wieder als Mitarbeiter angeworben – und wurde es auch sehr rasch.

> *Und dann wurdest du wieder Mitarbeiter? Nach alldem? Ich kann ja noch eventuell verstehen, dass du deine „Schmarotzerrechnung" bezahlst, und von mir aus, dass du ein 5-Stunden-Interview über dich ergehen lässt – aber warum du dann wieder Mitarbeiter wirst? Das kann ich einfach nicht verstehen.*

Im Nachhinein betrachtet: ich auch nicht. Aber damals ging ich diesen Weg und war irgendwie ferngesteuert. Ich stand da mit offenem Mund – und unterschrieb flugs wieder einen Mitarbeitervertrag.

Und nachdem ich ja eine Ausbildung als Kursüberwacher hatte, sollte ich das auch gleich wieder werden.

Das war ich dann auch kurz, wurde einige Zeit danach befördert – das Ganze hieß „Direktor für Training". Und wiederum einige Zeit später gab es schon wieder einen neuen Posten: „Service Product Officer".

Ich machte eine scientologische Blitzkarriere – und fühlte mich gebauchpinselt. Aller alte Gram und sonstiges war vergessen.

> *Wie erklärst du dir das alles; jetzt, lange Zeit später und nachdem du Scientology den Rücken gekehrt hast? Wenn du dir dein Verhalten ansiehst, kann man das doch nicht so einfach nachvollziehen.*

Ich habe mich in den letzten beiden Jahren sehr oft mit dieser und ähnlichen Fragen auseinander gesetzt. Ich habe auch mit Menschen gesprochen, die auf Scientology „abfahren", ich habe mit Psychologen gesprochen und habe mich mit sehr vielem beschäftigt.

Eine Fülle von Gründen und Möglichkeiten tauchte auf. Ich sah auch, dass andere Menschen durchaus ähnlich wie ich reagierten und noch immer reagieren.

Glaubte ich anfangs vielleicht noch, dass das vielleicht nur mit mir, meiner persönlichen Biographie zu tun hat, sah ich mehr und mehr ein „System" dahinter.

Eben das bereits angesprochene Kochbuch – es sieht absolut harmlos aus, zu vielem kann man relativ leichten Herzens ja sagen; aber dahinter steht noch etwas.

Und das fand ich dann in dem eingangs beschrieben Zauberwörtchen „8C" – Kontrolle, absolute Kontrolle, kombiniert mit „Ton 40".

Hubbard ging ganz einfach davon aus, dass man für sein Gegenüber zu entscheiden hatte – der entsprechende „Gesetzesbrief" sagt genau das aus; „Handling the Public Individual".

Es galt und gilt für den Anderen zu entscheiden - das meint er.

Hinter dem Ganzen steht „8C" und „Ton 40" und damit das auch geübt werden kann, gibt es die Trainingsroutinen.

Kann das nicht auch eine Paranoia deinerseits sein, dass du dich darauf so versteifst?

Ich glaube nicht. Ich bin das Ganze immer wieder und wieder durchgegangen, habe jede Menge Ungereimtheiten gefunden. Aber nichts, was als „tragende Säule" taugen würde – und eine tragende Säule ist etwas, das über eine gewisse Tragfähigkeit verfügen muss.

Und dann bin ich letztendlich auf diese „Zauberworte" gekommen und habe deren Verbindung zu den Trainingsroutinen entdeckt.

Ich habe mir mein Verhalten angesehen, habe mir das Verhalten anderer angesehen – und ich habe überall die selbe Unlogik bemerkt: Einerseits wurde sehr vielen Menschen offensichtlich Unrecht angetan und andererseits waren alle glücklich dabei, weitermachen zu dürfen.

Aber kann Scientology nicht auch jene Wahrheit beinhalten, von der Scientology ja immer behauptet, dass sie diese besitzt?

Ja, das habe ich mich auch gefragt: Was wäre, wenn Hubbard und seine Küchenhelfer, den Stein der Weisen hätten und ich auf dem Holzweg wäre?

Ich kann letztendlich diese Frage nicht beantworten - aber ich kann sehen, was mit Menschen geschieht, die sich mit Scientology einlassen.

Ich sah und sehe mein Schicksal und ich sah und sehe das sehr vieler anderer Menschen.

Du weißt, es gibt das alte Bibel-Wort: „An ihren Früchten werdet ihr sie erkennen".

Ich habe ganz einfach beobachtet, habe einfach gesehen, was so passiert.

Unter anderem erzähle ich dir meine Geschichte – sehe mich dabei, sehe mir zu, was ich in der Vergangenheit tat.

Das macht Sinn.

Und darum weiter in meiner Geschichte. Ich war also relativ rasch nach „oben gefallen" und sollte innerhalb eines Jahres noch weiter nach oben fallen. Ich glaube, es war im Herbst 1980, da war ich plötzlich der leitende Direktor der Scientology Organisation in Wien. Dort, wo Antonio noch 1975 saß, war ich plötzlich selbst angelangt.

Irgendwo ja eine Ironie des Schicksals – 1975 noch ein „Feind" und 1980 der Chef. Und das mit dem „OK-Stempel" des Guardian Office.

Mein Vorgänger war Roman gewesen. Ein drahtiger, ehemaliger Sportstudent, der nur mehr in einer Seeorganisations-Uniform herumlief. Es war eindeutig zu sehen, das er auf Militärisches abfuhr.

Er war eigentlich sehr sympathisch und ich wurde mehr und mehr sein Vertrauter – und irgendwann auch sein Nachfolger.

Eigentlich sollte ich ihn ja nur eine Woche vertreten – er fuhr aber nicht auf Urlaub, sondern nach Kopenhagen zur Seeorganisation. Und in bester Scientologymanier kam er gleich nicht mehr zurück und ich erbte seinen Job, ohne zu wissen, was das überhaupt für einer war.

Aus meiner Vergangenheit wusste ich nur, dass dazu auch das Suchen von Comics gehören könnte.

Aber irgendwie war seitdem alles anders geworden – jetzt war es ein kleiner Moloch, der unter Garantie anderes verlangte. Das erkannte ich sehr schnell.

Also wurde ich die erste Zeit von den vielen Einzelinteressen und dem darüber schwebenden Kochbuch fast erdrückt.

Irgendwo kam ich in dieser Zeit überhaupt nicht zum Denken oder Reflektieren. Und als wenn es nicht genug gewesen wäre, gab es ja auch noch einen sogenannten Organisationsmanager, der im fernen Kopenhagen saß, in meinem Fall weiblich war und in Bezug auf meine Statistiken ein überdurchschnittliches Interesse an den Tag legte.

Und dieses Interesse sah wie aus?

Entweder gab es früher nicht so viele Statistiken oder Antonio nahm sie nur sehr unscharf war. Damals war das scheinbar nicht so wichtig. Jetzt wurde ich tagtäglich diesbezüglich abgefragt – eigentlich mehr noch: Es war nicht ein freundliches Abfragen, es war meist ein Hinterfragen, ob man die Vorgaben aus Kopenhagen erfüllt hatte oder nicht. Das geschah meist in einem Ton, der wenig bis gar keine Argumente zuließ.

Also wieder einmal das bereits bekannte „8C", kombiniert mit „Ton 40"?

Ja – du lernst schnell. Hinter all den Sätzen war immer das gleiche Muster erkennbar: Absolute Kontrolle, wie es in den Trainingsroutinen ja geübt wird. Meine Managerin fragte, ob die Fische schwimmen oder die Vögel fliegen, ich erzählte ihr etwas und sie fragte wieder nach den Fischen oder Vögeln, wenn ihr das Gesagte nicht gefiel. Sie ließ das, was ich sagte, nicht gelten, sondern wollte ihre Fische- oder Vögel-Story durchbringen. Das steigerte sich bei entsprechender Gegenwehr bis zu dem von der „Trainingsroutine 8" bekannten Phänomen: Aus den Fischen und Vögeln wurde letztendlich ein reines „Auf- und Niedersetzen".

Ich versteh schon, dass es jetzt komplexer wird. Aber wie sah das in der Praxis aus? Das ist mir alles ein bisschen zu abstrakt, darunter kann ich mir beim besten Willen nichts vorstellen.

*Das mit dem 8C-Prinzip wird mir schon mehr und mehr klar
– aber wie sah das im Alltag aus? Irgendwo mache ich mir da
kein klares Bild – irgendwo ist es ja nachvollziehbar, dass ein
Vorgesetzter bestimmte Leistungen erwartet und auch haben
möchte. Daran muss ja noch nichts Schlechtes sein.*

Klar – oberflächlich betrachtet gebe ich dir recht. Aber innerhalb von Scientology sieht das ein wenig anders aus – und hat
sich in den letzten 20 Jahren nicht geändert. Es ist zwar nicht
mehr so neurotisch wie damals, aber der Druck ist in groben
Zügen gleich geblieben.

*Bitte komm einmal runter vom Abstrakten – man kann sich das
ganz einfach nicht vorstellen. Rede nicht um den heißen Brei
herum, sondern werde bitte konkret.*

Also, ganz konkret. Man muss einige Dinge vorausschicken, um
dann das andere zu verstehen.

Schauen wir uns einmal den Aufbau einer Scientology-Organisation an. Ich habe das ja schon angedeutet und benannt – es
gab einmal den „Leitenden Direktor" und darunter 7 Abteilungen. Das Ganze war in der sogenannten „Organisationstafel"
aufgezeichnet. Schmankerl am Rande: Damit die Mitarbeiter
das auch in Fleisch und Blut hatten, wurde die sogenannte „Chi-
nese School" praktiziert. Das sah in der Praxis so aus, dass einer
vorlas, was da auf dieser Organisationstafel alles stand und die
Gruppe wiederholte das dann im Chor.

*Riecht irgendwo nach einer Art Vorbeten bzw. Nachbeten unter
Ausschaltung der eigenen Denkfähigkeit.*

Ist es auch – die Kochrezepte des Maitres sollten wirklich in
Fleisch und Blut übernommen werden. Wieso gerade die Chi-
nesen diese „Ehre" bekamen, weiß ich nicht. Ich kann mich nur
daran erinnern, wie vorne jemand stand, vorlas, was da stand
und die Gruppe das dann nachbetete.

Aber jetzt wieder zurück zu den 7 Abteilungen.

Das Ganze lief so, dass es von außen betrachtet folgendermaßen
durchnummeriert war: 7, 1, 2, 3, 4, 5 und 6.

Zwischen dem Chef und den Abteilungen waren noch 3 Posten
eingeschoben, die über jeweils 3 Abteilungen standen – der ers-

te hatte 7, 1 und 2, der andere 3, 4 und 5 und der letzte mit der Distributionsabteilung genug zu tun.

Und dann gab es noch sogenannte „Netzwerke", die ein mehr oder weniger autonomes Leben führten.

Da war zunächst einmal das altbekannte Guardian Office – damals mit über 10 Personen überproportional besetzt. Dann die sogenannte „Flag-Repräsentanten" ...

Die Frage, die ich jetzt stellen werde, ist klar ...

Die Führung von Wien saß in Kopenhagen – und darüber gab es noch „Flag" – stationiert in Florida. Das sind die „Managermanager" – und die wurden vom „Flag-Repräsentationsnetzwerk" repräsentiert.

Kann ich mir in etwa vorstellen.

Und dann gab es noch ein drittes Netzwerk – die sogenannten „L. Ron Hubbard-Repräsentanten", deren Hauptaufgabe darin bestand, den Koch und sein Kochbuch gut zu verkaufen.

Das heißt, diese 3 Netzwerke hatten klar definierte Aufgaben: einerseits die „Schutzengel", die den Koch und sein Kochbuch nach außen und nach innen schützten, dann die Flag-Repräsentanten, die vor allem das richtige Kochen im Sinn hatten – sprich: die adäquate Anwendung der verschiedenen Kochrezepte – und dann schlussendlich der L. Ron Hubbard-Repräsentant, dem es hauptsächlich darum ging, dass der Koch in einem strahlenden Licht erschien.

Und damit sich die verschiedenen Netzwerke nicht allzu sehr in die Haare bekamen, gab es ein sogenanntes „Netzwerk-Koordiantions-Komitee", wo sich diese drei mit dem leitenden Direktor beraten konnten.

So, aber jetzt genug damit, sonst ufert das Ganze aus – man könnte allein über die organisatorischen Titel und Funktionen ein ganzes Buch schreiben.

Braucht man überhaupt so viele Posten und Funktionen? Siehst du einen Sinn in so etwas?

Das weiß ich nicht. Theoretisch hört sich das durchaus logisch an – in der Praxis sieht das ganz anders aus: Hauptsächlich verwaltete sich jede Abteilung mehr oder weniger selbst, äugte mit argwöhnischem Blick links und rechts und war nur mit dem Absichern ihrer Pfründe beschäftigt. Die „Netzwerke" überboten sich, indem sie Einzelorganisationen bildeten, die schalteten und walteten, wie es ihnen gefiel.

Vor allem das Guardian Office sah sich als „Organisation in der Organisation" – und betonte dies auch immer.

> *Zwischenfrage: Ich kann mir vorstellen, dass eine Menge Leute ins Visier dieser „Schutzengel" gerieten und dabei auf der Strecke blieben. Wurden die nach falscher Liquidierung wenigstens wieder rehabilitiert?*

Nein – und das ist so ein Wesenszug von Scientology, der mir erst viel später auffiel, aber auch schon damals erkennbar war. „Was liegt, das pickt" – von alleine macht Scientology gar nichts; schon gar nicht, sich zu entschuldigen.

Wen die „Schutzengeln" hingerichtet hatten, war nicht wesentlich – irgendwann wurden auch die „Schutzengeln" hingerichtet. Die Karawane zog weiter, übernahm der Einfachheit halber gleich die eine oder andere Person aus der Guardian Office-Zeit und belies es dabei, nach außen hin zu sagen, dass die „Schutzengel"-Idee fehlgeleitet oder was auch immer war.

Die Personen – und das waren nicht wenige – die dieser „Fehlleitung" zum Opfer fielen – hatten schlicht und ergreifend Pech gehabt, waren wahrscheinlich zur falschen Zeit am falschen Ort.

> *Und was heißt das?*

Das, was es bei Scientology immer heißt: Es passierte gar nichts. Man war auf der ellenlangen Liste der sogenannten „Unterdrücker" oder auf gar keiner Liste und fiel einfach durch den Rost.

> *Das ist ja irgendwie pervers: Da schmeißt dich quasi jemand beim Tempel hinaus, wird dann selbst abgeschafft, da man scheinbar erkennt, dass die Idee „fehlgeleitet" war – und dann wird derjenige, den diese Fehlleitung betraf, nicht einmal rehabilitiert?*

Ich versteh dich, aber das spielt es in Wirklichkeit nicht. Erinnere dich an meinen erpressten Notariatsakt. Das war 1975, mittlerweile hat man die Erpresser selbst aufgelöst und doch werde ich im Jahr 2004 von den Nachfolgern der „Schutzengel" - dem „Büro für Spezielle Angelegenheiten" - damit konfrontiert.

In Scientology gibt es eine Devise über allem: Das, was dir passiert, ist dir selbst zuzuschreiben – und niemandem sonst.

Das heißt, wenn dich jemand anrempelt und umstößt, bist du daran schuld? Und solltest dich womöglich noch entschuldigen, dass du es gewagt hast, im Weg zu stehen?

So ist das in Wirklichkeit. Aber jetzt sollten wir wieder zum Ausgangsthema zurückkehren, sondern reden wir stundenlang von den vielen Ungereimtheiten im scientologischen System.

Du hast irgendwie gefragt, warum Druck von oben herrschen konnte und wie der aussah.

Ich habe dir einmal grob umrissen, wie Scientology organisiert war und dir auch die Netzwerke vorgestellt, die eine wesentliche Rolle spielten.

Der Alltag sah nun so aus: Jede Abteilung tat etwas und maß ihre Produkte und trug dieses Ergebnis fein säuberlich zuerst in eine Liste und dann auf dem bereits erwähnten Millimeterpapier ein.

Ich war der Direktor dieser Truppe und für sämtliche Statistiken verantwortlich. Durchschnittlich hatte jede dieser Abteilungen 2 sogenannte Hauptstatistiken – demnach hatte ich rund 14 bis 16 Hauptstatistiken, für die ich verantwortlich war.

Bitte ein Beispiel, sonst wird das wiederum zu abstrakt.

Nehmen wir die Abteilung 2 – Dissemination. Die Hauptstatistiken sind – und ich nehme jene aus dem Jahr 2001, aber sie waren auch damals im Großen und Ganzen gleich - einerseits „Gross Income" (Gesamteinkommen) und anderseits „Gross Book Sales" (Einkommen aus Büchern).

Aus meiner damaligen Sicht lief das so ab: Von „unten" bekam ich die Zahlen der tatsächlichen Verkaufserlöse und von „oben" bekam ich die Zahlen, die ich erreichen sollte.

Was ja noch durchaus nachvollziehbar ist. Das läuft wahrscheinlich überall in der Geschäftswelt so.

Würde ich auch sagen.

Aber dann gab und gibt es das „Scientology-Special".

Da bin ich aber jetzt gespannt!

Der Leiter der Abteilung 2 gab mir seine Zahlen, ich gab die Zahlen nach oben, sprich: der Management-Einheit in Kopenhagen, weiter. Diese Einheit nahm das zur Kenntnis und gab mir eine wöchentliche Vorgabe, die es zu erreichen gab.

So weit, so üblich.

Nur, was geschah, wenn diese Zahlen nach oben gegeben wurden und sich nicht mit den Vorgaben deckten?

Dann hörte sich nämlich die Freundschaft auf. Oben – in meinem Fall, meine Managerin – fühlte man sich fast persönlich beleidigt, dass ich die Vorgaben nicht erreicht hatte.

Und was soll daran „special" sein – das würde ich noch durchaus als normal ansehen.

Bis dahin sicher – aber die nachfolgende „Reaktion" nicht mehr. Die Dame war nicht nur persönlich beleidigt – sie wollte ihre Vorgabe exakt erfüllt oder sogar übertroffen sehen. Und um das zu erreichen, wurden alle Register gezogen, die sie in ihrem Repertoire hatte.

Auf gut Wienerisch wurde jetzt Druck erzeugt und gesteigert. Ich wurde auf alle erdenklichen Arten und Weisen diesem Druck, der sich immer mehr steigerte ausgesetzt.

Und wie sah das aus?

Zum Beispiel stündliche Telefonanrufe, man wurde angebrüllt, die eigene Vergangenheit wurde einem vorgeworfen usw.

Als Beispiel: Ich war in jungen Tagen, wie bereits angesprochen, politisch bei „Offensiv Links" engagiert.

Also sagte sie mir wörtlich: „Ich hätte jetzt die Möglichkeit, zu zeigen, dass ich dieser Ideologie abgeschworen hätte." Zeigen konnte ich dies, indem ich ihre Vorgabe erfüllte.

Diesen persönlichen Druck variierte sie gekonnt – und stand dabei selbst wieder unter einem Druck, der von noch weiter oben kam. Denn auch Kopenhagen bekam alles vorgegeben und musste wieder nach „oben" berichten.

Darüber stand „Flag", das Scientology-Management, das im Kochbuch des Kochs zunehmend fuhrwerkte und die gerade gültigen Kochrezepte durchgab.

Im Nachhinein betrachtet, gab und gibt es auch hier als Klammer über all das Geschehene die „Zauberwörtchen": „8C" und „Ton 40" - absolute Kontrolle.

Und was taten die „Netzwerke" dabei?

Die verfolgten ihre eigenen Interessen und sorgten dafür, dass ich den Druck nicht nur von oben bekam, sondern auch von der Seite.

Eigentlich muss man ihnen ja dankbar sein, denn damit hatte ich keine Möglichkeit, umzufallen - da sie mich seitlich „stützten".

Ich verstehe, was du damit meinst. Und was war mit dem Koch?

Ende der 70er-Jahre verschwand der Koch mehr und mehr und Anfang der 80er-Jahre war er irgendwie nicht mehr vorhanden. Die offizielle Version sprach von abgeschiedenen Studien, die er für das Wohl der Menschheit auf sich nahm.

Wenn ich nur das nehme, was ich sah bzw. nicht sah: Hubbard war nicht verfügbar, angeblich sollte er irgendwo auf einer Ranch gewesen sein.

Gleichzeitig tauchten immer mehr Personen auf, die sein Kochbuch auf ihre Art interpretierten – in erster Linie waren es die „Schutzengel", aber nicht nur diese.

Je länger Hubbard verschwunden war, desto mehr Typen tauchten auf und desto irrwitziger wurde deren Vorgehen. Es wurde zunehmend nur mehr die Basis aus dem Kochbuch benutzt: Kadavergehorsam unter Zuhilfenahme von „8C" – absoluter Kontrolle.

Und nachdem es einfacher war, wurde dem Einzelnen vorgegaukelt, dass dies ja zum Wohle der Menschheit geschieht. Und im Übrigen war und ist man ja im „Krieg", und da sind ja bekanntlich alle Mittel erlaubt.

Ich bekomme langsam eine Idee davon.

Schau dir einfach nur die Zutaten dieser Spezialsuppe an: Da haben wir einmal die Seeorganisations-Mitglieder. Auf diesem Boden wächst das Prinzip „Zuerst handeln und dann denken - idealer weise überhaupt nicht" bestens.

Dann hatte man das Kochbuch, das eine Fülle von köstlichen Rezepten beinhaltete, die in sehr großen Maße mit Kontrolle zu tun haben.

Und dann hatte man irgendwelche geheimen Ziele – ich wusste und weiß bis heute nicht, was genau die Absicht war und ist.

Nach außen hin wurde und wird emsig aus dem Kochbuch zitiert – und Hubbard war ein Meister im Strapazieren von Allgemeinplätzen. Wahrscheinlich lag das an seiner Autorentätigkeit im Bereich der „Science-Fiction".

Und damit hatten und haben wir das Spezialsüppchen: Umgeben von einer ach so bösen Umwelt kämpft ein Häuflein mutiger Menschen für das Wohl der Menschheit.

Natürlich ging das nicht immer schön ab – wir waren doch so wenige und überall lauert der Feind. Aber nicht vergessen: Am Ende lauert dann die scientologische Freiheit.

Glücklicherweise hat der Koch ja eine Unmenge an „Überlebensrezepten" in sein Kochbuch gepackt. Also wurde ganz in seinem Sinne gefuhrwerkt – „8C" sei dank.

So oder ähnlich lief und läuft das Ganze ab.

Und das lebte sich auch so aus? Ich kann mir das gar nicht vorstellen.

Auch wenn es unvorstellbar bleibt: Das lebte vor über zwanzig Jahren so und es lebt auch heute noch so, auch wenn mittlerweile die „PR-Maschine" die gröbsten Ecken verbirgt.

So wie man bald erkannte, dass das berüchtigte „Freiwild-Gesetz", wo einem abtrünnigen Scientologen alles angetan werden durfte, jede Menge „schlechter Presse" brachte, bald theoretisch, aber nicht praktisch, verschwand, modifizierte man nach Außen hin in den letzten zwanzig Jahren alles, was Troubles oder schlechte Presse mit sich brachte.

Dahinter stand und steht aber immer die scientologische Schutztruppe in ihren martialischen Uniformen und zitiert emsig aus dem Kochbuch des Meisters, der 1986 zu weiteren Studien aufgebrochen war, bei denen ihn sein leiblicher Körper nur stören würde.

Ist dieser Zynismus gerechtfertigt?

Das war nicht zynisch, das war die offizielle Version bezüglich des Todes von Herrn Hubbard. Der Arme ist nicht einfach alt geworden, leidend und gestorben.

Ein Hubbard stirbt nicht einfach – der plant seinen nächsten Aufenthalt und agiert dementsprechend.

Aber nehmen wir noch ein Beispiel.

Und nehmen wir eines aus den späten 90er-Jahren, damit man verstehen kann, dass sich eigentlich nicht vieles verändert hat.

Abteilung 6 wurde mittlerweile gedrittelt – es gibt also 6A, 6B und 6C.

Aber noch immer ging und geht es darum, „Frischfleisch" durch das bekannte „Body Routen" zu beschaffen. Und auch das Spielchen mit „oben" und „unten" war noch da. Die Rabiat-Note aus den frühen 80er-Jahren ist zwar mehr oder weniger verschwunden. Aber der Druck war ziemlich gleich geblieben.

Jetzt wird nicht mehr im Tagesgeschehen gefuhrwerkt, sondern es tauchen irgendwann nette Damen und Herren in Uniform auf und bestehen in mehr oder weniger alter Manier auf ihre Vorgaben.

Und wenn das Ergebnis in deren Augen nicht zufriedenstellend ist, wird jedermann dazu abkommandiert, auf die Straße zu gehen und „Körper zu geleiten".

Wobei der Kommando-Ton dieser Herrschaften in Uniform so ganz und gar nicht kirchlich ausfällt und eher an „Kampfmönche" erinnert.

Schwierig wird es nur, wenn die Resultate nicht so recht gelingen und die Damen und Herren dann länger bleiben müssen – das nennt sich dann „Garrison-Mission". In Wien ist eine derartige seit 1993 oder 94.

Du glaubst, dass die Seeorganisation dieses „Special" ausmacht?

Das glaube ich schon, wenn ich sehe, was ist: Da haben wir den Koch in der Person von Hubbard, sein umfangreiches Kochbuch mit einer Fülle an Rezepten und dann gibt es da noch einige Milliarden Menschen, welche die „köstlichen" Speisen kosten sollten – was fehlt jetzt noch zur Glückseligkeit?

Jemand, der diese Milliarden davon überzeugt?

Läge doch auf der Hand – oder? Wobei am Überzeugendsten derjenige ist, der selbst davon überzeugt ist. Und aus meiner Beobachtung über die letzten 30 Jahre waren und sind das immer die Mitglieder der Seeorganisation.

Und falls sie einmal nicht mehr überzeugend sind, wandern sie selbst zwecks „Auffrischung" ihrer Einstellung ins RPF – ausgeschrieben: Rehabilitation Project Force -, das scientologische Straflager.

Und was ist das jetzt wieder?

Das sogenannte Programm dieses Projektes sieht Arbeiten und Studieren vor – zumindest die Hälfte der Zeit arbeitet man, zumeist bei irgendwelchen Bauprojekten, was ja auch sehr praktisch ist, da man derart billige und willige Arbeitskräfte hat und die andere Hälfte studiert man Hubbards Werke.

Ich habe einige Seeorganisations-Mitglieder vor und nach diesem Projekt gesehen.

Hatten sie davor noch so etwas wie eine eigene Menschlichkeit in sich oder ließen das erkennen, war diese danach ausgeräumt; sie funktionierten nur mehr ohne Wenn und Aber. Einen weiteren Einblick in deren Praktiken erhält man, wenn man z.B. die eidesstattliche Aussagen von Andre Tabayoyon und seiner Frau Mary liest, ehemaligen Seeorganisations-Mitgliedern.

Weißt du, was ich meine?

Ja. Aber bedeutet dies nicht auch, dass das, was in diversen Science-Fiction-Filmen gezeigt wird, bei Scientology durchaus Realität ist?

Kann ich mir gut vorstellen. Und ich kann mir auch gut vorstellen, dass Außenstehende oder irgendwelche Behörden so ihre Schwierigkeiten damit haben, das wahrzunehmen.

Von außen betrachtet sieht diese Elite-Truppe durchaus so aus, als ob sie mit der Menschheit kompatibel sei – nur kennt man von außen deren „zweites Gesicht" nicht.

So freundlich sie nach außen sein können, so unerbittlich sind sie innerhalb des Scientology-Reiches.

Ich habe das selbst oft genug nicht nur gesehen, sondern auch am eigenen Leib verspürt.

Aber ich würde sagen: Lass mich meine Geschichte weitererzählen – die Seeorganisation wird dabei ja noch oft vorkommen.

OK, dann erzähl weiter.

Ich war also der Chef der Wiener Truppe und versuchte da irgendwie durchzusteigen. Das Ziel eines geklärten Planeten war mir klar vorgegeben.

Mehr als zwanzig Jahre später versuchte ich vor allem, herauszufinden, warum ich das alles tat.

1974/75 war es vor allem ein großer Schuss Naivität – ich hinterfragte wenig bis gar nichts.

Ist das überhaupt Naivität? Und: Muss man überhaupt bei allem davon ausgehen, dass sich dahinter jede Menge andere Sachen verbergen?

An und für sich nicht. Aber andererseits wäre es sicher gut, wenn man generell die Zeichen richtig deutet.

Dazu bedarf es einer bestimmten Bewusstheit – und vor allem der Fähigkeit, selbständig zu denken und dementsprechend zu handeln.

Mitte der 70er-Jahre war weder der Koch noch das Kochbuch rasend präsent gewesen – das hatte sich Anfang der 80er-Jahre gründlich geändert.

Und wenn ich jetzt davon ausgehe – ich war damals 26 Jahre alt -, dass es eigentlich möglich sein sollte, selbstständig zu denken und, noch viel wichtiger, zu entscheiden, frage ich mich, warum ich das nicht getan habe.

War ich von Scientology so überzeugt, dass ich mir keine eigene Meinung bilden konnte? Oder liefen da andere Mechanismen, die mir eigentlich nicht die Wahl ließen, frei eine Entscheidung zu treffen?

Ich möchte jetzt nicht in psychologische Erklärungen gehen, sondern mir vielmehr ansehen, welche Rezepte es da gab.

Einige der Hauptrezepte von Hubbard findet man im Buch „Ethik der Scientology".

Es war das, was im Jahr 1975 „zuschlug" und was wiederum 1979/80 „aktiv" wurde, als ich zuerst durch die Knochenmühle des Guardian Office mit „Sicherheitsüberprüfungen" auf dem

E-Meter durchmusste. Danach wurde dieses Ethikbuch eine Art Bibel.

Es gibt sicher eine Fülle von Rezepten – aber in diesem Ethikbuch entdeckt man nicht nur das Credo des Kochs, sondern auch gleich, auf was er hinaus will.

Du kennst ja den alten Spruch „*Der Schelm denkt, wie er ist*".

Jetzt werden wir wieder kryptisch?

Überhaupt nicht – aber man kann sich Dinge nur erklären, indem man sich einige Dinge, auch wenn sie trocken anmuten, ansieht.

Und dieses sogenannte Ethikbuch ist eine weitere „Säule" – eines der wichtigsten Rezeptsammlungen in einem Kochbuch, das eine Fülle von Rezepten beinhaltet. Ich habe das natürlich schon 1974/75 gekannt, aber dessen Tragweite nicht erkannt – genauso wenig, wie ich dies 1979 und all die Jahre danach sehen konnte.

Interessant – auch für meine Aufarbeitung – war es, diesen theoretischen Unterbau nochmals zu betrachten – und vor allem, dem gegenüber zu stellen, was ich sah, wie diese Theorien dann in der Praxis angewandt wurden.

Teilweise sind sie ja schon in der Theorie mehr als nur hanebüchen – und in der Umsetzung waren sie nicht nur grotesk, sondern auch menschenverachtend. Also lass mich dein Reiseleiter in einem Stück Hubbardscher Geisteswelt sein.

Genehmigt. Fahren wir, euer Gnaden!

Ich nehme eine Ausgabe dieses „Evergreens" aus dem Jahr 1998 – und stelle dabei gleich einmal fest, dass sie gegenüber jener Ausgabe, die ich aus den 70er-Jahren kenne, unendlich gewachsen ist – sie ist ein echt dicker Schmöker geworden. Damals war es ein schlankes Bändchen, jetzt hat es satte 500 Seiten. Der Name dieses Schmökers: „Einführung in die Ethik der Scientology". Und da finden wir bereits im Klappentext einige „Schmankerln":

> „L. Ron Hubbard ist einer der anerkanntesten und meistgelesenen Autoren aller Zeiten. Über 116 Millionen Exemplare seiner Werke sind in über zweiunddreißig Sprachen auf

der ganzen Welt verkauft worden. Ein Hauptgrund dafür
besteht in der Tatsache, dass seine Texte aus unmittelbarem
Wissen über die Grundlagen des Lebens und der Fähigkeit
bestehen – ein Wissen, das nicht dadurch gewonnen wurde, auf den Nebengeleisen des Lebens zu stehen, sondern
es vollständig zu leben."[3]

Wow, ist das nicht eine tolle Selbstbeweihräucherung? Vor allem, wenn man bedenkt, dass ich in Österreich noch nie Schlan-
gen vor Buchhandlungen bemerken konnte, wo sich die Käufer
um die Bücher prügelten? Aber ich darf nicht zu laut lachen, da
ich selbst sehr lange daran geglaubt habe.

Aber wieso steht so etwas im Klappentext?

Papier ist bekanntlich geduldig – und das Behauptete lässt sich
auch schwer überprüfen. Ich weiß das auch nicht, kann nur aus
meinen Erfahrungen schöpfen. Aber ich kann mir andererseits
nicht vorstellen, dass irgendwo ein unbemerkter „Boom" ausge-
brochen ist.

Was ich mir viel eher vorstellen könnte, ist, dass Scientology
ob der Tatsache, dass ich aus einem Kochbuch des Chefs zitiert
habe, ihre Anwälte in die Startlöcher schickt, um mich vor ir-
gendeinen Richter zu schleppen, da ich vielleicht das Copyright
verletzt habe, das immer und überall platziert wird.

Aber ich sage immer: No risk, no fun.

Ist das wirklich so arg? Hast du das in deiner Zeit erlebt?

Ja, immer wieder – vom Guardian Office in der rabiaten Form,
von deren Nachfolgern – dem Büro für spezielle Angelegenheiten – in einer milderen und zumeist über Anwälte ausgetrage-
nen Form. Und dann gab es noch eine Menge an internen Möglichkeiten. Du musst meinen ironischen Ton verzeihen – aber
der überkommt mich immer, wenn ich diese Lobhudelein lese
– und gleichzeitig die Wirklichkeit kenne und gesehen habe, wie
das abläuft.

Also noch ein Schmankerl aus dem Klappentext dieses Buches:

> „‚Um das Leben zu kennen, muss man Teil des Lebens sein'
> schrieb er. ‚Man muss sich heranmachen und schauen;
> man muss in die Ritzen und Spalten des Daseins vordrin-
> gen, und man muss alle Arten und Typen von Menschen

kennen gelernt haben, bevor man schließlich bestimmen kann, was der Mensch ist.' Er machte genau das."[4]

Also, ich sehe ihn richtig vor mir, wie er all die Ritzen und Spalten durchforschte, auf allen Vieren oder noch einigen mehr herumkroch, um derart seine Studien zu betreiben. Und dann setzten die Herausgeber noch eines drauf:

> „Ein Leben lang war es sein Ziel, seine Forschung des Rätsels Mensch zu vollenden und eine Technologie zu entwickeln, die ihn zu höheren Ebenen von Verstehen, Fähigkeit und der Freiheit hinaufbringen würde – ein Ziel, das er mit der Entwicklung von DIANETIK *(natürlich mit dem Copyrightzeichen versehen)* und SCIENTOLOGY *(ebenfalls mit dem kleinen c)* gänzlich erreicht hat. Ron war immer der Ansicht, dass es nicht ausreiche, wenn er allein aus den Ergebnissen seiner Forschung Nutzen ziehe. Er gab sich große Mühe, jedes Detail seiner Entdeckungen aufzuzeichnen, sodass andere am Reichtum des Wissens und der Weisheit teilhaben konnten, um ihr Leben zu verbessern."[5]

Und dann weiter unten – du verzeihst, aber dieser Klappentext ist, gelinde ausgedrückt, der blanke Wahnsinn; vor allem, wenn man 28 Jahre lang miterlebt hat, WIE das in der Praxis aussah:

> „Das größte Zeugnis für Rons Vision sind die an Wunder grenzenden Resultate seiner Technologie und die Millionen von Freunden auf der ganzen Welt, die sein Vermächtnis in das einundzwanzigste Jahrhundert tragen. Mit jedem Tag, der vorübergeht, wir die Zahl der Resultate und diejenige seiner Freunde größer und größer."[6]

Ich würde sagen, dass das die ultimative Jubelbotschaft ist - nur dass die Wirklichkeit ganz anders aussieht. Mehr fällt mir dazu nicht ein. Wenn ich mir dann mich, meine Familie, mein Leben und das von vielen Hunderten anderen Menschen ansehe, sieht das völlig anders aus.

Es gab einmal in den 60er- oder 70er-Jahren die Geschichte von den „Jubelpersern" – die ging so: Im Iran, damals Persien, herrschte der Schah Reza Pahlevi, und der hatte wenig Lust, durch die Welt zu gondeln und eigentlich mit großer Regelmäßigkeit von Gegendemonstranten begrüßt zu werden. Er und sein Regime waren nämlich nicht wirklich beliebt in ihrer Heimat. Also kam er auf die gute Idee, jedem, der ihm am Straßenrand zujubeln würde, einen entsprechenden Betrag zu bezahlen. Daraus entstanden dann die „Jubelperser".

Ähnlich ergeht es mir mit solchen Texten. Da kann einem doch nur der Mund offen bleiben – oder?

Ja, ich bin auch sprachlos.

Dabei sollte man das eher sein, wenn man den Umstand in Betracht zieht, wie diese „Technologie-Wunder" tatsächlich aussehen und wie andererseits die Geduldigkeit von Papier derart missbraucht wird, wenn man solche Texte auf die Menschheit loslässt.

Mir fällt da überhaupt kein Vergleich ein, wo man sich derart ungeniert auf die eigene Brust trommelt, dass die Rippen krachen.

Und dabei war das ja nur eine und noch dazu die hintere Klappe des Buches.

Auch vorne gibt es eine, und die läuft zwar eher unter der Überschrift „Jeder Kaufmann lobt seine Ware", ist aber auch nicht ohne – Auszug (die entsprechenden Copyrights bitte mitdenken):

> „Im Buch ‚Einführung in die Ethik der Scientology' deckt
> L. Ron Hubbard die machtvollen Prinzipien der Ethik-Technologie auf. Wie können sie die Kräfte kontrollieren, die
> dazu entschlossen sind, sie unten zu halten? Wie unterscheiden sie Recht und Unrecht? Können sie die Zustände
> im Leben ändern? Wenn sie den ganzen Weg schaffen
> wollen, benötigen sie mehr als nur Antworten auf diese
> Fragen. Sie brauchen die Tech (= Technologie), um mit ihnen fertig zu werden."[7]

Und klarerweise ist sie in Besitz von Scientology – und demnach folgt ein 7-Punkte-Programm, das jeden Discounter vor Neid erblassen lassen würde. Das möchte ich aber nicht wiederholen, da ich das schon seit 1974 kenne: Auf der einen Seite das jeweilige Problem und auf der anderen Seite glücklicherweise Scientology, das selbstverständlich das EINZIGE ist, was hilft. Also irgend so etwas wie der Mega-Mister-Proper-Wunder-Wuzzi.

Lass dir so etwas einmal auf der Zunge zergehen und spüre hinein, wie so etwas wirkt. Es war sicherlich 1974 noch nicht so marktschreierisch und hat weniger gebauchpinselt, aber die Intention war ähnlich.

Ich kann deinen Sarkasmus verstehen, der sicher auch damit zusammenhängt, dass du nach 28 Jahren den tatsächlichen Sinn hinter den Worten sehen kannst. Wobei ich nicht verstehe, wie man überhaupt so etwas für bare Münze nehmen kann? Das ganze Internet ist voll von Seiten, auf denen Hubbards „dunkle" Seite dokumentiert wird. Es gibt eine Fülle von Publikationen, die klar aufzeigen, was Scientology wirklich macht. Es gibt jede Menge Warnschilder – und trotzdem kann man so darauf abfahren. Das versteh ich nicht.

Ich weiß, das wäre so, wie wenn man sein Gehirn und alles andere an der Garderobe abgibt und sich dann wundert, dass man nichts versteht. Ich habe versucht, dir meine Anfänge zu erzählen und jenen „Superkleber" zu benennen, der so ziemlich alles in diese Richtung lenkt.

Mir fällt schon ein Vergleich ein: Mich erinnert das Ganze an irgendein Pamphlet eines Potentaten. Da wird auch der „Große Führer", der ja irgendwo auch der „Große Vater" und sowieso alles ist, beschrieben. Überall im Land werden entsprechende Statuen aufgestellt, während das Volk darbt. Ich glaube, in Nordkorea und anderswo kann man noch immer dieses Phänomen beobachten. Es gibt viele Arten von Unterdrückung – aber immer seltener derartige Jubelarien.

Das verstehe ich – und ich verstehe auch langsam, wie jemand trotz dieses Potentaten-Gehabes darauf hineinfallen kann. Scientologen rennen ja nicht herum, haben Geifer vor dem Mund und sonstige Attribute, die es einem leicht machen, gleich hinter die Fassade zu blicken.

Was ich auch 1980 und davor 1974/75, aber auch heutzutage, sah und sehe: Scientologen sind durchaus normale Menschen – Menschen, wie man sie überall auf dieser Welt antreffen kann. Nicht sympathischer oder unsympathischer als der Durchschnitt der Menschheit.

Ich habe mich Ende Oktober 2004 mit einem ehemaligen Direktor des „Büros für spezielle Angelegenheiten" getroffen, den ich aus meiner aktiven Zeit kannte.

Und der hat mich weder gleich gebissen noch sonst etwas hat, obwohl er weiß, dass ich Scientology überhaupt nicht mehr freundlich gegenüber stehe. Wir haben uns relativ kultiviert, fast freundschaftlich, 3 Stunden unterhalten. Er ist nämlich ein durchaus angenehmer Mensch.

Nur habe ich dabei immer wieder bemerkt, wie sich sein freundliches Äußeres blitzartig veränderte, sobald die Sprache auf das „Eingemachte" von Scientology ging.

Nicht schon wieder diese Kryptik!

OK – Beispiel: Ich sage dies oder das und dann sage ich, dass ich das auch machen werde. Und wenn das nicht im Kochbuch Hubbards steht, findet eine Änderung des „Aussehens" statt. Wie wenn ein Schalter umgelegt wird.

Plötzlich war die Verbindlich-, Freundlich- und sonstige Geselligkeit weg.

Das meine ich mit „Eingemachtem" – damit signalisierte ich, dass ich die Hubbardschen „Entdeckungen" nicht richtig finden würde, und das geht auf keinen Fall. Wenn ich dann auch noch behaupten würde, dass Hubbard Zeit seines Lebens nur seine Decke frühmorgens aufgedeckt hat und sonst nichts – würde er wahrscheinlich zur rasenden Wildsau werden.

Ich versteh ja deine Anfangszeit, also 1974/75 noch. Da bist du irgendwie blauäugig reingestolpert und dann glücklicherweise auch wieder beim Ausgang rausgestolpert. Aber 1979/80 und all die Jahre später?

Das ist ja das, was ich dir zu zeigen versuche. Das, was ich dir aus dem Klappentext vorgelesen habe, hat, wenn auch in etwas milderer Form, auch schon damals existiert.

Du darfst nicht vergessen, dass Hubbard ja 1986 gestorben ist, und alles vor diesem Zeitpunkt geschrieben wurde. Und seine Rezepte sind nicht ohne – vor allem nicht ohne Wirkung auf jemanden, der sich darauf einlässt. Ich habe das bei mir gesehen, aber durchaus ähnlich bei anderen – und das waren und sind durchaus intelligente Menschen; Ärzte, Pharmazeuten, Rechtsanwälte, Unternehmer usw.

Ich versteh schon, dass du das nicht leicht verstehst.

Nicht, dass ich einer Diskussion darüber ausweichen möchte – aber lassen wir das alles einmal stehen – einfach so; und ich erzähle dir meine Geschichte weiter. Sie zeigt ja auch etwas.

Ich habe immer wieder bei Fernsehdiskussion ein Phänomen bemerkt: Egal, ob eine oder mehr Stunden darüber geredet wurde – am Ende war man meist genau so klug wie zuvor. Alles teilte sich wieder in Pro und Kontra und der Rest der Menschheit wollte nichts mit dem Ganzen zu tun haben. Was ich sehr gut nachvollziehen kann.

Gehen wir wieder zu meiner Geschichte zurück. Lassen wir den Klappentext einfach einmal stehen und behalten wir nur einige wichtige „Gewürze" in der Suppe im Auge: „8C" und „Ton 40", die „Zauberwörter" für Kontrolle, die Seeorganisation als Helferleins des Koch„ und das E-Meter, das scientologische „Zauberkästchen".

Ich raufte mich also fast ein Jahr durch die Welt von Scientology, schrammte an den vielen „Gesetzen" vorbei und wurde auf Wiener Ebene von den mehr oder weniger autonomen Netzwerken unter Druck gesetzt, dies oder das zu machen.

Ein Beispiel, damit das nicht wieder zu theoretisch ausfällt: Da gab es den „Oberschutzengel", den Leiter des Guardian Office, der eigentlich ein netter Mensch ist, aber damals eine Überdosis der Suppe des Kochs intus hatte. Der kam immer wieder einmal vorbei und wedelte mit einem dieser „Gesetzesbriefe" des Kochs, der sich mit der Thematik der „Schweren Husaren" auseinandersetzt. Ausgedeutscht bedeutete das, dass er das Recht hatte, eben zum Schweren Husaren zu werden, wenn Gefahr für den Koch und sein Kochbuch im Verzug war. Und daher witterte er permanent Gefahr. Gemeinsam mit seiner Engelschar fand er selbst hinter einer offen gelassenen Tür zumindest ein mittleres Komplott und die Suppe in Gefahr.

Und wenn er zu einem Schwerer Husaren „würde", dann bedeutete dies, dass er mit dem genauso schweren Säbel nicht nur Zeichen geben, sondern Köpfe abhacken würde.

Das brachte er mir derart nahe.

Ich könnte dir jetzt noch eine Unmenge von Geschichten erzählen, wie das im Einzelnen ablief – aber das würde Stunden dauern.

Faktum war, dass die ursprüngliche Zahl von 90 Personen weniger und weniger wurde. Das Einzige, das gleich blieb, war der unverminderte Druck von oben.

Ich fühlte mich mehr und mehr wie ein Spielball in einem nicht überblickbaren Spiel. Aber ich bekam langsam etwas Oberwasser.

Nach Romans Abgang braute, wie gesagt, fast jede Abteilung ihr eigenes Süppchen. Das „Hubbard Kommmuniationsbüros" – Abteilung 1 – sowieso. In der Person von Alberto wurde ein Netz ausgebreitet, das bis auf die andere Seite des Organigramms gespannt wurde und in dem praktischerweise sein Bruder Carlo in der Abteilung 5 saß. Dazu kam noch die nützliche, da freundschaftliche Verbindung zu den Flag-Repräsentanten in der Person von Wolfgang. Abteilung 2 führte ein Eigenleben in der Person von Gertrude, die zunehmend in einen „Ringkampf" mit der Technischen Abteilung und Brigitte verwickelt war. Beide hatten ursprünglich damit spekuliert, Romans Nachfolgerin zu werden, Brigitte war auch noch Romans Frau gewesen. Die eine „saß" auf den Einnahmen, die andere auf der Lieferung. Abteilung 3 blieb wie Abteilung 5 relativ ruhig.

Die „Fronttruppe" in der Abteilung 6 war wieder einmal ein Universum für sich – repräsentiert durch Helmut (ich glaube, dass er so hieß), der seine Frau dabei und seine Schwester bei den „Schutzengeln" hatte und gerne durch die Gegend lief und den nächsten Atomkrieg ankündigte. „Praktischerweise" bewarb er gleich damit eine scientologische „Hilfe": Das sogenannte Reinigungsprogramm.

Dazwischen und rundherum gab es noch eine Menge anderer Leute – und dann verflüchtigte sich ab und zu auch jemand, der dabei gleich irgendwelche geheimen Materialien mitgehen ließ, was die „Schutzengel" noch mehr anspornte und sie den Feind immer und überall wittern ließ.

Das war in etwa die Situation – und nach und nach explodierte alles. Immer mehr verließen das verwirrte Schiff – immer mehr

Ruhe kehrte ein. Gertrude wurde schwanger, Brigitte verließ Wien in Richtung Kopenhagen, Helmut rauschte samt Clan ab usw.

In dieser „Ruhe" lernte ich meine spätere Frau kennen.

In dem Wahnsinn?

Es war vor Ostern 1981, als sie einen Freund in Wien besuchte, der zuvor ein Mädchen kennen gelernt hatte, das ihn zu Scientology mitschleppte. Ähnliches kennen wir ja.

Und nachdem ich der Chef der Truppe war, sah ich auch, wie sie zum damaligen Abteilung-6-Leiter sagte: *„Diesen Schwachsinn tue ich mir nicht mehr an".* Mit diesen oder sinngemäß ähnlichen Worten wollte sie den Kurs verlassen, den sie Utz, so hieß der Freund, zuliebe machte. Walter, der damalige Abteilung-6-Leiter, konnte sie nur unter Zuhilfenahme aller Tricks zum Bleiben überreden.

Und jetzt ist sie eine 150%ige Scientologin – wie passt das zusammen?

Ich kann das auch nicht beantworten – ich kann nur wieder auf die ewig gleichen Zutaten verweisen.

Aber damals begann eine neue Phase in meinem Leben – in jeder Beziehung.

Denn Christiane, so hieß sie, hat dann ihren Kurs doch fertiggemacht, obwohl sie sehr wenig bis gar nichts davon hielt.

Wir verliebten uns und verbrachten Ostern 1981 zusammen, bevor sie wieder nach Deutschland zurück fuhr, wo sie studierte.

Parallel dazu entwickelte sich ein anderer Konflikt – als Einstimmung wieder kurz zum Klappentext des scientologischen „Ethikbuches":

> „Das größte Zeugnis für Rons Vision sind die an Wunder grenzenden Resultate seiner Technologie und die Millionen von Freunden auf der ganzen Welt, die sein Vermächtnis in das einundzwanzigste Jahrhundert tragen."[8]

Wie das in Wirklichkeit aussah? Beispielsweise so: Da gab es einen Auditor, ihr Name war Uli. Der Einfachheit halber „überwachte" sie sich gleich selbst. Dass sie nicht einmal eine „Scientology-Ausbildung" dazu hatte, störte sie wenig bis gar nicht, und sie zeichnete ihre Auditing-Sitzungen einfach nicht auf.

Was bedeutet das?

Normalerweise gibt es in Scientology ja ein Team: Den sogenannten „Auditor" und den sogenannten „Fallüberwacher", der die Mitschriften des Auditors überprüft und genehmigt.

OK, das versteh ich.

Ich hatte ja damals noch durchaus die Idee, dass die Worte von Herrn Hubbard stimmen, und wollte daher eine andere Lösung wählen. Es gab in Wien noch einen weiteren Fallüberwacher, Toni, der auch bereit gewesen wäre, dieses Amt zu übernehmen.

Aber was passierte? Meine „Netzwerkkollegen" – die „Schutzengel", der Flag-Repräsentant und der Hubbard-PR-Mann – standen wie eine „Eins" hinter mir. Selbstverständlich sollte das passieren – nur die europäische Zentrale in Kopenhagen war da nicht der gleichen Meinung.

Und nachdem meine Netzwerk-Kollegen leicht reden hatten, da sie andere Vorgesetzte hatten, denen das nicht unbedingt ein Anliegen war, stand ich plötzlich mit der Anklage „Meuterei" da.

Interessanterweise war der Organisationsmanager, der für Wien zuständig war, mein Vorgänger Roman, der mittlerweile die Dame aus der Anfangszeit abgelöst hatte.

Und nun begann so etwas wie ein Machtkampf.

Also jetzt wechseln wir wohl endgültig in den „Science-Fiction-Bereich". Unabhängig, ob das funktioniert, was Scientology und Hubbard anpreist, war doch offensichtlich, dass nicht einmal das korrekt ablief. Und dann wurde dir verboten, das zu korrigieren?

Ja, aber so war es. Das Ganze wurde nochmals überboten, als ich der Einfachheit halber gleich abgelöst wurde. Brigitte, jene Dame, die sich selbst auf Romans Nachfolge Chancen ausrechnete, kehrte aus Kopenhagen zurück und wurde die neue Direktorin.

Ich selbst wurde nach Kopenhagen geordert – Ziel der Reise: Ein sogenanntes „Komitee der Beweisaufnahme", die Anklage, wie gesagt, „Meuterei".

Das Gute an der Geschichte: Ich begann ein kleines bisschen aufzuwachen, aber nicht viel und nur sehr kurz.

Und nachdem die Bahnstrecke nach Kopenhagen über Nürnberg führt, bin ich dort einmal ausgestiegen – denn Christiane hat nahe Nürnberg studiert.

Ich nahm mir eine „Auszeit" und tauchte dann einige Tage später wieder in den Wahnsinn ein – sprich: Ich machte das Komitee der Beweisaufnahme in Kopenhagen.

Das ging relativ flott – 4 Seeorganisations-Mitglieder sprachen mich rasch der Meuterei schuldig. Ich bekam „Zustandsformeln" aufgebrummt, die ich halbherzig machte und dann fuhr ich schon wieder Richtung Wien.

Zustandsformeln – was ist das?

Im Klappentext, den ich vorher zitiert habe, wird ja eine Ethik-Technologie angepriesen, die verspricht, „dass man in dem Maße frei sein wird, wie man im Leben Scientology-Ethik- und Recht-Technologie versteht und anwendet".

Soweit die Werbung – die sogenannten Zustandsformeln stellen ein wichtiges Werkzeug dabei dar und sind ganz einfach Formeln, die Zustände verbessern sollen.

Beginnen wir ganz unten – bei der Formel für „Verwirrung". Die Formel schaut ganz harmlos aus: „Finden sie heraus wo sie sind". Würde man denken: Eh klar, ist doch irgendwo logisch, dass man sich zuerst einmal orientiert, wenn man verwirrt ist. Da kommen dann so schöne Allgemeinplätze heraus, wie ich bin auf der Erde, in Österreich, in Wien usw. Und dann weiß man, wo man ist.

Und steigt auf zur nächsten – sie heißt sinnigerweise „Verrat". Die Formel ist schlicht und ergreifend: „Finden sie heraus, dass sie sind". Mit auf den Überlegungsweg wird einem noch der Satz „Verrat ist als Betrug nach Vertrauen definiert" mitgegeben. Also findet man – ob man will oder nicht – ziemlich bald heraus, was eigentlich ohnehin klar ist, wenn niemand die Tafel von der Tür gestohlen hat, wo der Postentitel stehen sollte.

Das verstehe ich überhaupt nicht?

In einer Scientology-Organisation ist die Frage nicht zulässig, eine eigene Meinung oder Idee zu haben – das wird immer als Verrat samt der dazugehörigen Formel angesehen. Wenn man nur verspürt, dass da irgend etwas ist, wird es spätestens mit dieser Formel wieder ausradiert.

Ein Gefühl, etwas zu spüren, aber noch nicht artikulieren zu können, ist meist der Fall, wendet man diese Zustandsformel an, ist man aber gezwungen, sich zu artikulieren und das geht meist schwer.

Selbst in meinem Fall ging das nicht. Offensichtlich war zu sehen, dass da Scheiße produziert wurde. Aber da mein Vorgesetzter das nicht guthieß, was ich tun wollte, „bekam" ich diese Zustandsformel.

Verstehst du, was ich meine? Du hast zwar am Papier durchaus die Möglichkeit, anders zu denken oder zu entscheiden, aber zuerst einmal hast du dich an deine Position zu erinnern.

Noch immer nicht ganz klar.

Nehmen wir einen Galeerensklaven, der mit der scientologischen Verratsformel beglückt wird, da er während des Ruderns lieber seine Beine auf das Ruder legt und die vorbeiziehende Landschaft genießt.

Der Trommler bemerkt das, weist ihm Verrat zu und der Ruderer steht jetzt vor folgender Problematik: Er weiß, dass er nicht rudern will, dass er den Trommler nicht mehr hören kann und vor allem die Peitsche des Aufsehers nicht mehr spüren möchte.

Und jetzt muss er aufschreiben, dass er der Ruderer ist und dass das seine Verantwortung ist. Und was macht ein Ruderer? Selbstverständlich rudern.

Jetzt verstehe ich.

Und nachdem der Ruderer das herausgefunden hat, arbeitet er sich bereits in die „Feind"-Formel vor – und die lautet: „Finden sie heraus, wer sie wirklich sind". Also vergleicht er – Beine auf dem Ruder oder rudern usw. Klar, er ist der Ruderer, der rudert – dass er das nicht gerne macht, die Trommel nicht mehr hören will und die Peitsche des Aufsehers schon gar nicht, interessiert niemanden. Wozu wäre man sonst auf einer Galeere?

Aber er kommt in den Bereich von Zweifel – und da könnte Hoffnung am Horizont auftauchen.

Die Formel wirkt kompliziert und hat 8 Punkte – vereinfacht ausgedrückt musste man sich dabei entscheiden, ob man rudern oder die Füße hoch lagern möchte, indem man diese beiden Bereiche verglich; dabei sollte man feststellen, welcher „Seite" man sich anschloss, und welche „Seite" man bekämpfte. Ein klassischer Schwachsinn, bei dem man sich theoretisch auch gegen das Rudern entscheiden konnte – aber eben nur theoretisch.

Hat sich schon einmal jemand dagegen entschieden?

Aber ja, manchmal. Nur, dabei galt und gilt es zu bedenken, dass man unter den Blicken der restlichen Ruderer seine „Sieben-Sachen" zu packen hatte. Und das kann eine ganze Weile dauern – und ist äußerst unangenehm. Die anderen Ruderer mögen es lustigerweise überhaupt nicht, wenn einer aus dem „Ruder-Team" ausscheidet und lieber „Sightseeing" macht.

Pervers, aber wahr – und der psychische Stress ist dabei sehr hoch. Denn man möchte vielleicht als Mitarbeiter seinen Abschied nehmen, nicht aber als Scientologe an sich. Und da hat man einerseits die „Schmarotzerrechnung" und andererseits jede Menge Zweifel – trotz der Zustandsformel und der Entscheidung.

Also wieder zurück zur Formel: Man geht die insgesamt 8 Punkte durch – und rudert entweder freudig weiter oder geht an Land.

Verstehst du das?

Theoretisch schon, aber wie sieht so etwas im wirklichen Leben aus?

Scientologen ist es verboten, sich über etwas anderes als Scientology zu informieren – theoretisch dürfen sie es, „aber das würde ihren Fortschritt beeinflussen". So die offizielle Diktion.

Klar, ein Scientologe kann sich die verschiedenen Angebote im Supermarkt ansehen und auch aussuchen, aber wenn er ein Buch von C. G. Jung oder einem anderen Psychologen lesen möchte, steht da das große „Nein", und wenn er es trotzdem tun sollte, findet er sich rasch beim Zustand „Zweifel" wieder und das Spielchen geht wie gehabt los. Und da schlägt das Kochbuch des Meisters unerbittlich zu und überschüttet den kurz Zweifelnden mit jeder Menge „Positivem" – siehe Klappentext, den wir vorher hatten. Weißt du, was ich meine?

Ja, das kann ich mir irgendwie vorstellen.

Was macht der Ruderer, wenn ihn der Aufseher und der Trommler plötzlich über die Wichtigkeit ihrer Fahrt und das hehre Ziel „aufklären"?

In der Praxis hat sich noch fast jeder „richtig" – im Sinne von Scientology entschieden. Das ist der Punkt.

Und wenn man dann die „Zweifel-Klippe" überwunden hat, landet man beim Zustand „Belastung".

Und der sieht so aus, dass es dabei 4 Punkte gibt und es vor allem zwei Punkte sind, die es zu überwinden gilt: Einerseits mussman einen „effektiven Schlag" gegen die Feinde der Gruppe ausführen und dabei darf man überhaupt nicht auf eine persönliche Gefahr achten. Und danach, gilt es natürlich, den Schaden wieder gut zu machen.

Das heißt, dass unser Ruderer zuerst einmal feststellt, dass neben seinen Mitruderern auch der Trommler und der Aufseher zu seinen Freunden gehören und dann geht er schnittig zu Punkt 2: Der effektive Schlag, der das beweist und ungeachtet einer persönlichen Gefahr ausgeführt wird. Vielleicht überfällt er jetzt, auf dem Wasser wandelnd, ein Piratenschiff?

Und danach rudert er gleich an mehreren Rudern gleichzeitig und das auch noch doppelt so schnell. Damit hätte er den Schaden doch gutgemacht - oder?

Aber Spaß beiseite. In Wirklichkeit trieb dieser Punkt die wildesten Blüten und ging über Leichen – wenn es auch nur die eigene war. Man muss nicht die Polizei rufen – niemand hat sich dabei physisch entleibt, aber psychisch haben sich das vor allem Mitarbeiter mehrmals jährlich angetan.

Ich meine damit, dass sie etwas zustimmten, das innerlich nicht so war. Und wenn man das oft genug tut, dann glaubt man es irgendwann selbst.

Das kann ich mir nicht vorstellen. Es gibt sicher ein paar labile Menschen, aber die Mehrzahl ist sicher nicht so.

Man muss dabei sicher die sogenannten „Publics", also Scientologen, die einen Kurs oder ähnliches besuchten, und Mitarbeiter unterscheiden. Die einen bekamen die „Öffentlichkeitsversion" serviert, bei der gewisse Grenzen nicht so schnell überschritten wurden.

Bei Mitarbeitern, aber auch ehemaligen Mitarbeitern, war und ist man weniger zimperlich – dort flitzt die „Sau herum, wie sie will".

Man konnte und kann das immer gut beobachten, wenn man „Nein" gesagt hat, wenn ein Vorgesetzter „Ja" sagte. Dann hieß es: Abmarsch und Zustandsformeln machen. Die Samthandschuhe habe ich dabei nie gesehen.

Damit das Ganze einen schönen Anstrich bekam, wurde einem die „Herrlichkeit" dieser Mission vor das geschockte Auge gehalten.

Bei den Freunden in Blau, den Seeorganisations-Mitgliedern, wurde man als besonders verstockt eingestuft, wenn auch das nicht fruchtete – und landete im bereits angesprochenen Straflager, freundlich RPF – Rehabilitation Projekt Force - genannt.

Und wenn man diese 4 Punkte irgendwie geschafft hatte, trat man wieder ins scientologische Leben ein.

> *Ja. Aber sagt Scientology nicht, dass es eine Religion sei? Wie passt das mit einer solchen „Technologie" zusammen?*

Es gibt ein Kreuz in Scientology, dass angeblich nah verwandt mit jener Symbolik des Alister Crawley sein soll, der den Satanskult gegründet hat. Es gibt auch ein Glaubensbekenntnis und sogar einige Zeremonien für Taufen, Ehen usw. Und es gab und gibt wahrscheinlich immer noch eine Person, die priesterlich gewandet herumläuft – das sieht in der Praxis so aus, dass man ein „Priestergewand" kaufte und irgendwer wurde dazu verdonnert, es zu tragen.

Damit hatte man einen kirchlichen Anstrich. Auf dem Organigramm kommt sogar der „Kaplan" als Posten vor.

Ansonsten habe ich in den 28 Jahren nicht feststellen können, dass sich der Kirchen- oder Religionsanstrich in der Praxis bemerkbar gemacht hätte.

Mir ist dies, mit dieser Ausnahme und dem sporadischen Abhalten eines „Sonntagsdienstes", nicht wirklich aufgefallen.

Ich könnte mir nur die Charakterisierung von „Kampfmönchen" vorstellen, die mitleidlos ihr Ziel verfolgten und verfolgen.

Nach außen hin wirkt der „Religions-Touch" sicher ganz gut – vor allem steuerlich sollte er einen netten „Effekt" haben.

Vielleicht auch der Hauptgrund dafür, dass die Religionsanerkennung das wichtigste Anliegen von Scientology in Österreich ist.

Ich habe in meinen Jahren sehr große Anstrengungen gesehen, um den staatlichen Sanctus diesbezüglich zu erhalten. Da wurden große Summen für Rechtsanwälte ausgegeben, um den Status einer Kirche zu erlangen. Die damit einhergehende Steuerbefreiung wäre mehr als willkommen gewesen.

Auch die – in Österreich – damit verbundene Religionssendung im Fernsehen, wäre aus scientologischer Sicht sicher als besonderer „Meilenstein" gefeiert worden. Die Absicht lag und liegt dabei für mich klar auf der Hand.

Für mich ist der religiöse Charakter von Scientology absolut nicht erkennbar.

Man könnte genau so sagen, dass unsere Rudersklaven eine Pilgerreise machen würden.

Ob es sich angenehmer rudern lässt, wenn eine Fahne mit einem Kreuz auf dem Mast baumelt, wage ich zu bezweifeln.

Aber nennt sich Scientology nicht „Scientology Kirche Österreich"?

Klar – aber das bedeutet nur, dass der Verein, der das rechtliche Vehikel darstellt, so heißt. Nur weiß das ein Außenstehender nicht unbedingt.

Anerkennt der Staat damit nicht den Kirchenstatus von Scientology?

Überhaupt nicht. Das Vereinsgesetz verbietet ihn nur nicht - das ist ein großer Unterschied. Das Vereinsgesetz sieht keine Bestätigung, Anerkennung oder eine andere Meinung vor, sondern nur, dass das Führen des Namens des Vereines nicht untersagt wird.

Aber jetzt sollten wir wieder zum letzten Punkt meiner Geschichte zurückkehren – nach Kopenhagen. Ich wurde dort also wegen „Meuterei" verurteilt, machte die mir verordneten Zustandsformeln und fuhr wieder zurück.

Schon bei der Heimreise reifte in mir die Idee, ein einjähriges „Sabbatical" zu beantragen. Der offizielle Grund: Ich hatte Schulden, die bezahlt werden mussten. Die hatte ich zwar bei meiner Großmutter und musste sie eigentlich nicht zurückzahlen – aber ich hatte einen guten Grund und bekam ein Jahr „Auszeit" genehmigt.

Ich war wieder frei – obwohl ich selbst nicht genau wusste, was das hieß. 1974/75 war ich völlig willenlos mit etwas konfrontiert worden, dessen Tragweite ich überhaupt nicht realisierte. 1981 sah ich zwar schon etwas mehr, dafür gab es auf einmal eine unheimliche Fülle an Dingen, die auf mich einprasselten. Letztendlich fühlte ich mich vor allem befreit, als ich mein einjähriges Sabbatical antrat.

Wo in erster Linie deine zukünftige Frau nach Wien zog und du begannst, ein Leben mit ihr aufzubauen?

Ja, Christiane übersiedelte einige Zeit danach nach Wien und wir nahmen uns eine Wohnung. Scientology war ganz fern und ich genoss seit langem wieder einmal die Zeit und das Leben. Obwohl von Aufbauen keine Rede sein konnte – dazu war das Jahr zu kurz und der „Schatten" von Scientology nicht nur da, sondern immer näher rückend.

Dieses Jahr verging leider sehr rasch und der Tag, wo ich zurückzukehren hatte, rückte näher und näher.

Irgendwann war er dann da – und ich ging nicht sehr froh gestimmt wieder in die Organisation, um ein drittes Mal weiterzumachen. In mir war wenig bis gar keine Begeisterung.

In dem Jahr war einiges geschehen – Brigitte, die mich abgelöst hatte, war mittlerweile abgehauen ...

Was heißt das?

Der scientologische Ausdruck heißt: „Blowen" – abhauen, wegrennen. Also war Gertrude, die nach ihrer Schwangerschaft zurückgekehrt war, nun die Direktorin.

Das war mir alles nicht so wichtig und ich wollte vor allem die Restzeit meines Vertrages in Ruhe abdienen. Ich wurde „Direktor für Marketing und Werbung" – wo ich mich weit genug vom Schuss wähnte.

Und dann kam wieder alles so, wie es scheinbar kommen musste: Es wurde ein Leiter für die Abteilung 2 gesucht und nachdem Marketing und Werbung dort angesiedelt war, wurde ich davon „überzeugt", dies zu tun, obwohl ich das eigentlich nicht vorhatte.

Ich verstehe das nicht: Warum machst du ständig Sachen, die du eigentlich nicht machen willst?

Ich verstehe das auch nicht und kann es mir aus der Situation heraus auch nicht wirklich erklären.

Aber vergiss bitte nicht die „Zauberwörtchen", das „Zauberkästchen" und die sonstigen Rezepte von Herrn Hubbard. Auch wenn sie vielleicht nicht alles erklären – ich würde sagen, für mehr als 90% waren und sind sie verantwortlich.

Ist das nicht leicht, alles darauf schieben zu können?

Das habe ich mir anfangs auch gesagt – aber wenn ich mir die anderen Menschen in ähnlichen Situationen ansehe, dann lief das durchaus ähnlich ab. Sie alle wurden „gehandhabt" und machten danach Sachen, die sie zuvor noch abgelehnt hatten.

Klar gibt es dann noch ganz persönliche Gründe: Man fühlt Macht, fühlt sich geehrt, aufgewertet usw. – aber das sind nur ganz geringe Anteile, die sehr schnell wieder in eine Ohnmacht führen oder „verpuffen".

Anders ausgedrückt: Lies Goethes „Faust" und du verstehst, was ich meine. Auch Faust ringt und dann kommt Mephistopheles und schlägt ihm einen „Deal" vor – Faust verkauft ihm seine Seele und bekommt, was er sich „wünscht".

Klar hat auch Faust was dazu beigetragen.

Aber stellt sich die Frage nicht erst, nachdem Mephistopheles auf den Plan tritt und ihm einen „Deal" vorschlägt? Weißt du, was ich meine?

Für mich ist die „Versuchung" der springende Punkt. Und wenn man gerade willensschwach ist oder dazu gemacht wird, wird man den „Deal" akzeptieren.

Bei manchen „Angeboten" muss man schon ein Gigant sein, um da Nein zu sagen.

Ich war das damals nicht – und so fuhr ich sehr bald wieder Richtung Kopenhagen und wurde dort als Leiter der Abteilung 2 präpariert – da dort das Geld hereinkommt, wurden mir fast ausschließlich „spezielle" Trainingsroutinen, die „Konfront-Technologie" genannt werden, verordnet.

Im Prinzip die alten Trainingsroutinen – mit dem Zusatz, dass man bei jeder Zuckung oder sonst was aufhörte und „Overts" und „Withholds" aufschrieb, bis die Schwarten krachten.

Standardfrage: Und was sind Overts und Withholds?

„Overts" sind alle schädlichen Handlungen an sich – wobei es in Scientology eine ganze Menge davon gibt, die es nur in Scientology und sonst nirgends gibt.

„Withholds" bedeutet „Zurückhaltungen. Also wenn man eigentlich „beichten" sollte, es aber nicht macht.

Und dabei den richtigen „Ton" zu finden, war oft gar nicht einfach.

Ja, und?

Im Alltag hat das z.B. so ausgesehen: 1975 hat ein Freund von mir Geld zwischen 3 Bankkonten hin und her überwiesen und sich derart Bonität verschafft, da der Umsatz für die Bank damals wesentlich war. Die Herren Wolf und Black – du erinnerst dich – haben das natürlich herausgefunden. Wenn er genau das Gleiche für Scientology gemacht hätte, dann wäre er als sehr innovativ belobigt worden – so wurde er quasi bestraft, da er es „nur" für sich tat. Das meine ich damit, wenn ich sage, dass es oft gar nicht einfach war.

Wie bitte?

Etwas für sich tun bedeutet, dass man maximal für eine Dynamik etwas tut – etwas für Scientology zu tun, bedeutet immer, dass man dies für die Mehrzahl, wenn nicht sogar für alle 8 Dynamiken macht.

Und was sind Dynamiken?

In Scientology sind sie etwas sehr Wichtiges – sozusagen das „Überlebensrezept" schlechthin – und damit man dabei nicht die Richtung verliert, hat Hubbard 8 ganz konkrete „Richtungen" vorgegeben.

Die erste Dynamik betrifft einen selbst, die zweite die Ehe, Partnerschaft und Kinder, die dritte die jeweilige Gruppe, in der man ist und die vierte die gesamte Menschheit. Fünf und sechs beinhalten alles Materielle und die Tier- und Pflanzenwelt, die siebente „Dynamik" das „Geistige" - den Thetan - und Acht war für „Gott" reserviert, wobei sich Hubbard dabei sehr bedeckt hält.

Vielleicht spekulierte er ja mit diesem „Posten", der aus seiner Sicht ja vakant war?

Aber wieder einmal Spaß beiseite – bei allen Entscheidungen musste man sich immer für die Mehrzahl dieser Dynamiken entscheiden; sprich: Die Entscheidung muss ihnen „gut tun".

Glaubst du das?

Damals habe ich das geglaubt. Aber überleg doch einmal „logisch" und dann schau dir an, wofür Scientology steht – für ein „Klären" des Planeten, Rettung der Menschheit usw. Da sollten sich doch eine Menge an Dynamiken immer ausgehen – oder?

Und so ist es einmal ein „Overt" und das andere Mal eine gute Tat.

Das gibt es ja nicht!

Anderes Beispiel aus den 90er-Jahren. Frederick F. durfte eigentlich nicht mehr mit Scientology in Kontakt sein, da dies seine Mutter, eine Parlamentsmitarbeiterin der Grünen, durchgesetzt hatte und Frederick selbst in psychiatrischer Behandlung war oder ist. Und trotzdem taucht er nicht nur immer wieder bei der Scientology-Organisation auf, die „Kassiere" der IAS (International Assoziation of Scientologists) haben auch gleich Geld von ihm kassiert, damit er derart zum „Sponsor" wurde.

Ein anderes Beispiel, das ich gehört habe: Ein Scientologe und seit einiger Zeit auch „Schutzherr" soll Geld aus der Firma, wo er arbeitete, in kleinen Beträgen „abgezweigt" und an die IAS bezahlt haben – das berichtete Ines, die ihn gerade auditiert hatte, ganz aufgeregt Sandra K, der damaligen Direktorin für spezielle Angelegenheiten – was dann geschah und was an dieser Sache dran ist, kann ich nicht sagen, da sich die Türen danach für mich schlossen.

Und dann gibt es ja noch das alte „Freiwild-Gesetz", nach dem man jemanden, der von Scientology ausgestoßen wurde, alles antun kann. Scientology zog es - offiziell - nicht zurück, da das vielleicht ein Gesetzesbruch sei, sondern weil es so viel negative Presse brachte.

Das kann ich mir ganz einfach nicht vorstellen.

Ich nehme noch ein Beispiel, diesmal vom Koch Hubbard persönlich, der in einem Essay über Macht schreibt. Ich werde das nicht wörtlich zitieren, da ich keine Copyrights verletzen möchte - aber man kann es im „Ethikbuch" von Scientology auf Seite 180 und 181 nachlesen, wenn man am genauen Wortlaut interessiert ist.

Im Punkt 6 gibt er den Tipp, dass man sich einen Teil der Macht delegieren lassen sollte, wenn man sich in der Nähe der Macht befindet - sonst könnte man erschossen werden.

Und nachdem er schon so blumig begonnen hatte, legt er nach, indem er die Antwort auf die Frage *„Was machen die Leichen vor meiner Tür?"* so formuliert, dass man dies am Besten beantwortet, indem man dem Frager versichert, dass er sich überhaupt keine Sorgen machen sollte. Devise: *„Die Toten mochten sie nicht und drum sind sie jetzt tot, aber ich werde ihre Leichen wegräumen".*

Ist das nicht Verwirrung pur?

Ja. Aber in dem Ton geht es weiter. Hubbard spricht von *„Beseitigungen von Peter"*, *„Gehaltserhöhungen für Dober"*, nachdem dieser einige Gegner zusammengeschlagen hatte und ihn die Hafenpolizei brachte usw.

Danach „empfiehlt" er und das jetzt im Original-Ton:

> „Punkt 7: „Und als Letztes und Wichtigstes, denn wir stehen nicht alle auf der Bühne mit unseren Namen in Leuchtschrift, schieben sie immer Macht in Richtung eines jeden, von dessen Macht sie abhängen. Dies kann die Form von mehr Geld für die Person, die die Macht hat, annehmen, größere Erleichterung oder grimmige Verteidigung der

Machtperson gegenüber einem Kritiker sein oder selbst der dumpfe Aufprall einer ihrer Gegner im Dunkeln oder das gesamte gegnerische Lager, das als Geburtstagsüberraschung eindrucksvoll in Flammen aufgeht."[9]

Und, wie verstehst du das?

Eigentlich gar nicht.

Das kann ich gut nachvollziehen. Aber das steht nicht in irgendwelchen geheimen Anweisungen, sondern ganz offen im bereits mehrmals zitierten „Ethikbuch".

Und das kann man sich – theoretisch – in jeder Buchhandlung kaufen.

Jetzt kann man natürlich einwenden, dass Hubbard das nur „künstlerisch" meint.

Gab es nicht schon einmal in der Geschichte jemanden, der seine „Ideen" zu Papier brachte - kaum wer las sie, aber 20 Jahre später setzte er sie ziemlich 1:1 um?

Ist das kein Hirngespinst?

Schau dir einfach die Geschichte an. Und dann schau dir an, was Hubbard - ganz offen - meint, wer Bürgerrechte haben sollte, wie der „optimale" Staat aussieht usw. Oder schau dir an, wie Scientology mit Aussteigern oder Kritikern umgeht.

Da stieg zum Beispiel der zweite Mann in der internationalen Scientology-Hierarchie, Jesse Prince, aus und war plötzlich ein Drogen-Dealer, dem man nichts glauben sollte - schon gar nicht das, was er über Scientology erzählte.

Da wird Druck ausgeübt, wenn das Österreichische Fernsehen das Thema „Scientology" auf dem Programm hat – und da wird auch auf mich bereits Druck ausgeübt, obwohl ich mein Buch noch gar nicht fertig habe.

Aber wir schweifen schon wieder ab – und sollten wieder nach Kopenhagen zurückkehren. Ich habe also diese spezielle „Konfront-Technologie" gemacht und bin dann wieder nach Wien gefahren. Dort habe ich dann begonnen, meinen „Job" zu machen – und der bestand daraus, andere Personen davon zu überzeugen, dass sie Scientology-Kurse oder Auditing kaufen sollten. Und die Trainingsroutinen wirkten – leider.

Ich habe die Wochen darauf gleich zwei absolute „Spitzenleis-tungen" hingelegt – Hubbard wäre stolz auf mich gewesen; ich habe in den ersten zwei Wochen jeweils über 20.000 Euro ein-kassiert.

Und war der Star schlechthin und wurde entsprechend gefeiert und hofiert. Und habe das auch noch selbst „gekauft". Weg war die Skepsis vergangener Tage – ich hatte „Blut geleckt".

Und dann kam heraus, dass Gertrude nicht nur Geld unter-schlagen, sondern auch gleich fast alle Statistiken gefälscht hatte, um einerseits ihr Leben finanzieren zu können und anderseits „oben" gut dazustehen.

Sie wurde blitzartig entfernt – und ich saß wieder dort, wo ich schon gesessen war: Am Stuhl des Direktors.

Aber ich hatte noch nicht einmal richtig Platz genommen, da kam auch schon die „Finanzpolizei".

Das Finanzamt?

Aber nein, das war eine scientologyinterne Truppe von Seeor-ganisations-Mitgliedern und die hatten zwei ganz klare Ziele: Die „Schutzengel" des Guardian Offices waren zum Abschuss freigegeben worden und anderseits sollte Geld aus allem heraus-gepresst werden, was da kreuchte und fleuchte.

Meine Herren Wolf und Black aus dem Jahr 1975 waren zahme Lämmchen gegen das, was jetzt los ging.

Ein schlechter Scherz – oder?

Dachte ich anfänglich auch – aber das 10 oder 11 Mann starke Guardian Office in Wien wurde blitzschnell leergefegt – mit ei-ner Ausnahme wurden alle hinausgeworfen und zu „Unterdrü-ckern" erklärt.

Und da man schon dabei war, wurde so ziemlich jeder vor das „Zauberkästchen" E-Meter geholt, hinter dem bis zu 5 blauge-wandete Damen und Herren saßen oder standen und gar nicht freundlich die eine oder andere Frage stellten. In Wien blieb beim ersten Aufwaschen nicht viel über – lustigerweise überleb-te ich die erste Welle.

Dann tauchte ein weiterer Seeorganisations-Spezialtrupp auf, welcher das Reserve-Sparbuch der Wiener Organisation suchte und mit rund 70.000 Euro das Weite suchte. Einer dieser „Spezialisten", Roland K., wurde einige Jahre danach der Europa-Chef von Scientology.

Und als ich schon dachte, dass ich das überlebt hatte, wurde ich nach Kopenhagen gerufen. In der dortigen Zentrale saßen die Vorgesetzten der „Fliegenden Truppe", die ich schon aus Wien kannte.

Also kam dann doch noch, was kommen musste: Ich landete vor dem „Zauberkästchen" und zwischen 3 und 6 Mann hoch stellten mir immer wieder die gleichen Fragen, brüllten mich an, zogen alle Register einer scientologischen Verhörmethode, um mich nach einigen Stunden zu entlassen.

Wie lief das ab? So wie 1979?

Ähnlich - wieder wurden mir die gleichen Fragen gestellt. Es gab keinen Intimbereich, keine Einstellung, die nicht hinterfragt wurde - alles wurde durchleuchtet und immer wieder durchgekaut. Dabei war man großem Druck ausgesetzt - auch die „Frager", die sich daher abwechselten. Was ja problemlos ging, da es zumindest 6 Personen waren.

Danach „durfte" ich dann in einem großen Raum Platz nehmen, der so eine Art „Ethik-Labor" war. Eine Menge Leute aus ganz Europa schrieb sich da die Finger wund, um ihre Overts und Witholds zu notieren.

Also zu „beichten"?

Ja. Ich merkte bald, dass da nicht sehr viel mit rechten Dingen zuging – und ging immer öfter einfach in eine wirklich ausgezeichnete Konditorei in der Fußgängerzone Kopenhagens.

Nach einigen Tagen wurde ich dann – erwartungsgemäß – hinausgeworfen. Interessanterweise nicht als „Unterdrückerische Person", sondern nur in der abgemilderten Form der „Potentiellen Ärgernisquelle". Das kannte ich schon von 1975 – nur, dass man mir diesmal wenigstens nicht sagte, dass ich sehr krank sei.

Und danach fuhr ich wieder einmal nach Wien zurück.

Und du hast daraus sicherlich wieder nichts gelernt – oder?

Nein, nicht wirklich.

Was mich interessieren würde: Du beschreibst deine Zeit als „Chef" und du beschreibst dann auch, dass du ein Komitee der Beweisaufnahme hattest und einige Zeit später, dass die „Finanzpolizisten" auch bei dir zuschlugen. Du beschreibst das zwar ironisch, aber dabei doch sehr distanziert – irgendwo habe ich den Eindruck, dass du das nicht wirklich wahrnehmen möchtest, was da wirklich geschehen ist. Verdrängst du da nicht mehr als du dir wirklich ansiehst?

Echt, hast du den Eindruck? Ist mir noch gar nicht aufgefallen. In mir verspüre ich nur den Ekel, wenn ich daran zurückdenke.

Aber geht dieser Ekel weg – oder besser gesagt: Was kommt hinter dem Ekel? Solltest du dir das nicht einmal ansehen? Es ist sicher „schön", wenn du einige Phänomene, wie den Hubbardschen „Superkleber", erkennen kannst – aber wie sieht es mit dem Menschen in dir aus? Reicht da die eine oder andere Theorie, oder solltest du nicht auch einmal das Ganze bis an deine Seele heranlassen und einfach nur hineinspüren, was da wirklich abgelaufen ist? Mir fällt der Spruch ein: „Ein Indianer kennt keinen Schmerz" – umgewandelt könnte man sagen: „Ein Scientologe kennt kein Gefühl".

Du hast sicher recht – aber das ist gar nicht so einfach. Wenn ich mir das „Finanzpolizei-Abenteuer" ansehe, das 1982 oder 83 gewesen sein muss, dann überwiegt dabei das Gefühl des „Glücks", dass ich es überlebt habe. Es deckt alles zu – die Hauptsache war, dass ich lebendig herausgekommen war.

Hättest du sterben können? Oder ist jemand dabei gestorben?

Nicht körperlich – aber sicher geistig. Aber was ich mehr und mehr für mich erkenne: Es geht bei Scientology ganz stark ums „Überleben". Durch all die Schriften von Hubbard zieht sich der Aspekt des „Überlebens" durch. Immer geht es ums Überleben – und das Gegenteil von Überleben?

... ist das Sterben.

Wenn man Hubbards „Glaubensbekenntnis" nimmt, seine Dynamiken, was auch immer – immer geht es um das Überleben oder eben, dass das größte Wohl für die Mehrzahl der Dynamiken angestrebt wird ...

... und man sich dabei auch zu opfern hätte, da man ja nur auf einer oder zwei Dynamiken zu Hause ist? Meinst du das?

Ja. Neben diesem Überleben geht es sehr stark um „Macht" – Macht, die ja wiederum das Überleben garantiert.

Ich habe dir ja schon einige Punkte beschrieben, die man laut Hubbard über Macht wissen sollte.

Ich glaube, wir sollten uns auch die anderen Punkte ansehen, die ich mehr und mehr erkenne, dass wir da auf einen wesentlichen Punkt seines Kochbuches kommen. Den ersten Punkt kann man überspringen, im zweiten meint Hubbard, *„dass man ein neues Spiel braucht, wenn eines vorbei ist".* Wenn man dies verabsäumt, *„dann wird das neue Spiel daraus bestehen, sie zu bekommen."* Die nächsten beiden Punkte sind wieder nebensächlich, dafür hat es der fünfte Punkt schon eher in sich.

Dann empfiehlt Hubbard, *„alle Schulden zu begleichen, seine Freunde mit Macht auszustatten und mit Taschen voller Artillerie fortzugehen",* wobei man natürlich jederzeit in der Lage sein sollte, *„jeden Rivalen zu erpressen, über unbegrenzte Gelder zu verfügen und die Adressen erfahrener Killer zu kennen".* Damit man weiß, wohin die Reise gehen soll, empfiehlt Hubbard, *„nach Bulgravien umzuziehen und dort die Polizei zu bestechen."*

Und etwas später und man muss einschieben, dass Hubbard aufgrund der Geschichte von Simon Bolivar und seiner Gefährtin, Manuela Saenz, die Südamerika vom spanischen Joch befreiten, sein Essay schreibt, meint er:

> „Tapfere, tapfere Figuren. Doch wenn dies derart hervorragenden Persönlichkeiten passieren kann, die mit Fähigkeiten gesegnet waren, mit denen sie die größten anderen Sterblichen um das Zehnfache überragten, wenn es Leuten passieren kann, die imstande waren, in einem riesigen, unmöglichen Land einen Pöbelhaufen zu nehmen und eine damals führende Weltmacht zu schlagen, ohne Geld und Waffen, allein auf Grund ihrer Persönlichkeit, wie muss es dann um die Unwissenheit und Verwirrung menschlicher Anführer im Allgemeinen bestellt sein, ganz zu schweigen vom kleinen Mann, der durch sein langweiliges und leidvolles Leben stolpert?

Wir sollten ihnen die Augen öffnen, hm? Man kann nicht
in einer Welt leben, in der selbst die großen Führungskräfte
nicht führen können."[10]

Die Worte „kann nicht" hebt Hubbard dabei hervor – und was
meint er wohl damit?

*Ich würde einmal sagen, dass er sich wahrscheinlich als „größ-
ten Führer aller Zeiten" sieht – und kein Mensch sieht das und
macht etwas dagegen?*

Ich kenne das jetzt auch schon einige Jahrzehnte – es ist ja kein
Geheimmaterial, steht mittlerweile ganz offiziell im Ethikbuch
der Scientologen auf den Seiten 179 bis 182. Aber ich habe mir
– ganz ehrlich – auch nichts dabei gedacht. Ich habe das sogar
eher verinnerlicht – und entsprechend gehandelt.

*Das heißt, dass du auch nicht unähnlich der blaugewandeten
„Finanzpolizisten" agiert hast?*

Ja.

*Und hast du dabei nicht so etwas wie ein Gewissen gespürt?
Hat dir dieses Gewissen nicht gesagt, was Recht und Unrecht
ist?*

Anfangs schon, aber die Stimme dieses Gewissens wurde über
all die Jahre leiser und leiser. 1974 wusste ich noch ziemlich genau, was das bedeutet und welche Handlungen was bewirkten.
Anfang der 80er-Jahre wusste ich das nicht mehr so genau – zu
viele Rezepte aus Hubbards Kochbuch diktierten bereits mein
Denken und Leben.

*Das heißt, dass du die Adressen von Killern im Kopf hattest,
genug Erpressungsmaterial und Feindeslager in Flammen aufgehen lassen wolltest?*

Ja – auch wenn es mir schwer fällt, das zu sagen. Mein Welt- und
Menschenbild war nur mehr Schwarz-Weiß; auf der einen Seite
die scientologische Welt gemäß der Hubbard-Doktrin und auf
der anderen Seite die „WOG-Welt".

Und was sind „WOG"s?

Im Scientology-Slang wird dieser Begriff für alle benutzt, die
nicht mit den Scientology-Gesetzen leben – und „nicht einmal
wissen, dass ein geistiges Wesen überhaupt vorhanden ist und

sich für einen Körper halten". Die also keine Ahnung haben, worum es geht.

Und worum geht es?

Hubbard beschreibt das Leben als Krieg – den aber nur Scientologen „erkennen" und dementsprechend bekämpfen – die WOGs spazieren nur dumm herum und sehen sich Schaufensterauslagen an. Weißt du, was ich meine?

In etwa.

Nochmals kurz das Hubbardsche Welt- und Menschenbild zusammengefasst: Er ging davon aus, das Scientology „ERSTMALS" den Bereich von Ethik und Recht entdeckt hatte und eine „Technologie" zur Verfügung hat.

Dann beschreibt er die Gradientenskala von Richtig und Falsch – und da unterscheidet er wieder zwischen „Richtiger", was Überleben bedeutet, und „Falscher", was Unterliegen heißt. Und dann zaubert er die Dynamiken aus dem Hut – und auch da wieder:

„Das dynamische Prinzip des Daseins ist: ÜBERLEBE!"[11]

Und dann fährt er im Gesetzesbrief „Ethik, Recht und die Dynamiken" fort:

„Jedes Wesen besitzt eine unendlich Fähigkeit zu überleben. Wie gut es dies verwirklicht, hängt davon ab, wie gut es Ethik auf seine Dynamiken anwendet."[12]

Und:

„Das höchste Ethikniveau würde aus langfristigen Überlebenskonzepten mit minimaler Zerstörung bestehen, und zwar auf allen Dynamiken. Eine optimale Lösung für jedes Problem wäre die Lösung, die den größten Nutzen für die größte Anzahl von Dynamiken bringen würde. Die schlechteste Lösung wäre diejenige, die der größten Zahl von Dynamiken Schaden bringen würde."[13]

Weißt du, was ich meine?

Schön langsam. Aber riskierst du nicht eine Copyrightklage, wenn du das wortwörtlich zitierst?

Ja - aber man muss das zitieren, denn es sind einfach scientologische „Grundbausteine". Und jetzt noch mein „Schmankerl", das ich einflechten muss: Für Hubbard sind kranke Menschen und Menschen, die einen Unfall erleiden, ganz einfach „unethisch".

Versteh ich nicht.

Hubbard:.

> „Gleichermaßen bringt ein Mensch, der sich durch Krankheit behindert oder sich in einen Unfall verwickelt, Ethik bei sich selbst hinein, indem er seine Fähigkeit, Schaden anzurichten, verringert oder vielleicht sogar, indem er sich ganz aus der Umgebung entfernt, der er geschadet hat."[14]

Und etwas weiter:

> „Bösartigkeit, Krankheit und Zerfall gehen oft Hand in Hand".[15]

Ein völlig neuer „Ansatzpunkt" bei der Kranken- und Unfallversicherung - so etwas würde nicht einmal einem irren Populisten einfallen.

Und was glaubst du, würde das in realen Leben bedeuten?

Was?

Nehmen wir unser Ruderer-Beispiel: Wenn der krank werden würde, würde er das sicher nur, da er heimlich jeden zweiten Ruderschlag auslässt oder sonstige „Schweinereien" fabriziert. Oder wenn ihm sein Nachbar das Ruder auf den Kopf knallte, würde er das aus dem gleichen Grund selbst „wünschen".

Das hört sich irgendwie leicht pervers an - oder? Dass der Ruderer vielleicht krank wird, weil das Rudern auf Sklavengaleeren nicht gesund ist, kommt in den „Überlegungen" nicht vor?

Nein – aber weiter zu den Rezepten des Kochs - einige Absätze weiter schreibt er:

> „Dies ist eine sterbende Gesellschaft. Ethik ist so stark hinausgefallen und wird so wenig verstanden, dass diese Kultur gefährlich schnell dem Untergang entgegengeht. Ein Mensch wird nicht lebendig werden und diese Gesellschaft wird nicht überleben, wenn die Ethik-Tech nicht in ihre Hände gelangt und von ihnen angewendet wird."[16]

Anfang der 80er-Jahre existierte auch noch ein Gesetzesbrief Hubbards, der „Five Years" - also 5 Jahre - hieß und welcher der Menschheit exakt diese Zeitspanne ließ, bevor ihr alles um die Ohren flog. Sinnigerweise wurde er nach Ablauf dieser 5 Jahre „vom Markt" genommen – die Erde stand immer noch, aber dieser „Gesetzesbrief" hatte während dieser 5 Jahre hervorragende Dienste geleistet.

Wie das?

Stell dir einmal kurz vor, wenn man ihn jemandem zum Lesen gibt und danach z.B. 20.000 Euro möchte? Wie würde die Antwort ausfallen, wenn die Erde und alle darauf herumlaufenden Menschen ohnehin innerhalb von 5 Jahren verschwunden sein würden?

Das meine ich.

Jetzt versteh ich, was du meinst.

Ich erzähle dir das nicht, um die kruden Theorien von Herrn Hubbard auszubreiten – ich und jede Menge anderer Leute haben diesen Schwachsinn nicht nur geglaubt, sondern auch dementsprechend gehandelt.

Oder wie glaubst du, dass man reagiert, wenn du einerseits diese Glaubenssätze intus hast und andererseits mit den apokalyptischen Reitern der „Finanzpolizei" in Berührung kommst?

Das Gegenteil von Macht ist doch Ohnmacht – oder anders ausgedrückt: Wenn ich keine Macht habe, dann sollte ich Angst haben. Sehe ich das richtig?

Ja, auf jeden Fall.

Es gibt also jede Menge dieser menschenverachtenden Zitate von Herrn Hubbard, dann gibt es die Helferlein in Blau, die diese Zitate umsetzen und wegen der leichteren Erkennbarkeit, eine Uniform tragen – und dann gibt es scheinbar jede Menge Idioten wie du, die willige Helfer spielen. Um bei deinem Beispiel zu bleiben: Die freudig rudern und wenn sie ein Ruder auf den Kopf bekommen, die „Schuld" bei sich suchen, um danach wieder fröhlich weiterzurudern und sich zu freuen, dass sie den Ruderschlag überlebten und weiter Richtung Traumziel streben. Ich beginne immer mehr zu verstehen.

Ich habe auch erst fast 30 Jahre später langsam zu realisieren begonnen, dass sich Herr Hubbard nicht nur vielleicht geirrt, sondern vielleicht sogar beabsichtigt hat, was er – oder wer auch immer – da beschrieben hat.

Bist du auch wie eine wahnsinnig gewordene Wildsau herumgerannt?

Sicherlich nicht so extrem wie die „Finanzpolizisten" – aber im Alltag eines Mitarbeiters der Scientology gelten die gleichen Gesetze des Kochs, auch wenn sie nicht ganz so radikal und menschenverachtend umgesetzt werden. Vor allem, wenn es darum ging, irgendwelche Kurse oder andere Dienstleistungen einzubezahlen oder diese dann auch zu absolvieren, zog auch ich alle meine Register, die ich dank Hubbard hatte.

Das Ganze wandelte immer am Rande zur Nötigung entlang und manchmal auch darüber hinaus.

Das war Anfang der 80er-Jahre so – hat sich bis heute etwas geändert?

Nicht wesentlich. Anders als damals ist man heutzutage mehr darauf bedacht, dass das Bild in der Öffentlichkeit nicht beschädigt wird.

Damals hat man eher mit dem schottischen Breitschwert gefuhrwerkt und hat sich wenig darum gekümmert, wen das herumspritzende Blut stört oder nicht.

Heute ist man eher zum Florett übergegangen – es tötet genau so, nur eben eleganter.

Auch die „Finanzpolizisten" wurden einige Zeit später selbst aus dem Verkehr gezogen. Eine gespenstische Ruhe kehrte ein – die Überlebenden, unter ihnen ich, blickten gebannt in Richtung Amerika und hatten alle eine ähnliche Frage: Was würde als nächstes kommen?

Zuerst kam einmal ein Herr Miscavige samt Bruder und Freundeskreis.

Hubbard war seit Ende der 70er-Jahre verschwunden und überhaupt nicht präsent, dafür tauchten bald jede Menge an Statuen von ihm auf, die in jeder Organisation standen. Und dann wurden auch Büros von Hubbard eingerichtet, obwohl er ja verschwunden war.

Vielleicht dachte man, ihm eine Freude zu bereiten, dass er überall auf der Welt ein Büro vorfinden würde, falls er wieder einmal auftaucht?

Die „Theorie" lautete, dass er in jeder Organisation einen Raum haben sollte, den er jederzeit benutzen konnte, falls er einmal „vorbeischaute". Sogar seine Zigarettenmarke lag auf dem Schreibtisch – damit er sich gleich einmal eine anrauchen konnte.

Du nimmst mich auf den Arm – oder?

Nein, nein, überhaupt nicht. Jeder nordkoreanische Diktator könnte von den Scientologen durchaus etwas lernen.

Je länger der Herr und Meister verschwunden blieb, desto größer wurde der Personenkult rund um den „Menschenfreund" L. Ron Hubbard.

Wenn man, so wie ich, mitten drin war, fiel einem das gar nicht auf – erst im Nachhinein sehe ich das.

Inwieweit war er verschwunden?

Eigentlich ziemlich. Er war nicht mehr sichtbar, obwohl er zuvor eigentlich keine Kamera ausgelassen hatte, wenn sie surrte.

Aber je mehr David Miscavige und seine Jungs das Steuer übernahmen, desto weniger Fragen wurden gestellt.

Hubbards Frau, Mary Sue, wanderte Anfang der 80er-Jahre ins Gefängnis, da sie wegen Dokumentendiebstahl in den USA verurteilt worden war – sie war zuvor „Chefin" des Guardian Offices gewesen.

Und dann starb er 1986 auch offiziell und damit war die Fragestunde sowieso beendet.

Was soll der ironische Unterton?

Das meine ich nicht ironisch. Ich habe nur 5 oder 6 Jahre nichts von ihm gesehen oder gehört. Und das bei einem Menschen, der die Öffentlichkeit liebte, wie seine früheren Auftritte beweisen.

Bis auf einen Notariatsakt, Mitte der 80er-Jahre glaube ich, in dem bestätigt wurde, dass er noch lebte, war er nicht sichtbar.

Sichtbar war nur David Miscavige und das, obwohl er nur 160 cm groß sein soll.

War Hubbard krank oder wollte er seine Ruhe?

Keine Ahnung. Mir fällt nur eines auf: Hubbard hat Zeit seines Lebens zu allem und jedem einen seiner berüchtigten „Gesetzesbriefe" verfasst – wenn man sich den richtigen Gebrauch von Kaffeefiltern überlegt, konnte man fast davon ausgehen, dass Hubbard dieses Thema sicher behandelt hat.

Und dann stirbt Hubbard – oder besser: Er begibt sich auf „Forschungstournee", wo sein Körper eher hinderlich wäre, und dann hinterlässt er kein Testament, in dem alles geregelt wird – verstehst du das? Er hat ja sein „Forschungsreise" sicherlich gut vorbereitet – und dann vergisst er sein Testament?

Es gibt ja eine Ehefrau, Ex-Ehefrauen und eine Schar von Kindern.

Es gibt ja so Wichtiges wie das Schicksal des Planeten Erde – und er geht quasi ohne zu grüßen?

Wie passt das zusammen?

Hast du dir diese Frage nicht schon viel früher gestellt?

Anfangs nicht – man wurde und wird ja zu allem und jedem „gebrieft". Das heißt, man bekommt den offiziellen Wortlaut vorgegeben – und damit erübrigte sich jede Diskussion und jeder Zweifel.

Ich habe diese Frage in letzter Zeit einigen noch aktiven Scientologen gestellt – vor allem Mitarbeitern des „Büros für spezielle Angelegenheiten" - und die wussten darauf auch nichts.

Ist doch interessant, dass im Jahr 2004 noch immer niemand eine vernünftige Antwort darauf hat – oder?

Verstehe ich auch nicht. Was mich noch interessiert: Wie lange hast du als Mitarbeiter gearbeitet?

Eigentlich von 9 Uhr morgens bis 22 Uhr abends und das sieben mal die Woche. Aber meistens ging es länger.

Und wie war dabei die Bezahlung?

Normalerweise wenig bis gar nichts. Manchmal etwas mehr – je nach „Umsatz", an den die Bezahlung gekoppelt war; und der war und ist eher bescheiden. Ich erinnere mich an viele Male, als es gar nichts gab oder 3 Euro. Heute ist es wahrscheinlich so im Durchschnitt um die 30 Euro pro Woche.

Wie kann man davon leben?

Eigentlich gar nicht – fast alle Mitarbeiter jobbten nebenbei noch, um derart ihren Lebensstandard finanzieren zu können. Oder es gibt einen Ehe- oder sonstigen Partner, der einen Mitarbeiter unterstützt. In der Seeorganisation war und ist das ähnlich – man hat Kost und Logis und bekommt ein Taschengeld, das auch nur so um die 40 Dollar beträgt. Manchmal nicht einmal das.

Und das macht dann jemanden froh?

Du vergisst, dass sich Mitarbeiter als eine Art Ordensmitglied sehen und das Geld bei ihnen daher nicht so wichtig ist.

Also ein Bettelorden?

Nein, aber in der Realität schluckt jeder sein Ressentiment hinunter – und dient dem „hehren" Ziel.

Also mehr eine Galeere mit hoffnungsfrohen Rudersklaven, die wenn sie ihr Ziel erreichen, belohnt werden würden – sehe ich das richtig?

So in etwa könnte man es formulieren - nur dass sie kein Ziel erreichen.

Aber kommen wir noch einmal kurz zu meinem Ausscheiden – genauer gesagt: meinem Hinauswurf – zurück.

Im Jahr 1982 ging eine Ära für mich zu Ende. Wenn ich auch das Ganze noch überhaupt nicht durchschaute, war zumindest das Thema „Mitarbeit" abgeschlossen.

Für mich brach eine neue Zeit an – und vorerst einmal meine Familie – die relativ knapp danach sehr real wurde: Christiane wurde im Sommer darauf schwanger und mein ältester Sohn kam im März 1984 zur Welt.

Ich reduzierte meinen Kontakt zu Scientology und war jetzt das, was man im scientologischen Jargon einen „Public" nennt. Und als solcher bemerkte ich viele Dinge, die ich zuvor nicht sehen konnte – oder wollte.

Ich lernte nunmehr Scientology auch von dieser Seite kennen – und glaub mir: Im Nachhinein hätte ich mir dieses Kapitel, das fast 20 Jahre lang gedauert hat, liebend gerne erspart. Aber ich habe mir das nicht erspart, sondern mich sogar gefreut, dass ich nun diese Warte einnehmen konnte.

Wie gesagt, anfangs war ich mehr auf meine Frau und nachdem sie schwanger war, auf den Aufbau einer Existenz konzentriert. Ich würde überhaupt sagen, dass ich bis 1993, also rund 10 Jahre, eher mehr dafür aufgewendet habe und erst danach wieder verstärkt aktiv wurde.

Hatte das Gründe?

Nicht unbedingt – zumindest sah ich damals keine. Ich war erst einmal aus der „Waschmaschine" draußen und habe diese Jahre gebraucht, um mich davon zu erholen.

Hast du das auch aufgearbeitet, was du erlebt hast?

Überhaupt nicht. Ich habe das 1975 gar nicht getan, sondern einfach die „Büchse" geschlossen, und ich habe das auch 1982 nicht wirklich gemacht.

Mit der Zeit sind dann immer mehr Dinge „hochgekommen", die ich aber auch nicht wirklich hinterfragt habe.

Ich habe damals nur eine sehr starke Aversion gegen Seeorganisations-Mitglieder im Allgemeinen und dieses „Druckausüben", dass zumeist damit einherging, entwickelt.

Aber nachdem quasi die interne Palastrevolte losgegangen war und so viele Köpfe gerollt waren, dass man gar nicht mit dem Zählen mitkam, kehrte eine Art „Friedhofsruhe" ein.

Glaubst du, dass das mit der „Theorie" dahinter zusammenhängt, dass nicht nur die Sprache blutig ist, sondern auch das Vorgehen?

Damals habe ich das nicht unbedingt gesehen – heute beginne ich das langsam zu realisieren.

Du kennst sicher den alten Spruch „Der Schelm denkt, wie er ist" – ich habe das Ganze auch umgewandelt erlebt: *„Der Schelm ist, wie jemand anderer denkt".*

Was bedeutet das weniger zweideutig?

Ich habe sehr viele Menschen kennen gelernt, die Mitglieder bei Scientology und zu einem hohen Prozentsatz sehr nette Menschen sind.

Was ich schon angesprochen habe: Sobald das Thema „Scientology" in irgend einer Form auf den Tisch kommt, „verwandeln" sich diese zuvor ganz normalen Menschen.

Wenn ich mir jetzt die Rezepte des Chefkochs Hubbard ansehe und dabei einmal hineinspüre, was mit solchen Worten ausgesagt wird, wird mir das Ganze etwas klarer.

Ich möchte dir die Spezialrezepte nicht nochmals vorbeten oder andere hervorholen, deren es sehr viele gibt, aber das war und ist der springende Punkt.

Machst du es dir nicht zu leicht damit?

Ich glaube nicht. Wenn ich mir meine Zeit – die ja mit 28 Jahren sehr lange war – ansehe und auch noch meine heutigen „Reaktionen" auf dieses oder jenes Thema, stelle ich selbst jetzt noch fest, dass gewisse Reaktionsmuster noch immer in mir sind.

Obwohl du bereits über 2 Jahre ausgetreten bist? Also aktiv einen Schritt gesetzt hast?

Ja. Jetzt könnte man natürlich argumentieren, dass das Hubbard gar nicht so gemeint hat und ich vielleicht ein nicht repräsentativer Fall sei und Scientology im Übrigen so menschenfreundlich durch die Welt wirbelt und überall Gutes tut. Und außerdem sind ja auch Tom Cruise, John Travolta, Isaac Hayes und so weiter Scientologen.

Also wie kann dann Hubbard oder Scientology etwas sein, das hinter einer menschenfreundliche Maske etwas anderes, gar nicht so schönes, verbirgt?

Das fragt man sich – und zwei ganz wesentliche Faktoren kommen zum Tragen:

Erstens weiß man ja nie, was wirklich hinter den Kulissen gespielt wird und zweitens wird man in einem derartigen System mehr und mehr auch zum Täter.

Was heißt das konkret?

Nehmen wir einmal den zweiten Punkt, der sicher der persönlich Unangenehmere ist.

Denk nochmals zurück an die Trainingsroutinen, die dabei trainierte Kontrolle „8C" und „Ton 40", den verbalen Ausdruck dessen.

Jeder den ich kenne – mich eingeschlossen - hat das auch praktiziert. Das wurde ja nicht nur trainiert, das wollte ja auch verwendet werden. Was sich in dieser Formulierung harmlos anhört, sieht in der Praxis ganz anders aus.

Diese Kontrolle wurde und wird ausgeübt – bei Menschen!

Ich habe in all den Jahren anderen Menschen meinen Willen „aufs Auge gedrückt"!

Klar kann man jetzt sagen, es war nicht mein Wille – aber ich habe es getan, nicht Herr Hubbard.

Und das „schweißt" dich noch enger an diese Irrlehre.

Klarerweise gibt man das nicht so einfach zu und man wird auch nicht verurteilt - zumindest nicht von Scientologen, die das ja alle mehr oder weniger kennen und selbst machen.

Damit hat man ein „Perpetuum mobile" geschaffen – und zwar das Perpetuum mobile schlechthin.

Versteh ich nicht.

Es funktioniert ähnlich wie bei einem Süchtigen. Der setzt sich auch einige Schüsse, wird dann abhängig und verlangt nach mehr und mehr.

Bei Scientology funktioniert das in die andere Richtung, niemand kugelt im Rinnsal herum, aber das Suchtverhalten ist ähnlich, aber auch die Unfähigkeit der Differenzierung.

Irgendwann hat der Dealer - in unserem Fall: der Koch – gar nichts zu tun. Die „Scientology-Süchtigen" machen es von alleine und verteidigen den Dealer sogar.

Der Süchtige träumt vielleicht davon, irgendwann einmal damit aufzuhören – und er redet sich ein, dass er das auch kann, nur will er es halt aus diesen oder jenen Gründen noch nicht.

Der Scientologe möchte nichts anderes mehr, sobald er genug von der Suppe in sich verspürt. Ganz im Gegenteil – er möchte mehr davon und er möchte, dass auch viele andere Menschen in den Genuss davon kommen.

Das bedeutet, dass er sehr aktiv wird, zumindest seine engste Familie, seine Freunde und Bekannten zu Tisch zu bitten – Devise: Zur Suppe.

Darin unterscheiden sich die Scientologen und die „normalen" Süchtigen.

Und wie wohlschmeckend und beliebt die Suppe weltweit ist, erfährt der Durchschnittsscientologe auf die verschiedenste Art und Weise – es gibt jede Menge Zeitschriften, es gibt Veranstaltungen, Gewinnberichte, Verlautbarungen, dass es sich in Südamerika oder Afrika „abspielt". Oder er liest immer wieder von irgendwelchen Berühmtheiten, die sich zu Scientology bekennen. Papier ist ja bekanntlich geduldig.

Und dazu noch seine eigenen „Taten". Das klebt wie ein Superkleber hoch 10.

Inwieweit fühlst du dich auch als Täter?

Was meine Mitarbeiterzeit betrifft: Eigentlich sehr. Ich habe das immer wieder auch gemacht – mit anderen Menschen.

Es waren letztendlich Jahre, wo ich nach dem Kochbuch gelebt habe und wo ich auch ziemlich uneingeschränkt danach gehandelt habe.

Dafür gibt es keine wirkliche Entschuldigung.

Erinnere dich zurück, was der Sinn und Zweck der Trainingsroutinen ist: Da soll der Wille und die Fähigkeit trainiert werden, anderer Leute Körper und Verstand zu kontrollieren und dann auch noch die „Fähigkeit", freundlich zu lächeln, während man seinem Gegenüber das Todesurteil vorliest.

Es ist ein Unterschied, ob jemand eine wahnsinnige Idee hat oder ob er diese auch gleich umsetzen möchte.

Und was man nie dabei vergessen darf: Es sind Menschen, die derart „beglückt" werden. Man spielt Gott und drückt diesen Größenwahn aus, indem man nach diesen Regeln spielt.

Ich glaube schon, dass ich in sehr viele Leben eingegriffen habe – ich kann mich nur bei all diesen Menschen entschuldigen.

Aber bist du nicht auch ein Opfer?

Bin ich sicher auch – aber niemand hat mich gezwungen, das zu glauben, was ich hörte, und niemand hat mich gezwungen, das auszuführen, was ich tat.

Bis du da nicht zu streng zu dir?

Es gibt und gab immer Unterdrückung. Es gab aber auch immer Menschen, die sich dieser Unterdrückung verweigerten.

Dieser Tage wurde in Tschechien der 15. Jahrestag der „Samtenen Revolution" gefeiert – 1989 war das kommunistische Regime verschwunden. Vaclav Havel, der damals Dissident und später Präsident der Republik war, hat in einem Gastkommentar folgendes gesagt:

> „Während der kommunistischen Ära glaubten die meisten Menschen, dass die Bemühungen Einzelner, Veränderungen herbeizuführen, sinnlos wären. Die kommunistische Führung bestand darauf, dass das System das Ergebnis objektiver, historischer Gesetze war, die nicht infrage gestellt werden konnten, und wer sich dieser Logik widersetzte, wurde bestraft – nur, um auf Nummer sicher zu gehen."[17]

Was ich damit sagen möchte: Zwischen dem Regime in Tschechien, das ja auch ein totalitäres war und Scientology ist nicht wirklich ein Unterschied. Hubbard hat die Weisheit „entdeckt" und das durfte nicht in Frage gestellt werden.

Aber auch in Tschechien gab es Dissidenten, wie Vaclav Havel einer war – und diesen Vorwurf muss ich mir gefallen lassen.

Ich war intelligent genug, um in dieser langen Zeit wenigstens einmal aufzuwachen – oder dabei wenigstens nicht mitzumachen, wenn ich schon nichts dagegen unternehme.

Ich bin erst 2002 aufgewacht und ausgetreten und erst nachdem ich 2003 zur „Persona non grata" erklärt wurde, begann ich 2004 auch dagegen etwas zu tun.

Ich verstehe auf der einen Seite, dass gewisse Dinge ein absoluter Wahnsinn sind, aber auf der anderen Seite verstehe ich nicht, wie das jemand nicht durchschauen kann. Wieso gibt es das? Du und wahrscheinlich viele andere sind ja geistig nicht von Haus aus minderbemittelt oder ständig betrunken?

Erst jetzt kommt langsam Licht in diese Frage. Es sind einmal die bereits angesprochenen Trainingsroutinen samt den „Zau-

berworten", das „Zauberkästchen", das „Ethikbuch" und ganz
sicher die Seeorganisation, die als „Küchenhelfer2 darauf schau-
en, dass man brav seine Suppe löffelt.

Das sind aus meiner Sicht die „tragenden Säulen", auf denen
das Dach ruht, wo „L. Ron Hubbard" drauf steht und auf dem
die Fahne Scientologys weht.

Und was ich langsam bemerke, sind es einzelne Kochrezepte,
die dabei besonders mithelfen.

Das „Ethikbuch" eine wahre Fundgrube. Eines der wahrscheinlich effektivsten dieser Rezepte besteht in der Beschreibung von
zwei Arten von Menschen. Hubbard resümiert dabei folgendermaßen:

> „Es gibt also Cowboys mit weißen Hüten und Cowboys mit
> schwarzen Hüten. Und die Cowboys mit den grauen Hüten
> sind zu krank, um beim Spiel mit dabei zu sein."[18]

> „Etwa die Hälfte der Ziele eines jeden beliebigen Individu-
> ums sind konstruktiv, die Übrigen sind destruktiv."[19]

> „Die grundlegende Qual der Menschen ist, dass sie in die-
> jenigen unterteilt sind, die aufbauen und diejenigen, die
> vernichten. Und in diesem Konflikt von Absichten, egal auf
> welcher Seite sie stehen, immer verloren. Oder war verlo-
> ren, bis der Scientologe kam."[20]

Uff, das war knapp – es sah schon aus, als ob unser Untergang
nicht mehr aufzuhalten gewesen wäre, aber dann kam Hubbard
und sein „Fähnlein Wieselschweif" und hat die Menschen wieder einmal gerettet!

Damit das ja nicht übersehen werden kann, schreibt er es gleich
selbst. Und nur gut, dass Hubbard das alles weiß und hat; und
freundlicherweise lässt er jedermann daran teilhaben.

Sei nicht so zynisch.

Wenn ich mir vorstelle, wie lange ich diesen Schwachsinn selbst
geglaubt und verbreitet habe, wird mir gleich ganz übel – also
ist der Zynismus ein gutes Magenmedikament.

Aber jetzt wieder zurück – Hubbard definiert zwei Arten von
Menschen – die „Weiß-Hüte" und die „Schwarz-Hüte", die
„Grauen" schloss er gleich mal aus.

Und dann definierte er die beiden Hauptgruppen, indem er deren Merkmale „erklärte". Wobei der den „Schwarz-Hüten" der Einfachheit halber neben dem „Antisozialen" auch noch das Prädikat „Anti-Scientologe" verpasste.

Einige Kernsätze und die muss ich zitieren, auch wenn ich dabei wieder einmall die Copyrightanklage riskiere:

> „Da sie nur 20 Prozent der Bevölkerung ausmachen, und da nur 2,5 Prozent wahrhaftig gefährlich sind, sehen wir, dass wir mit nur sehr wenig Anstrengung die Lage der Gesellschaft wesentlich verbessern könnten."[21]

> „Wenn wir die Ursache eines geschäftlichen Misserfolges nachgehen, werden wir unausweichlich irgendwo in den Reihen dieses Geschäftes die antisoziale Persönlichkeit eifrig am Werk sehen. Bei Familien, die auseinanderbrechen, stellen wir gewöhnlich fest, dass die eine oder andere der daran beteiligten Personen eine solche Persönlichkeit hat. Wo das Leben schwierig geworden ist und scheitert, wird eine sorgfältige Überprüfung des Bereichs durch einen ausgebildeten Beobachter eine oder mehrere solcher Persönlichkeiten am Werke sehen."[22]

Und dann listet er 12 Punkte auf, die er als die charakteristischen Eigenschaften bezeichnet – keine Angst, die werde ich dir jetzt nicht vorbeten. Damit würde ich dem Schwachsinn einfach zu viel Raum geben – diese Punkte beinhalten nämlich so viel Schwachsinn, dass sie absolut nichts aussagen.

Was heißt das jetzt wieder?

Sie ähneln irgendwie „Gummiparagraphen", passen auf jeden, aber auch auf niemanden. Ganz nach Bedarf – und wie es derjenige sieht, der dann die „Ethik-Keule" schwingt.

Und wie sollte das aussehen?

Erinnere dich an den Sommer 2003, wo der „Ethik-Beauftragte" der Wiener Organisation meinen Sohn fragte: „Entscheidest du dich für deinen Vater oder für Scientology?".

Weißt du jetzt, was ich meine?

OK, verstehe ich.

Bis 2002 hatte ich einen „weißen Hut" aufgehabt, nach 2002 hatte ich einen schwarzen, da ich es gewagt hatte, aus dieser Organisation auszutreten. Also musste jetzt meine Familie „geschützt" werden – dabei ging und geht es nicht um Fakten oder so etwas.

Nein, im Kochbuch steht eindeutig „Entweder-oder" – also wird dementsprechend agiert.

Was immer wieder auftaucht: Scientology hat dich hinausgeworfen, da du offensichtlich ein böser Finger warst und bist – was ist da wahr?

1975 hat mich Scientology hinausgeworfen – erinnere dich, wie und warum. 1982 war es auch Scientology – erinnere dich an die Gründe.

Nur 2002 war es nicht Scientology.

Da bin ich erstmals von mir aus ausgetreten.

Ich habe im Frühjahr 2002 Andres B., den Direktor für spezielle Angelegenheiten in einem japanischen Restaurant getroffen und ihm meine Entscheidung mitgeteilt.

Ein Jahr später wurde ich im Rahmen der Scientology-Welt zum Buhmann und dann hatte man plötzlich schon immer „gewusst", wer und was ich bin – wahrscheinlich kam die Anweisung von ganz oben, von Hubbard selbst, der einen Blick durch die Wolken warf und sofort sah, was bei mir lief.

Und wenn sie nicht gestorben sind, dann leben sie noch heute.

Der Schwachsinn spricht eigentlich für sich.

Aber das Gerücht taucht immer wieder auf – warum?

Keine Ahnung. Ich weiß nur, was ich tat und ich weiß andererseits, was Hubbard dazu schreibt.

Den Rest kann ich mir zusammenreimen – so wie ich mir meine „Erklärung zur antisozialen Person" – sprich: zum Unterdrücker – zusammenreimen kann.

Du weißt: Der Schelm denkt wie er ist – wobei er ist, was jemand anderer denkt.

Und Hubbard sagt auch, was die „Ursache" des Cowboys mit dem schwarzen Hut ist:

> „Die grundlegende Ursache, warum die antisoziale Persönlichkeit, sich so verhält, wie sie es tut, liegt in einem verborgenen Horror vor anderen. Für eine solche Person ist jedes andere Lebewesen ein Feind, der heimlich oder offen vernichtet werden muss. Die fixe Idee besteht darin, dass das Überleben selbst davon abhängt, ‚andere unten zu halten' oder ‚Leute in Unwissenheit zu halten'. Wenn irgendjemand verspricht, andere stärker oder klüger zu machen, leidet die antisoziale Persönlichkeit äußerste Qualen persönlicher Gefahr."[23]

Könnte es sein, dass Herr Hubbard da seinen eigenen „Lebensweg und die daraus geschlossenen Schlüsse beschreibt?

Durchaus möglich, denn er legt noch nach:

> „Wenn eine solche Persönlichkeit wahnsinnig wird, steckt die Welt voller Marsmenschen oder dem FBI, und jede Person, die ihr begegnet, ist für sie wirklich ein Marsmensch oder ein FBI-Agent."[24]

Wenn man Hubbards Paranoia vor dem FBI, anderen Geheimdiensten, der Regierung usw. ins Auge fasst, kann ich mich deinem Argument nur anschließen.

Aber man muss auch erwähnen, das Hubbard natürlich auch die soziale Persönlichkeit in 12 Punkten beschreibt – wie gut, dass er sie kennt.

Womit der Zynismus wieder fröhliche Urstände feiert. Aber um wieder auf den Ausgangspunkt der Frage zurückzukommen: was „macht" das jetzt mit Scientologen?

Das Spielchen ist ganz einfach – und doch so unheimlich wirksam: Man ist als Scientologe bemüht, ja nicht einen schwarzen Hut verpasst zu bekommen.

Wie beim „Schwarzen Peter"?

Nur, dass da eine neue Partie beginnt, sobald man ihn hat. Bei Scientology nicht, da ist man aus dem Spiel draußen und kann schauen, was man mit seinem schwarzen Peter bzw. Hut zusammenbringt.

Aber das ist doch gut – man ist draußen und kann wieder leben?

Davon weiß man ja nichts, solange man noch einen weißen Hut hat – und den möchte man nicht verlieren. Denn damit würde man auch seine „Erlösung" und alles, was Hubbard verspricht, verlieren.

Du sprichst über mündige Erwachsene mit zumindest einem durchschnittlichen Intelligenzquotienten?

Ja - was aber nicht ausschließt, dass der eine oder andere fest davon überzeugt ist, dass die Raumschiffe bald kommen werden.

Du machst Spaß, das gibt es doch nicht.

Ich mache keinen Spaß - die Person gibt es.

Also niemand will einen schwarzen Hut – jeder will einen weißen. Das kann ich nachvollziehen.

Solange man ein Scientologe „in gutem Ansehen" ist, ist man quasi auf der sicheren Seite. Aber wie die Geschichte zeigt, kann das sehr schnell gehen und man hat statt dem weißen plötzlich einen schwarzen Hut auf. Und diese Angst ist nahezu allgegenwärtig.

Und wie lebt es sich da als Scientologe?

Mein Beobachtung lässt sich so zusammenfassen: Je weniger man tut, desto kleiner ist die Chance, einen schwarzen Hut auszufassen.

Wahnsinn.

Und damit das Ganze doch in „Bewegung" bleibt, hat sich Hubbard ein weiteres „Special" ausgedacht ...

Schon wieder?

Scientology ist „Special". Aber Spaß beiseite, das Ganze nennt sich „Potentielle Schwierigkeitsquelle" – im Scientology-Jargon: „PTS".

Interessant – da aussagekräftig – ist die wilde Theorie dahinter. Für Hubbard ist es klar, dass eine „Potentielle Schwierigkeitsquelle" jemand ist, der mit einem „Unterdrücker" in Kontakt steht und dieser ihm quasi „sagt", was er tun solle oder nicht.

Und dann unterscheidet Hubbard grundlegend 3 Typen davon – sinnigerweise „I", „II" und „III" durchnummeriert.

„Typ I" ist laut ihm die leichte Art – der Unterdrücker ist präsent und unterdrückt eben.

„Typ II" hat es schon schwieriger – sein Unterdrücker ist irgendwo, aber nicht jetzt da – „Science-Fiction" pur.

Dafür ist der „IIIer" wieder sehr realistisch und sitzt gewöhnlich im Irrenhaus.

Ist doch toll - oder?

Und das möchte natürlich niemand sein - und hat davor Angst.

Wieso kann man sich vor so etwas fürchten?

Wenn man als einer dieser 3 Typen erkannt wird, muss man manchmal sehr schmerzvolle Einschnitte in seinem Leben vollziehen, um davon wieder „loszukommen". Typ „I" hat es dabei noch relativ „einfach", da er konkret schauen kann, der „IIer" und „IIIer" aber nicht. Auf jeden Fall wird es mühsam - man musste ja jetzt den Unterdrücker „handhaben" oder sich von ihm trennen, um derart von ihm loszukommen.

Man muss noch ein Wort zum Thema „PTS" sagen: Für Hubbard kommen alle Krankheiten von einem PTS-Zustand und jedes Versagen sowieso. Also galt es blitzschnell zu „entdecken", „zu handhaben" oder „die Verbindung abzubrechen".

Und das fürchtet der Scientologe wie der Teufel das Weihwasser – den was so lapidar mit „abbrechen" beschrieben ist, bedeutet, was es bedeutet: abbrechen. Und das könnten auch Eltern, Geschwister oder ein Ehepartner sein.

Also hat man eine „attraktive" Wahl: Entweder a la long den schwarzen Cowboyhut zu erhalten oder aber den Verlust von einem Menschen zu „akzeptieren", der einem vielleicht am Herzen liegt.

Und damit es nicht langweilig wird, gibt es noch den PTS-Typ „A bis J".

Und was ist A bis J?

Wieder einmal eine Hubbardsche „Auflistung".

PTS Typ A wird als jemand beschrieben, der eng mit einem Unterdrücker oder Gegner von mentaler oder spiritueller Behandlung in Verbindung ist - speziell Eltern, Verwandte oder Freunde.

Also ein häufiger Typ – denke ich?

Ich kenne nur sehr wenige, die nicht unter diesen Typ fallen würden, wenn man die Hubbardsche Definition wortwörtlich nehmen würde – zumeist arrangiert man sich mit Vater, Mutter oder wem auch immer. In Wirklichkeit nimmt das auch scientologyintern niemand so genau – vielleicht sogar beabsichtigt.

Denn eine nicht ausgeführte Drohung ist doch wirksamer – oder?

Das würde heißen, dass man die Verbindung abbrechen müsste, wenn sich das nicht handhaben ließe – so schreibt immerhin Hubbard: „Handle or disconnect" - richtig?

Ja - und damit hätten wirklich sehr viele ein gröberes Problem – ich kenne nur ganz wenige, bei denen das nicht zutreffen würde.

Aber weiter im Text: PTS Typ B wird als der Kriminelle beschrieben.

PTS Typ C ist der „Attackierer", der Scientology in irgendeiner Form „angreift", mit irgendwelchen imaginären „Feinden" in Verbindung steht oder für sie arbeitet. Da fallen alle jene Menschen hinein, die für die Exekutive arbeiten – also Polizisten, Finanzbeamte usw.

PTS Typ D wird von Hubbard als derjenige Mensch beschrieben, der andere für seinen Zustand verantwortlich macht; damit wird auch er aus Scientology verbannt.

PTS Typ E sind jene, die nicht aus eigenem Willen Scientology machen - Kinder fallen da nicht darunter, denn die sind ja laut Hubbard Erwachsene in einem kleinen Körper.

PTS Typ F sind all jene, die nur sehen wollen, ob Scientology funktioniert und sich den einen oder anderen Kurs zu Gemüte führen, um das herauszufinden.

Dann wärst du laut dem schon als „Typ F" gestartet, da du dir ja auch ansehen wolltest, ob das funktioniert?

Ja - das wäre so, wie wenn man sich ein Auto kaufen würde, aber eine Probefahrt kategorisch ablehnen müsste. Einfach ein Wahnsinn, wenn ich mir das nachträglich betrachte.

Und ein Schwachsinn obendrein.

OK, weiter zu PTS Typ G – sehr vereinfacht all jene, welche die Meinung vertreten, dass man jenen kostenlos „helfen" sollte, die einflussreich, reich oder einfach Nachbarn sind.

Bei PTS Typ H beschreibt Hubbard jene Menschen, deren Verstand offen für alles ist („open minded") und das geht nicht in der Welt der Cowboys, wo eindeutig jeder einen schwarzen oder weißen Hut aufzuhaben hat.

> *Das heißt, dass jemand, der sich auch noch für anderes interessieren würde, ausgeschlossen wird?*

Ja.

> *Aber heißt das nicht, dass jemand nur eine bestimmte Automarke fahren darf und sobald er sich umsehen möchte, rückt das „Rollkommando" an?*

Das kann man so sagen – und entspricht dem, was ich in den letzten Jahrzehnten sah.

Der PTS Typ I umfasst ganz einfach all jene, die an nichts glauben und es sich auch nicht vorstellen können, dass sich jemand „verbessert".

Und zum Abschluss noch PTS Typ J – interessanterer Natur: Da fallen alle jene Personen hinein, die über Scientology richten, berichten oder ihnen dabei helfen: Richter, Anwälte, Psychologen, Journalisten usw.

Und da empfiehlt Hubbard auch gleich, wie man diesen „Typ" behandelt: Ignorieren.

> *Und wem nützt das alles?*

Wem wohl? Wer hat die Paranoia, dass sich jemand einschleicht oder sonst etwas „macht"?

> *Und das „funktioniert" einfach so?*

Ja. Ich weiß aus der Vergangenheit ein Beispiel: Es gab in den USA eine Gruppe, die es sich zur Aufgabe gemacht hat, destruktive Kulte wie Scientology zu durchleuchten und dahingehend aufzuklären. Sie hießen „CAN".

Scientology schöpfte alle Möglichkeiten der Diffamierung aus – Drohungen, Meuchelphotos usw.

Schlussendlich unterwanderte man CAN, indem jede Menge Scientologen Mitglied wurden, und kaufte schlussendlich CAN ganz einfach. Und damit war die „Sache gegessen". Auf den Aufschrei darüber warte ich noch heute.

Dieses Vorgehen ist immer zu beobachten, wenn sich irgendwo Kritik oder was als noch schlimmer betrachtet wird, Gegnerschaft, einstellt. Dann werden alle Register gezogen, um das wieder hinzubekommen.

Und wenn man sich jetzt an CAN wendet, da man z.B. ein Problem mit Scientology hat, sitzt am anderen Ende der Leitung ein Scientologe – das ist doch fast schon wieder witzig, oder?

Also ignoriert man nicht nur?

Nein, wenn das „Problem" aus Scientologysicht zu groß wird, nicht mehr - dann agiert man.

Machte man das auch mit österreichischen Sektenberatern?

Ja, es war irgendwann Ende der 70er- oder Anfang der 80er-Jahre. Da gab es mit Friedricke Valentin eine engagierte Sektenberaterin der Katholischen Kirche. Und da gab es auch einen „Mitarbeiter" der Sektenberaterin, Josef S., der in Wirklichkeit von Scientology kam und alles genau berichtete, was Friedricke Valentin tat.

Das gibt es ja nicht.

Ja – man muss das so sehen: Valentin, Haack und einige andere waren „Feinde" – und mussten daher ausspioniert werden. Erinnere dich zurück, was ich vorher über das Welt- und Menschenbild von Hubbard gesagt habe.

Was glaubst du, wie das geht?

Das steht nicht nur irgendwo – das wird umgesetzt. Es geht ja „nur" gegen einen Feind von Scientology.

Was ist z.B. mit ehemaligen Scientologen, die ihr eigenes Süppchen kochen?

Anfang der 90er-Jahre hatten ehemalige Scientologen ein eigenes System ohne Hubbard und seine Jungs gemacht.

Da marschierte dann das „Büro für Spezielle Angelegenheiten"
auf – und schleuste zuerst einmal einen Spion ein, um sich derart umzusehen, wie das im Detail aussieht.

Jetzt geht deine Phantasie durch – oder?

Nein, der Spion war mein damaliger Partner, mit dem ich zu-
sammenarbeitete.

Er wurde der Spion, man zeigte ihm, wie man das „Zauberkästchen" E-Meter austricksen konnte ...

Das geht?

Aber ja - sind nicht alle Zaubertricks letztendlich nur Illusio-
nen?

Und er berichtete dem Büro für spezielle Angelegenheiten, was
so alles ablief.

*Also ist es wahr, dass Aussteiger und Kritiker unter massiven
Druck gesetzt oder sogar bedroht werden?*

Dass sie bedroht werden, habe ich in Österreich nicht miterlebt
– wobei das nicht heißen muss, dass es das nicht gibt.

Was glaubst du, war Hubbard für ein Mensch?

Ich kenne ihn nicht, daher kann ich ihn auch nicht wirklich einschätzen. In den 70er-Jahren war er nicht sehr präsent und danach verschwand er endgültig.

Er war auf jeden Fall eine illustre Figur, die allerlei in ihrem Leben getan hat - und er war sicher ein intelligenter Mensch.

Wenn ich die heilige Bibel nochmals zitieren darf: *„An ihren
Früchten werdet ihr sie erkennen".*

Nehmen wir ein Beispiel - Hubbard schreibt und es geht dabei
um den Untergang der Zivilisation und einen Mechanismus, um
das zu verhindern:

> „Haben wir einen Mechanismus, um das zu verhindern?
> Ja, wir haben einen. Man nennt ihn ‚Wissensberichte.'"[25]

Und damit man weiß, wann man derartiges schreibt, liefert er
gleich einmal die „Gebrauchsanweisung":

> „1. Jeder, der von einem Vorfall des Herumbummelns wuss-
> te oder von einer Handlung Kenntnis hatte, die destruktiv,
> unrichtliniengemäß oder unethisch war, und DER KEINEN

WISSENSBERICHT EINREICHTE, wird bei jeder Rechtsaktion, die danach unternommen wird, zum MITSCHULDIGEN."[26]

Die Großschreibung kommt dabei von Hubbard – nicht von mir. Und damit wusste jeder, wo es langgeht – wobei mit Rechtsaktion, die interne gemeint ist.

Und das kann aufs Gemüt schlagen.

Wie das?

Nimm einmal denn Fall, dass irgend ein scientologischer „Blockwart" irgend etwas sieht, das er für berichtenswert hält – er schreibt also auf, was er zu sehen meint.

Und dann rollt die „Scientology-Maschinerie" an – und man bekommt ein Problem. Hubbard hat festgelegt, dass es Scientologen-Pflicht ist, alles zu berichten, was man sieht.

War der ostdeutsche Geheimdienst nicht ähnlich organisiert – die Stasi?

Ja, jeder Geheimdienst einer totalitären Macht ist derart strukturiert – aber ich würde sagen, Hubbard stülpt noch ein Mäntelchen darüber: seine „Technologie".

Und damit jeder klar weiß, wo es langgeht, bestimmt er auch gleich 20 Arten von Berichten – das beginnt bei „Schadensberichten", geht über „Nichtbefolgungsberichte"und „Vergehensberichte" bis hin zu „Technischen Nichtbefolgungsberichten". Und im Zweifelsfall kann man noch einen „Dinge-die-nicht-sein-sollten-Bericht" abfassen.

Unabhängig davon, dass das eben die angesprochene Blockwart-Mentalität fördert, fühlt man sich ständig beobachtet – und hört anderseits, dass das nur zum persönlich Wohl des Einzelnen geschieht. Die „Ethik-Akte" des Einzelnen, wo alles gesammelt wird, wächst und wächst – und damit die Angst.

Aus meiner Erfahrung weiß ich, dass das exakt so abläuft.

Und das schlägt auf den Magen. Und damit schließt sich ein Kreis, in dem man „gefangen ist".

Wie sollte also jemand sein, der so etwas schreibt – und verlangt, dass die Menschen danach leben?

Ich versteh immer weniger, wie sich die Menschen so etwas gefallen lassen. Scientologen sind ja keine Idioten – oder?

An und für sich nicht. Ich weiß schon, jetzt werden alle Scientologen aufheulen, aber wenn ich mir meine Vergangenheit betrachte und ansehe, was ich oder andere machten oder wie sie reagierten, dann bleibt nur der Schluss des idiotischen Verhaltens.

Ein Bespiel: Jemand kauft sich ein Auto, fährt einmal um die Ecke und der Wagen bricht zusammen. Er geht zurück, sagt das dem Verkäufer und der meint: *„Das kann schon vorkommen, denn das ist ja ein Prototyp – und selbstverständlich kann er einen neuen Wagen haben."*

Unser Jemand freut sich – bis er merkt, dass er den neuen Wagen auch nochmals bezahlen muss. Für den Verkäufer ganz klar – ein zweiter Wagen muss ein zweites Mal bezahlt werden. Also sollte man sich weniger darüber aufregen, als viel mehr freuen, dass man einen noch besseren Wagen hat. Und man fährt freudig wieder aus dem Autohaus, kommt um die nächste Ecke – und der Wagen bricht wieder zusammen.

Also wieder zurück – und der Verkäufer ist gar nicht erstaunt, nuschelt nur etwas von „Technologie der Zukunft", wartet aber mit der tollen Neuigkeit auf, dass das Übermodell gerade fertig wurde und natürlich gekauft werden kann. Selbstverständlich muss man auch diesen Wagen wieder bezahlen – der alte liegt ja um die Ecke und hat nur mehr den Schrottwert.

Bekommt man Rabatt? Kurze Überlegung des Verkäufers und dann eine klare Antwort: *„Wenn Sie 3 der neuen Mega-Typen kaufen, könnten Sie 10% Rabatt erhalten."* Ist doch toll – unser Jemand freut sich über diese 10% und denkt gar nicht darüber nach, wer 3 Autos benötigt.

Steigt noch ganz beschwingt in das erste der drei Autos ein, kommt um die Ecke, der Wagen bricht zusammen – aber man hat ja noch 2 Autos.

Also wieder zurück, um die Ecke, Zusammenbruch – und ins letzte Auto. Wieder um die Ecke, Zusammenbruch, diesmal zurück ins Autohaus.

Und was hört man da?

„Überhaupt kein Problem, wir haben ja ..." und so weiter und so fort.

So könnte man Scientology beschreiben – und das Verhalten eines „gläubigen" Scientologen, wie ich von 1974 bis 2002 einer war.

Idiot wäre da durchaus angemessen.

Würde ich auch so sehen.

Diese Idiotie ist klar - was ich nicht ganz verstehe: Wieso kann Angst erzeugt werden?

Wenn man es ganz einfach sieht: Da gibt es einen Koch - Hubbard -, ein Kochbuch mit unendlich vielen Rezepten und dann kommt der Faktor Zwang dazu.

Nicht unbedingt, dass ständig jemand mit dem Knüppel droht – viel subtiler.

Alles, was man macht, wird von irgendjemandem beobachtet – und der könnte einen der Hubbardschen „Wissensberichte" schreiben – und dann wird die Mühle angeworfen und man ist mitten drin.

Auch wenn man im eheliche Bett schläft ist man nicht sicher – auch der eigene Ehepartner kann zwecks „Hilfe" einen solchen verfassen.

Und im Auditing „beichtet" man auch noch eine Menge, für das man sich zumindest schämt, wenn es jemand anderer wüsste.

Auf einer Broschüre des Bundesministeriums für Umwelt, Jugend und Familie, die über Sekten aufklärt, steht ein guter Satz: *„Sobald ich die Zusammenhänge der Doktrin erkannte, begann ich die Finger davon zu lassen. Wären mir bloß früher die Augen aufgegangen, hätte ich doch bloß früher darüber aufgeklärt und richtig beraten werden können."*

Und wie sieht das in Scientology aus?

Scientologen haben keine Möglichkeit, dass ihnen die Augen aufgehen können – das wird erfolgreich durch mannigfaltiges und sehr subtiles Druckausüben verhindert.

Er gibt genügend Küchengehilfen, welche die Rezepte seines Kochbuches auch umgesetzt sehen wollen.

Scientology ist bekannt dafür schnell zu schießen – und man schießt auch intern relativ rasch. Und das erzeugt Angst.

Hat da niemand Gefühle, ein Herz oder gar ein Gewissen?

Mehr oder weniger nicht – und schon gar nicht offiziell. Ich kann mich als Beispiel hernehmen. Alles, was Gefühle, Empfindungen usw. betrifft, muss ich wieder lernen – so blöd sich das anhört.

Auch was das Gewissen und Moral betrifft.

Das wird alles ausgetauscht, wenn man Scientologe ist – man wird „entkernt".

Wird man damit ein böser bzw. schlechter Mensch?

Die Gefahr ist natürlich da. Was ich erlebt habe, ist, dass selbst Mitglieder der berüchtigten „Finanzpolizei" im Grunde ihres Herzens noch menschliche Regungen hatten – wobei eines objektiv feststeht: Das was sie machten, kann man eindeutig als extrem destruktiv und schädlich einstufen. Und zwar einerseits in bezug auf die Menschen, die davon betroffen waren und andererseits für die Umwelt an sich – das war „Umweltverschmutzung" der übelsten Sorte.

Wie wird man so etwas?

Wenn man oft schon in jungen Jahren quasi damit aufwächst, das Kochbuch Hubbards mit der Muttermilch aufsaugt, kann man sehr leicht zu einem solchen „Kampfroboter" werden.

Es gibt ja einige Personen in Wien, die mit Scientology aufgewachsen und schon in sehr jungen Jahren Mitarbeiter wurden – Stefan, Julian, Gino.

Im Idealfall arbeiten auch die Eltern mehr oder weniger mit – das heißt, der Jugendliche wächst in diesem Umfeld nicht nur heran, sondern er beginnt dann in die Fußstapfen der Erwachsenen zu treten.

Das Phänomen, das dabei immer eintritt: Sie werden sogenannte „150%ige", sie übertrumpfen glatt ihre Eltern – vielleicht weil sie nichts anderes kennen als das scientologische Umfeld, während ihre Eltern doch noch etwas anderes kennen gelernt haben.

Noch extremer empfand ich das, wenn diese Jugendlichen in die Seeorganisation gingen und plötzlich Macht hatten – da wurde, ohne viel zu fragen oder nachzudenken, die Doktrin Hubbards einfach umgesetzt. Auch da gibt es einige Fälle - mehrere Kinder der Familie E. oder Michi H.

Eines dieser Kinder verließ bald wieder die Seeorganisation, verstarb einige Zeit danach und sein Vater hat mir mit seligem Blick erklärt, dass er seinen Sohn schon wieder „lokalisiert" hat. Selbstredend war der Vater natürlich „OT" und konnte derartiges.

Willst du sagen, dass das von Scientology ausgelöst wurde?

Nicht unbedingt, er hätte auch sterben können, wenn er nicht damit in Berührung gekommen wäre. Der Tod eines Jugendlichen ist sowieso tragisch. Aber in diesem Fall muss man sich die Frage gefallen lassen, inwieweit Scientology dabei eine Rolle gespielt hat.

Seine Eltern lebten mehr oder weniger in Scheidung, er geht in die Seeorganisation, kommt zurück und stirbt dann – und das bei dem Heilsanspruch und all den weiteren Ansprüchen, die Hubbard und Scientology hat?

Das passt doch nicht zusammen - oder?

Eigentlich nicht wirklich.

Es ist eine Sache, ob jemand eine wilde Idee hat – aber es ist eine andere Sache, ob er diese wilde Idee auch bei Menschen verwirklicht.

In manchen Fällen ist er dann auch Herr über Leben und Tod.

Ich weiß, dass das etwas sehr Tragisches ist, dass das für die Eltern des Jungen sehr viel mehr ist, als man sich vielleicht vorstellen kann.

Aber damit sind wir bei einem Punkt, der mehr und mehr herauskommt: Gefühl, Mitgefühl.

Hubbard und Scientology haben das nicht – es kommt auch in all den Schriften nicht wirklich vor.

Alles richtet sich nur an den „kalten Verstand" – und entsprechend agiert man auch.

Und daher stelle ich mir die Frage: Inwieweit greift Scientology in das Leben eines Menschen ein? Und vor allem: Inwieweit greift es in das Leben eines jungen Menschen ein, der selbst vielleicht noch nicht weiß, was er ist, was er will, der seinen Sinn noch gar nicht einmal zu suchen begonnen hat?

Hat es das früher – also in den 70er- und 80er-Jahren auch schon gegeben, dass Jugendliche bei Scientology waren.

Ja, wobei man dazu sagen muss, dass Herr Hubbard schon immer gerne mit 12 bis 14-Jährigen zusammengearbeitet hat. Er hat sie sogar organisiert – die sogenannte „CMO", die „Commodores Messenger Organisation", also „Hubbards Boten" waren ursprünglich in diesem Alter.

Kinder sind „formbar", erledigen alles, was ihnen aufgetragen wird, ohne eigene Ideen zu haben.

Das heißt: willige Sklaven – oder?

Ja, das könnte man durchaus so sehen. In Österreich der 70er- und 80er-Jahre war das anders. Vor allem die Mitarbeiter waren selbst junge Menschen zwischen 20 und 35 und hatten selbst noch keine Kinder. Dieses „Phänomen" tauchte erst auf, als diese Menschen älter wurden und selbst Kinder hatten, die irgendwann auch für Scientology interessant wurden.

Es gibt eine Fülle von Fällen, wo 13- oder 14-Jährige der Seeorganisation beitraten – selbstverständlich immer mit dem Sanctus ihrer Eltern.

Aber was geschah dabei in den Kinderseelen?

Ich bin kein Psychologe – aber ich kann mir vorstellen, dass da einiges an Verwüstung angerichtet wurde.

In diesem Umfeld sind auch deine Kinder aufgewachsen?

Ja, und ich kann nicht ausschließen, dass sich der eine oder andere Wahnsinn auch bei ihnen eingenistet hat.

Ihre Mutter und ihr Vater waren Scientologen, agierten nach diesem Welt- und Menschenbild und trugen das auch nach Hause.

Das versteh ich – aber lass uns doch mit deiner Geschichte fortfahren, ich bin schon gespannt wie es weiter geht.

Also dann weiter – die Themen werden ja wieder auftauchen, wenn sie chronologisch auftreten.

Man kann das so zusammenfassen: In den Jahren 1983 bis 1989 war ich vorrangig mit dem Aufbau meiner Existenz beschäftigt. Dazu kam, dass 1984 mein erster und 1987 mein zweiter Sohn geboren wurden. Das heißt, dass mein Leben ganz automatisch eine andere Priorität bekam. Ich war in diesen Jahren zwar immer in Kontakt mit Scientology, aber eher nicht so intensiv und nur sporadisch.

Ich gründete meine erste Firma mit einem anderen Scientologen, hatte mein erstes eigenes Büro und begann langsam, das was ich als Existenz betrachtete, zu realisieren. Hauptsächlich ging es darum, Geld zu verdienen, um meine Familie zu versorgen.

Ich baute zunehmend einen Kundenkreis auf, wurde immer besser in meinem Beruf im Bereich „Marketing und Werbung" und konnte bald namhafte Firmen zu meinen Kunden zählen.

Und dann kam ich in Kontakt mit England, genauer gesagt mit der „Advanced Organisation", die in East Grinstead logiert, wo Hubbard 1959 das sogenannte „Saint Hill Manor" gekauft hatte.

Volker, mein damaliger Partner, meinte, dass es gut wäre, wenn ich mir einmal 2 sogenannte „Intensive" kaufen würde, um einmal meinen „Status" checken zu lassen und vielleicht noch die eine oder andere Delle, welche die „Finanzpolizei" hinterlassen hatte, auszubügeln.

Ich weiß es nicht mehr genau, aber das Ganze dürfte so an die 4.000 Euro gekostet haben – die ich dann bezahlt habe.

Und dann fuhr ich nach England. Dort wurde gerade an dieser „Advanced Organisation" gebaut – es war also mehr oder weniger eine Baustelle.

Ich bekam einiges an Auditing und fuhr dann wieder nach Hause – nicht unbedingt klüger als zuvor. Aber ich sagte mir damals, dass man nicht ungeduldig sein dürfte - gut Ding braucht halt eine Weile.

Das war so – ich glaube 1985 oder 1986.

Ich bezahlte dann ca. 20.000 Euro insgesamt 12 Intensive in der Wiener Organisation ein – es galt ja die „Brücke" zu machen.

Was sind „Intensive"? Was ist die „Brücke"?

„Intensive" sind 12,5-Stundenblöcke von Auditing. Die „Brücke" ist jenes Vehikel, auf dem Hubbard seine Schritte – sprich: Kurse und Auditing – angesiedelt hat und an deren Ende die völlige Freiheit zu erreichen war.

Hörte sich das damals noch gut an?

Aber ja, ich habe das ja auch geglaubt. Nur was es wirklichbedeutet, und dass die völlige Freiheit dort eher „lauert", wurde mir erst viele Jahre danach klar.

Also, um fortzufahren: Ich habe begonnen, diese Brücke zu beschreiten. Einiges hatte ich schon als Mitarbeiter absolviert - ich machte dann als ersten Schritt den sogenannten „Drogen-Rundown" - ein „Rundown" ist eine Art Programm - und man war laut Hubbard von allen mentalen schädlichen Einwirkungen von Drogen, Alkohol usw. befreit.

Wie läuft das ab?

Es gab und gibt eine Menge Listen, die solange abgefragt werden, bis das E-Meter meldet, dass da nichts mehr ist.

Und wenn doch noch etwas ist?

Dann hat man Pech gehabt – das E-Meter irrt doch nie! Schon vergessen?

Aber Spaß beiseite, ich war dann mit meinen Listen fertig und machte den nächsten Schritt, der hieß „ARK Gerader Draht". ARK steht für Affinität, Realität und Kommunikation und das Ganze hat auch etwas damit zu tun.

Sah ich beim sogenannten Drogen-Rundown noch einen gewissen Sinn, ergab der nächste Schritt keinen. Ich wollte ihn daher auch nicht am E-Meter „attestieren", sprich: abschließen.

Aber man wusste auch da eine Antwort: Dann musst ich „Clear" sein – und in meinem Fall „Past life-Clear", da ich nachweislich in diesem Leben kein „Dianetik-Auditing" erhalten hatte.

Das hieß wiederum: Ab nach England, denn dort gab es den „Clear-Check".

Und was ist ein „Clear" bzw. ein „Clear-Check"?

Ein „Clear" oder „Geklärter" ist laut Hubbard DER Schritt eines jeden Scientologen - also ein „Scientology-Muss". Hubbards Beschreibung schaut so aus:

> „In der Dianetik wird der optimale Mensch ein Clear genannt."[27]

> „Man kann einen Clear auf alle Psychosen, Neurosen, Zwänge und Verdrängungen (alles Abberationen – damit meint er Abweichungen vom vernünftigen Denken oder Verhalten) testen und auf alle selbsterzeugten Krankheiten, die man psychosomatische Leiden nennt, prüfen. Das Ergebnis wird immer sein, dass der Clear von solchen Störungen oder Abberationen völlig frei ist."[28]

Also sehr vereinfacht ausgedrückt: Damit wird der Scientologe zum kleinen „Wunder-Wuzzi" – das bedeutet, dass dieser Zustand so schnell wie möglich angestrebt werden muss. Also tat ich das - der „Clear-Check" sollte mir Gewissheit darüber bringen.

Bevor du darauf eingehst, noch eine Zwischenfrage. Du hast ja den Drogen-Rundown abgeschlossen und sicherlich auch einen „Gewinnbericht" geschrieben – oder? Hast du Gewinne gehabt und einfach nur so – sozusagen aus Gefälligkeit – diesen verfasst?

Die Gewinnberichte sind ein Thema an sich. Klar, wenn man irgendetwas in Scientology abschließt, muss man einen Gewinnbericht schreiben.

Den bekommt man dann auch unter die Nase gehalten, wenn man irgendwann auf die Idee kommt, dass das doch ein Blödsinn ist - Devise: Das hast du doch geschrieben?

Nur gibt es dabei einen kleinen Zusatz: Man kann in Scientology nichts abschließen, ohne diesen Gewinnbericht schreiben zu müssen.

Wenn ich jemanden die Hose abschneide und ihm dann klar mache, wie toll das ist und er sich super fühlen sollte, die Minusgrade nur eine Illusion sind usw., schreibt er wahrscheinlich danach auch einen Gewinnbericht. Nach einiger Zeit beginnt er vielleicht wieder zu denken – und stellt fest, dass eine kurze

Hose im Winter eigentlich nicht so toll ist. Geht er dann zum „Hosenabschneider" zurück, erntet er nur Verwunderung – und bekommt seinen eigenen Gewinnbericht unter die Nase gehalten.

Und dann ist man sehr leicht in einem Argumentationsnotstand.

Oder man macht einen Banküberfall – und lässt die Bankräuber danach einen „Gewinnbericht" schreiben – ganz klar, dass diese über ihre Tat jubeln. Aber wird dadurch „Banküberfall" in die Wirtschaftskammer als Sektion aufgenommen?

Aber der springende Punkt ist auch hier, dass man diesen Bericht schreiben MUSS - in der Praxis sieht das so aus: Man schreibt, denn ohne diesem Schreiben gibt es keinen Abschluss und erhält danach folgende unverfängliche Frage gestellt: „Möchtest du, dass diese Gewinne auch andere Menschen haben?".

Damit hat man gleich zwei Fliegen mit einem Schlag: Erstens wieder ein Beweis und zweitens kann man gleich sehen, ob die- oder derjenige auch in der richtigen Richtung unterwegs ist. Das „Zauberkästchen" E-Meter ist wieder einmal der Gradmesser.

Weißt du was ich meine?

Heißt das, dass du nicht unbedingt die jeweiligen Schritte als Erfolg wertest?

Damals habe ich das sicher so gesehen – aber mittlerweile ist mir aufgefallen, dass kurze Hosen nicht das Wahre im Winter sind. Nur wenn man in dieser „Waschmaschine" drinnen sitzt, auch die Gewinnberichte anderer Menschen kennt und selbst schon einige fabriziert hat, fällt es einem nicht auf.

Das kann ich irgendwie nicht nachvollziehen – weiß man denn nicht, ob etwas gut oder schlecht für einen selbst ist?

Ich würde sagen: Nicht unbedingt. Ich gebe dir noch ein Beispiel aus meiner Familie. Mein Bruder ließ sich aufschwatzen, dass er unbedingt 5 Intensive dieses Drogen-Rundowns braucht, um sein offensichtliches Alkoholproblem wegzubekommen. Er hat brav das Geld dafür, so um die 15.000 Euro, beschafft und hat das dann absolviert.

Und er hat im Rahmen dessen natürlich auch Gewinnberichte abgefasst.

Und was war das „Ergebnis"? Er hat nicht nur weiter getrunken, sondern auch noch seinen Job verloren und seine Frau, mit der er 2 Kinder hat, ließ sich von ihm scheiden.

Wie sieht es dabei aus – wusste er, was für ihn gut oder schlecht war? Ich glaube nicht, dass er weiter trinken wollte, seinen Job und seine Frau samt Kindern verlieren wollte.

Oder nimm meine ehemalige Frau Christiane, die mich mit einem anderen Scientologen betrogen hat – was noch nichts gegen Scientology sagt, das kann überall vorkommen. Aber dann kam Scientology und die „Engländer" - sprich: die „Advanced Organisation" - und meinten: „Kein Problem, das bekommen wir locker wieder hin". Ich trieb Geld für insgesamt 3 Intensive auf, die so um die 17.000 Euro gekostet haben, und sie „dankte" mir in ihrem Gewinnbericht überschwänglich, dass sie alles gesehen bzw. eingesehen hätte usw. Dann fuhr sie heim nach Wien und legte erst richtig los – das außereheliche „Gspusi" begann danach erst richtig.

Anschließend kam noch jede Menge weiteres Auditing und natürlich kamen weitere Gewinn- bzw. Erfolgsberichte. Am Ende stand dann unsere Scheidung.

Das hätte auch ohne Scientology passieren können – Ehen können zerbrechen und das ist nie eine schöne Sache; vor allem nicht für die Kinder.

Aber in Verbindung mit Scientology kommt da eine „Dynamik" hinein, die äußerst ungesund ist – obwohl es im Gewinnbericht ganz anders steht.

Das heißt: Jemand hat sich gefreut, dass Christiane einen so tollen Gewinnbericht geschrieben hat – und in Wirklichkeit war das ganz anders?

So in etwa. Nur ist daran in Scientology niemand wirklich interessiert – das höchste der Gefühle sind „Lippenbekenntnisse". Und selbst da ist man selber schuld, wenn es doch nicht so funktioniert, wie man sich das erhofft hat. Erinnere dich an das, was ich dir vorher gesagt habe. Die Gründe werden irgendwo gesucht – und im Zweifelsfall lauert irgendwo ein „Unterdrücker" oder man ist der Einfachheit halber gleich selber einer.

Toll – eigentlich ja nicht, aber was soll man dazu sagen.

Eigentlich gar nichts – es spricht für sich. Und soviel zum Thema „Gewinn- oder Erfolgsberichte" – aber jetzt weiter mit meiner Geschichte.

Ich machte also in England meinen „Clear-Check" und ach Wunder, nach langem und mühsamen Hin und Her, habe ich dann den Zustand „Clear" erreicht.

Du bist also einer dieser „Wunderwuzzis", zumindest der kleinen? Und wie verlief das?

Eigentlich hauptsächlich mühsam: Man sucht dabei hin und her, und weiß eigentlich nur, dass man das Ziel erreicht hat, wenn eine „Erleuchtung", die gekoppelt mit dem entsprechenden Gesichtsausdruck sein muss, auftritt und auch das E-Meter entsprechendes „vermeldet".

Und hat es das?

Keine Ahnung, das sieht man ja nicht. Vielleicht war ich auch nur fertig, weil der Fallüberwacher der Auffassung war, dass das jetzt so „passt". Aber ich war „Clear" – und das war ja innerhalb von Scientology etwas.

Wie fühlt man sich da?

Ich kann dir nur erzählen, wie ich mich gefühlt habe. Es war am 8. August 1988 und ich fühlte mich zufrieden – so wie man sich vielleicht fühlt, wenn man etwas geschafft hat.

Interessant ist, dass danach alles in „Bewegung" kam – kein Stein blieb auf dem anderen.

Was meinst du damit? Was kam in Bewegung?

Mein Leben – bis dahin war alles irgendwie glatt gelaufen und auf einmal lief eigentlich nichts mehr wirklich.

Führst du das darauf zurück, dass du dieses Clear-Auditing gemacht hast?

Möglich. Ich kann nur sagen, dass sowohl mein Job, als auch meine Ehe zunehmend aus den Fugen geriet.

Hubbard hat natürlich auch diesbezüglich eine „Abhilfe" – also scheinbar wurde dieses Phänomen schon früher beobachtet. Er schrieb das nächste Dogma auf: „Wenn man Clear ist, muss man so schnell wie möglich die Stufe „OT III" erreichen!"

Das wollte ich damals aber nicht – und mittlerweile sehe ich, dass das eine der wenigen schlauen Taten in der Vergangenheit war.

Und wie machte sich das bemerkbar, dass deine Ehe und dein Job aus den Fugen geriet?

Christiane und ich konnten immer weniger über die Dinge unseres Zusammenlebens sprechen – das ging nur mehr in Streits oder dem „Hin- und Herwerfen" scientologischer Ausdrücke; lediglich wenn es um Scientology ging, waren wir noch einer Meinung. Wir hatten keine Basis mehr, auf der wir miteinander verkehren konnten.

Glaubst du, dass dabei Scientology eine Rolle gespielt hat?

Auseinandersetzungen, Streits und Konflikte kommen in vielen Ehen vor – das ist sicher kein scientologisches Phänomen.

Aber was ich beobachtet habe und was ich jetzt immer deutlicher sehe, verändern sich bei Scientologen generell die Einstellung zu anderen Menschen oder Dingen.

Was heißt das?

Die „Philosophie" bleibt natürlich nicht ohne Auswirkungen. So werden Kinder als „Erwachsene in einem kleinen Körper" gesehen, was natürlich auch in das Leben mit ihnen hineinspielt. Liebe kommt in Scientology genau so wenig vor wie Gefühle an sich – da gibt es höchstens „ARK" als einzig vorhandene Gefühlsregung. Alles wird automatisiert gesehen – und ist daher auch automatisiert.

Was ist ARK genau? Wie wirkt sich das im Leben aus?

ARK steht für Affinität, Realität und Kommunikation. Soweit lässt sich dagegen nichts sagen. Aber laut Hubbard beinhaltet alles im Leben ARK – und dieses Dreieck ist auch eines der beiden Dreiecke im „Scientology-Logo". Genau gesagt: Das untere. Das obere Dreieck besteht aus „Wissen", „Verantwortung" und „Kontrolle" – englisch „Knowledge", „Responsibility" und „Control", daher „KRC".

Jede Entscheidung läuft laut Hubbard über diese Dreiecke – überall bilden diese Dreiecke die Grundlage.

Vor allem das untere bestimmt den Alltag. Zuneigung oder gar Liebe wird als „großes ARK" bezeichnet – darüber hinaus geht laut dem Kochbuch von Hubbard nichts.

Damit wird alles instrumentalisiert, kalt, mechanisch – das Gefühl wird ausgeschlossen, man wird auf ein technokratisches, roboterhaftes Sein reduziert.

Der „Vorteil": Alles dient plötzlich dem von Hubbard so heiß geliebten Überleben.

Klar, Gefühle können stören – und daher werden sie eliminiert.

Gibt es in einer Ehe Probleme, hat natürlich – eh klar – Hubbard auch dafür etwas auf Lager. Wiederum eine rein technokratische und auf den Endzweck ausgerichtet „Abhilfe".

Und im Zweifelsfall trennt man sich halt – wer dabei auf der Strecke bleibt, ist selber schuld, auf „Opfer", und dabei vor allem Kinder, wird keine Rücksicht genommen.

Weißt du, was ich meine?

Ich beginne, das ein bisschen zu verstehen.

Dabei gibt es extreme Beispiele, wie jenes der Frau eines Scientologen. Ihr Mann wollte sich von ihr scheiden lassen, sie absolvierte gerade entsprechendes Auditing in England, fuhr dann direkt von dort nach Hause und erschoss sich mit einer Pistole.

Sie hat Selbstmord begangen?

Ja, direkt aus einer scientologischen Sitzung heraus – einfach ins Auto, zurück nach Wien und – peng.

Und wie war die Reaktion von Scientology darauf?

Ich kann mich nicht erinnern, dass es eine gab. Außer vielleicht der, dass so etwas natürlich nicht an die Öffentlichkeit dringen darf, denn das würde ja „schlechte Presse" bringen.

Das war sicher ein Extremfall – aber es gab und gibt eine Menge Scheidungen mit einer Menge an Erwachsenen und vor allem Kindern, die dabei die Leidtragenden sind.

Aber wenn eine Scheidung das „Beste für die größte Anzahl der Dynamiken" war? Was glaubst du, wie das eine Scientologin oder ein Scientologe sah und sieht?

Manche blieben auch zusammen, „dienten" derart für die größte Anzahl der Dynamiken und bissen die Zähne für Hubbard zusammen.

Wieder gab es sowohl bei Erwachsenen als auch bei Kindern jede Menge Opfer.

Aber behauptet Scientology nicht, dass Scheidungen viel seltener vorkommen, als beim Rest der Bevölkerung?

Also ganz sicher nicht in Österreich. Da gab es eine Menge an Scheidungen, weitergeführten „Zwangsehen" und sonstigen Konstrukten. Allein in meinem Bekanntenkreis, den ich unmittelbar sehen konnte, zerfielen jede Menge an Ehen. Und das war sicher mehr als 50%!

An was liegt das?

Mir wird immer klarer, das man sich nicht ein Welt- und Menschenbild aneignen kann und es dann nicht „nach Hause" mitbringt. Man lebt das – in jeder Beziehung.

Und wenn dieses Weltbild kalt und zerstörerisch ist, dann werden auch die Taten, die man daraus setzt, kalt und zerstörerisch. Und das „funktioniert" in allen Bereichen – nicht nur in der Ehe, sondern auch im Beruf.

Was wiederum was bedeutet?

Ich erreichte Anfang 1989 einen Zenit in meinem Berufsleben – ich war, wie man so schön sagt, am Gipfel meines Erfolges angekommen. Ich hatte die Jahre zuvor immer mehr und besser gearbeitet – nicht unbedingt gewirtschaftet, aber das ist ein anderes Kapitel.

So wie die Scientology-Organisationen jahrelang jede Menge Mietrückstände hatten, „vergaß" auch ich auf eine ordentliche Buchhaltung.

Ich war nur an den Einnahmen interessiert und erkannte mehr und mehr, dass ich alleine ganz einfach die Fülle meiner Arbeit nicht mehr bewältigen konnte.

Was an sich nichts Unnatürliches ist – das passiert wahrscheinlich vielen Wirtschaftstreibenden.

Ich hatte mich von Volker bald getrennt und arbeitete als „One-Man-Band" – und dann wurde mir die Arbeit zu viel.

Und dann hatte ich 1989 die grandiose Idee, mit anderen Scientologen eine Werbeagentur zu gründen.

Zweierlei war dabei ausschlaggebend: Erstens würde dann die mehr und mehr werdende Arbeit sicher besser verarbeitet werden und andererseits sollten Scientologen doch eine „Bank" sein, wenn es darum ging, das umzusetzen.

So dachte ich damals.

Also gründete ich im Sommer 1989 gemeinsam mit 4 weiteren Scientologen die angestrebte Agentur – die FHP Werbeagentur GesmbH.

Zu gleichen Teilen waren wir an ihr beteiligt – zwei von ihnen als stille und drei als mitarbeitende Teilhaber. Das Team wurde noch um zwei – ebenfalls scientologische – Damen aufgestockt; später kam noch eine Person dazu, natürlich ebenfalls Scientologe.

Und auf ging's – dachte ich zumindest.

Nach den üblichen Anlaufschwierigkeiten übernahmen wir dann einen großen Brocken – natürlich ebenfalls einen Scientologenauftrag. Du erinnerst dich an die Scientologen-Ausstellung „Kult&Magie" im Waldviertel?

Ja.

Die haben wir betreut – das heißt, dass wir alles, was Werbung und Public Relations betrifft, gemacht haben. Das bedeutete, dass wir mehr als ein halbes Jahr lang rund um die Uhr damit zu tun hatten. Das brachte natürlich auch einiges an Umsatz.

Aber dann begannen in unserer Agentur die Fetzen zu fliegen.

Vier Monate vor der Eröffnung der Ausstellung und dem Ende unseres Auftrages stand die Trennung unseres Teams im Raum.

Auf der einen Seite standen zwei der Teilhaber und eine der Damen, auf der anderen Seite ich und meine Sekretärin, die ich in die Firma mitgenommen hatte, und der dazugekommene Mitarbeiter.

Und damit waren die Lager einzementiert – während die eine Seite irgendwelche „Untersuchungen" an mir machte, arbeitete „meine" Seite am Auftrag „Kult&Magie".

Was heißt das jetzt wieder? Wie sah das aus?

Es gab diese 2 mitarbeitenden Teilhaber – Friedrich und Hans. Ich wollte ja ursprünglich nur mit Hans zusammenarbeiten, der aber wollte das nur, wenn auch Friedrich dabei war. Also habe ich dem zugestimmt, obwohl ich eigentlich nichts mit Friedrich machen wollte. Verstehst du?

Und da irgendjemand ja auch der Chef sein musste – zumindest sah ich das damals so, weil es ja auch im Kochbuch Hubbards stand – wurde Hans der Chef, da sich Friedrich und ich gegenseitig „ausschlossen"; er war also der Kompromiss. Ich erkannte aber zunehmend, dass Hans eine Fehlbesetzung war, da er überhaupt keine Ahnung von dieser Branche und nur sein „OT 8" als Legitimation hatte; und damals glaubte ich noch, das ein „OT 8" etwas Besonderes sein müsste.

Friedrich hätte zwar die Ahnung gehabt – er betreute u.a. die Interunfall-Versicherung und gewann sogar einen Werbepreis – aber wie gesagt: mit dem konnte ich nicht. Also entstanden sehr bald diese zwei Fraktionen.

Wie sah das im „Büroalltag" aus?

Es gab durch den „Kult&Magie"-Auftrag eine Menge zu tun – aber nach kurzer Zeit arbeitete eigentlich nur ich daran; Natascha, meine Sekretärin, unterstützte mich dabei. Friedrich arbeitete am Anfang mit, aber nachdem wir unterschiedlicher Auffassungen waren, verlegte er sich offiziell auf das „Neukundengeschäft", und weniger offiziell darauf, zu beweisen, dass ich ein „böser Finger" - im Scientology-Jargon: ein Unterdrücker – sei. Diese „Idee" nahm zunehmend manischen Charakter an.

Martha, die scientologische Dame in unserem Team, war praktischerweise lange Jahre „Ethikbeauftragter" der Wiener Organisation gewesen und danach auch in der Seeorganisation.

Und plötzlich hatte ich wirklich zu tun: Während auf der einen Seite, eine interne Untersuchung oder Unterstellung auf die andere folgte, wollte auch das „Kult&Magie"-Projekt bearbeitet werden.

Ich nahm dann Niki auf und er wurde der dritte Mann meines Teams, half mir dann vor allem bei „Kult&Magie" und entlastete mich dort, während ich meinen „Zweifrontenkrieg" kämpfte;

Hubbard hätte seine wahre Freude gehabt – an wem auch immer.

Aber ist das nicht ein bisschen verrückt?

Das sehe ich mittlerweile auch so – aber damals nicht. Irgendwann ging dann dieses Projekt zu Ende – und die beiden Herren samt Dame stiegen 14 Tage später aus dem Firmenprojekt aus.

Und warum taten sie das nicht früher?

Das habe ich mich damals auch gefragt – aber nie eine wirkliche Antwort bekommen. Mein Gefühl sagte mir, dass sie einerseits vom Geldkuchen mitnaschen wollten, solange er vorhanden war – Kult&Magie brachte ja eine Menge Geld ein – und andererseits bereiteten sie ihren Abgang längerfristig vor.

Auch das kann überall vorkommen, aber ich dachte mir, dass das Scientologen nicht machen.

Und sie machten flugs eine neue Firma auf, sinnigerweise „Powerhouse" genannt, die aber auch innerhalb einiger Zeit wieder in Konkurs ging.

Und was geschah mit der FHP?

Die „wurstelte", nunmehr mit mir an der Spitze, noch einige Zeit dahin, schaffte es zwischendurch fast, ging aber dann auch 1992 oder so in Konkurs.

Und, was passierte weiter?

Bereits 1990 war ich mit der Art und Weise der beiden „aussteigenden" Herrn nicht zufrieden – und nachdem es einem Scientologen natürlich verboten war, einen anderen Scientologen zu verklagen, und Herr Hubbard auch dafür ein Rezept auf Lager hat, wandte ich mich an WISE bzw. deren Repräsentanten in Österreich. WISE war und ist die „Wirtschaftsfiliale" von Scientology.

Und dort wurde dann der Fall „FHP" untersucht, um derart „Ethik in die Sache hineinzubringen".

Und damit wurde es endgültig kompliziert. Untersuchungsausschüsse sind immer eine komplizierte Angelegenheit, das kann ich mir schon vorstellen – mit Hubbards Kochbuch auf dem Schoß wird das aber ganz automatisch kompliziert.

Denn man muss dann alles, was geschehen ist, mit den diversen Rezepten vergleichen – und die sind ja bekanntlich sehr makaber; was ich damals spürte, aber erst jetzt weiß.

Ich kam mir dabei wie „Don Quichotte" vor, der gegen irgendwelche Windmühlen ankämpft. Eine absolut wilde Geschichte – und natürlich ohne irgend ein Ergebnis.

Aber ich hatte wieder meinen „geliebten" Zweifronten-Krieg – einerseits versuchte ich bei FHP zu retten, was zu retten war, anderseits hoffte ich den Knäuel der FHP-Vergangenheit zu entwirren.

Was geschah eigentlich mit „Kult&Magie"?

Die Ausstellung hatte im ersten Jahr fast 100.000 Besucher, obwohl sie sehr weit weg, im nördlichen Waldviertel, lag – die Zahl war durchaus gut, nur war das viel zu wenig, um die 2,1 Millionen Euro, die da hineingesteckt wurden, wieder hereinzubringen.

Die Betreiber, Pyramid Music, hatten rund 700.000 Euro im Vorfeld für irgendwelche „Recherchen" und Musikprojekte „verbraten"; und dann hatten sie im letzten halben Jahr in einer „Last-Minute-Action" das Ganze doch noch hingestellt; natürlich überteuert.

Und es kam, was kommen musste: Konkurs, nach einem der beiden „Chefs", Dr. Erwin A. fahndete sogar die Polizei usw. Er hat sich dann meines Wissens nach Amerika abgesetzt, wo er aber sehr bald wieder umtriebig wurde. Es war zuvor Steuerberater samt eigener Kanzlei, die auch sehr viele Scientologen vertrat.

Und nachdem er die Millionen von Banken und irgendwelchen staatlichen Förderungsunternehmen hatte, wollten die natürlich ihr Geld zurück; was wiederum aufgrund der nackten Zahlen unmöglich war. Aber die Details dazu wären schon wieder eine andere Geschichte.

Also wieder zu meiner eigenen Geschichte.

Vor Weihnachten 1990 kam noch ein weiteres Hindernis dazu – wobei ich das damals überhaupt nicht so sah.

Das Hindernis hat einen schönen Namen: IAS – „International Association of Scientologists". Deren „fliegende Truppe" sollte ich kennen lernen, als diese deren Lieblingsprogramm „Geldeintreiben" laufen hatten.

Wobei du auch schon die „Finanzpolizei" als solches kennen gelernt hast?

Der Vergleich ist gar nicht so abwegig – bei beiden ging es um Geld; wobei die einen gleich die Keule schwangen und sie dir auf deinem Kopf platzierten, wenn du bei ihrer Idee keine Freude hattest, während die moderne Version ganz anders herangeht: Sie bieten dir ein „T-Shirt" an, das im „Idealfall" 40.000 Dollar oder mehr kostet.

Natürlich wieder verbrämt mit jeder Menge Pathos aus Hubbards Kochbuch.

Und nachdem man derartiges nicht gleich glaubt und auch nicht jeder mit 40.000 Dollar in der Tasche herumläuft, wird „Überzeugungsarbeit" geleistet, indem man stundenlang bearbeitet wird, dass „das jetzt der richtige Schritt ist".

In meinem Fall waren das die Damen Franziska K. und Ingeborg S. Das ging dann irgendwann abends los und dauerte bis spät in die Nacht hinein.

Meine Argumente, dass ich kein Geld hatte und auch nicht sah, wie das gehen sollte, wurden vom Tisch gewischt - es galt „die Dinge richtig zu machen" - ein scientologisches Lieblingsrezept.

Was bedeutet das?

Hubbard hat in seinem Kochbuch dieses als den „vorrangigen Test für einen Thetan" beschrieben - also wehrte ich mich so gut es ging und so lange es möglich war; schlussendlich bekam ich keine Luft mehr, und da mir die beiden Damen im wahrsten Sinne des Wortes auf der Brust saßen, stellte ich ihnen zwei Schecks aus.

Bei beiden galt das Gleiche: Sie waren nicht abgedeckt, was ich den beiden auch sagte.

Aber darin sahen sie kein Problem – ich musste nur dafür sorgen, dass sie eingelöst werden konnten.

Da mein Banker erst am 7. Januar, damals mehr als zwei Wochen später, erreichbar war, versprachen sie mir, diese nicht vorher einzulösen – was sie natürlich nicht machten. Da schlug wieder der „Statistikdruck" zu.

In meinem Fall sah das so aus, dass eine meiner Banken mir den Kreditrahmen erhöhte und so die Schecks deckte, die andere tat dies nicht – und so wurde der Scheck zu einem „Schüttelscheck" und platze mit lautem Knall.

Und das unabhängig davon, dass ich damit in ein finanzielles Abenteuer der speziellen Natur gejagt wurde.

Darüber hinaus wurde ich irgendwo auch als „Medium" von den Damen erkannt – Ingeborg verkaufte mir gleich zwei Kurse auf dem Scientology-Schiff, der „Freewind".

Und was soll daran „medial" sein?

Es waren zwei gleiche Kurse – und ich sagte ihr auch, dass ich kein Geld hätte, um sie zu bezahlen. Aber da schlug wieder Hubbards „Vorrangiger Test für einen Thetan" zu – sie meinte: *„Das macht doch überhaupt nichts".* Es ging dabei um die Kleinigkeit von 7.000 Euro.

Damit das auch finanziell irgendwie über die Bühne ging, wurde die Kreditkarte eines scientologischen Zahnarztes – ich glaube aus Kärnten – „bemüht". Das hatte ich dann in den nächsten Monaten zu bezahlen.

Aber das „IAS-Abenteuer" bot mir, nachträglich betrachtet, auch wunderbaren Anschauungsunterricht, wie es aussah, wenn jemand nach dem Kochbuch verfährt. Die wilde Variante kannte ich ja schon vom Beginn der 80er-Jahre – nun lernte ich selber die abgeschwächtere Variante kennen, bei der aber durchaus das Gleiche herauskam.

Interessanterweise ging es in beiden Varianten um Geld – um viel Geld; und wenn ich mir vorstelle, wie viele dieser fliegenden Teams weltweit unterwegs waren und sind, dann wird mir alleine bei diesem Gedanken ganz schwindlig.

Ich hatte auch immer wieder – vor allem als Mitarbeiter - Druck auf andere Menschen ausgeübt; ganz nach Hubbards „Kochbuch".

Aber die Form der IAS überschreitet sämtliche Grenzen der Menschlichkeit, negiert, dass man so etwas wie ein Gewissen hat und ist nur auf das „Endziel" ausgerichtet. Und das waren immer Geldbeträge, für die man dann ein T-Shirt bekam, auf dem der „Ehrenstatus" vermerkt war, den man gerade erworben hatte; dazu gab's noch eine Anstecknadel und ab 40.000 Dollar auch ein Schild, wo dieser auch vermerkt war. Auf meinem stand „Patron" - „Schutzherr".

Das hat 40.000 $ gekostet?

Ja – diese Erfahrung war wirklich teuer erkauft ...

... und vor allem ohne Rücksicht auf Verluste – in diesem Fall des Verlustes deiner Zukunft. Wie passt das zusammen?

Ich kann nur das Phänomen beschreiben – aber nicht erklären: Obwohl ich eigentlich am Boden liegen sollte, mir irgendwann die Augen aufgehen sollten, war ich sogar stolz darauf, dass ich derart agiert habe. Einfach verrückt – und erst viele Jahre später begann ich zu sehen, was da wirklich ablief.

Aber sagte nichts in dir, dass das vielleicht falsch sein könnte? Gab es kein Gefühl, keine warnende Stimme in dir?

Vielleicht gab es die – aber wenn, war sie sehr leise und ich habe sie sicher nicht gehört. Vielleicht waren es auch die stundenlange „Bearbeitung" durch die beiden Damen oder ganz einfach die Rezepte von Hubbard.

Ich hatte keine Ahnung – ich sah erst über 10 Jahre später, dass das der Wahnsinn schlechthin war.

Also wieder der Einsatz von den Rezepten, die du bereits angesprochen hast?

Da konnte man nicht so einfach „Nein" sagen - ich habe das viele Male auch bei anderen Scientologen beobachtet: Sie alle machten Dinge, die sie eigentlich nicht machen wollten. Und das kann kein Zufall sein, wenn man so agiert.

Wenn man von etwas überzeugt ist, dann wird man das machen, was darin enthalten ist.

Wenn man der Überzeugung ist, dass man sich diesen oder jenen Film ansehen möchte, dann wird man das tun. Oder hast du schon einmal gesehen, dass irgendwelche Kinobesucher gegen ihren Willen in einen Kinosaal geschleppt werden müssen; dass davor im Namen „des Herrn" gerauft wird?

Bei Scientology ist alles anders. Wenn jemand dort einen Kurs macht, dann schließt er ihn irgendwann einmal ab – und macht lustigerweise freiwillig nicht den nächsten Kurs.

Da muss er wieder „überzeugt" werden, das zu tun. Er hat eine ganz andere Idee – und dann wird wieder „gerauft", argumentiert usw.

Wieso ist das so?

Ich weiß es nicht – zumindest nicht objektiv. Bis auf wenige Ausnahmen habe ich das über all die Jahre immer beobachten können: Scientologen machen etwas, brauchen zumeist dabei auch „Druck" und machen freiwillig ganz selten den nächsten Schritt. Da bedarf es wieder der Stiefelspitze, die sich dann auch ganz schnell in den Allerwertesten bohrt. Das ist das, was ich meinte, als ich dir anfangs einige der „Zutaten" von Hubbard schilderte.

Sind Scientologen masochistisch veranlagt?

Es sieht manchmal direkt so aus – aber man „blutet" ja für Hubbard und das „Ziel" eines geklärten Planeten. Es ist verrückt, aber es ist so – ich konnte es bei mir beobachten und ich sah es bei sehr vielen anderen Menschen.

Oder was glaubst du, warum es das Kölner Verwaltungsgericht erst im heurigen Herbst 2004 nachdrücklich für richtig befunden hat, dass der Verfassungsschutz Scientology beobachtet?

In einer Pressemitteilung erklärt das Gericht:

> „Aus einer Vielzahl von – teilweise nicht öffentlich zugänglichen – Quellen ergäbe sich, dass wesentliche Grund- und Menschrechte, wie z.B. die Menschenwürde, das Recht auf freie Entfaltung der Persönlichkeit und das Recht auf Gleichbehandlung außer Kraft gesetzt oder eingeschränkt werden sollten. Zudem strebe Scientology eine Gesellschaft ohne allgemeine und gleiche Wahlen an. Diese verfassungsfeindlichen Zielsetzungen rechtfertigen die Beobachtung durch den Verfassungsschutz auch heute noch."[29]

Und was schließt du daraus?

Es gab und gibt Druck – und jetzt die Frage: Inwieweit ist das gegen wesentliche Grund- und Menschrechte, wie z.B. die Menschenwürde, das Recht auf freie Entfaltung der Persönlichkeit und das Recht auf Gleichbehandlung?

Es gab und gibt eine Fülle von Rezepten von Hubbard, die man als menschenverachtend einstufen kann – inwieweit ist das gegen wesentliche Grund- und Menschrechte?

Es gibt das Kochbuch - eigentlich ja eine Bibliothek - mit teilweise abenteuerlichen, wilden und menschenverachtenden Theorien; was ja noch harmlos wäre, wenn man nicht versuchen würde, damit auch gleich die Menschheit zu beglücken.

Und wieder: Inwieweit ist das, was Scientology macht, gegen wesentliche Grund- und Menschrechte? Die Antwort würde immer gleich ausfallen. In dieser Antwort würden sich immer Verletzungen der Menschenwürde, Verletzung des Rechtes auf freie Entfaltung der Persönlichkeit oder das Recht auf Gleichbehandlung finden.

Aber lass mich in meiner Lebensgeschichte fortfahren – und du kannst Beispiele dafür finden.

Ich war also in dieser Zeit – 1989 bis 1992 oder auch noch ein bisschen länger – mit der Agentur FHP beschäftigt. Alles geriet aus den Fugen. Ich war dabei, das Firmenschicksal der FHP-Agentur auseinander zu „klauben", ich wurde von der IAS offenen Auges in ein noch größeres Finanzdebakel manövriert und habe trotzdem noch versucht, zu retten, was zu retten ist. „Nebenbei" ging meine Ehe den Bach hinunter.

Ich habe rund um die Uhr daran gearbeitet – und stand letztendlich vor den Scherben dieser Bemühung; Als Draufgabe wurde ich einige Zeit später von einem Richter dafür zu 3 Monaten auf Bewährung verurteilt, da der Bankrott der FHP auch ein gerichtliches Nachspiel hatte.

Die Anklage hieß „Fahrlässige Krida" und ich war damals echt am Boden, da mit einem Fuß im Gefängnis, auch wenn das Urteil auf Bewährung lautete.

Das haben sich die ausgetretenen Mitglieder der FHP erspart?

Nicht wirklich. Nur im Rahmen der FHP-Agentur. Sie setzten ihr „Nachfolgeschiff" auch auf Grund und landeten ebenfalls vor dem Richter. Mittlerweile um einen weiteren Scientologen erweitert, bekamen sie auch zwischen einem und drei Monaten auf Bewährung.

Und wie gesagt: Das gibt es ja auch überall – dass man scheitert, eine fahrlässige Krida nachgewiesen und eine bewährte Gefängnisstrafe aufgebrummt bekommt.

Nur wie gibt es so etwas bei Scientologen, noch dazu bei so „hohen", die emsig das befolgten, was Hubbard in seinem Kochbuch festgelegt hat? Hans war „OT 8", das höchste Ziel eines Scientologen?

Und er war in bester Gesellschaft - auch hinter „Kult&Magie" standen zwei „OT 8", die verbrannte Erde hinterließen.

Auch jene Ingeborg S., die mich im Namen der IAS „spenden" ließ, hat diesen Status. Und diese Liste könnte man noch eine ziemliche Weile fortsetzen.

Wird man vielleicht kriminell, je höher man Hubbards „Brücke" hinaufklettert und sich mit einem weißen Hut auf dem Kopf auf der sicheren Seite fühlt?

Keine Ahnung – ich kenne nur einige, die durchaus so einzustufen sind. Aber wenn man sich das Hubbardsche Gedankengebäude ansieht, steigt die Wahrscheinlichkeit.

Scientologen sehen ihr eigenes Rechtssystem, das Hubbard natürlich eingerichtet hat, und die „Ethik-Gesetze" von Hubbard als den Spielraum ihrer Tätigkeiten an.

Scientologen ist es ja verboten, einen anderen Scientologen einfach zu verklagen.

Und was da den Stempel „OK" erhält, ist auf jeden Fall OK.

Wie konnte sich sonst Erwin A., einer der beiden OT 8's und Initiatoren von „Kult&Magie", noch eine ganze Weile in den USA in scientologischen Kreisen bewegen, um dann erst dort aufgrund weiterer „Tätigkeiten" hinausgeworfen zu werden?

Mir kommt das manchmal wie ein „Abheben" vor der Wirklichkeit vor – was ich auch bei mir feststellen musste und muss.

Aber damals, Anfang der 90er-Jahre, kämpfte ich nur meinen Kampf gegen irgendwelche Windmühlen und war sehr blind.

Denn was machte ich 1993?

Was?

Ich engagierte mich wieder verstärkt in der Wiener Organisation von Scientology!

Eigentlich die Perversität pur: Ich blickte hinten und vorne immer weniger durch, die Probleme wuchsen mir über den Kopf – und was machte ich?

Ich wurde wieder in Scientology aktiv, während ich eigentlich die richtigen Antworten suchen sollte.

Was hat dich dazu veranlasst?

Die Wiener Organisation schrumpfte friedlich vor sich hin – das konnte ich bemerken, wenn ich hin und wieder vorbei kam.

Es gab damals auch einige „interessante" leitende Direktorinnen und Direktoren - einer saß gleich mehrere Monate im Gefängnis, da er seine Alimente nicht bezahlt hatte. Und dann ging es wie bei den 10 kleinen Negerlein – es wurden immer weniger und irgendwann „räumte" das Finanzamt die Organisation aus, da sie Steuerschulden hatte und nicht bezahlte.

Dann brannte das Dach lichterloh und die Zentrale in Kopenhagen schickte wieder einmal eine „Mission" in Form von 4 Personen. Zwei von ihnen sollten den Laden übernehmen, um ihn derart zu retten – sie retten ihn bis heute.

Und wie kamst du ins Spiel?

Ich sah das Feuer – und half zu „löschen". Und nachdem es einerseits wenige gab, die das taten und anderseits mein „Geschick" bemerkt wurde, blieb ich gleich.

Wurdest du Mitarbeiter?

Nein, das Traumatische meiner Zeit verhinderte das erfolgreich. Aber ich half mit, war sehr viel da – und irgendwo eine Art „Ehren-Mitarbeiter". Ich sonnte mich im Ruhm – und schaufelte weiter emsig an meinem Grab.

Zwei der vier Personen fuhren bald wieder – und es gab eine Menge zu tun, da die Rezepte von Herrn Hubbard ja auch umgesetzt werden sollten. Ich saß wieder in der Chefetage und konnte meine „Fähigkeiten" unter Beweis stellen.

Aber bist du da nicht vor deinen Problemen weggelaufen?

Ja – und dabei hätten diese mich mehr als nur gebraucht. Mittlerweile war ja auch in meiner Ehe einiges geschehen – und das wollte ich überhaupt nicht wahrhaben und schon gar nicht lösen.

Wie das?

Ich bin nach dem völligen Zusammenbruch der FHP-Agentur zurück in den 7. Bezirk gezogen, nachdem ich kurzfristig im 3. Bezirk logiert habe. Danach habe ich das Unternehmen gesund geschrumpft, indem ich wieder bei meiner Ein-Mann-Show ansetzte, die ja schon einmal funktioniert hat.

Und dann habe ich eine außereheliche Affäre mit Karin begonnen, die noch dazu die Frau meines besten Freundes war. Das zog sich fast über ein Jahr hin.

Sehr vornehm ausgedrückt.

Ich weiß.

War dein Vorgehen nicht auch menschenverachtend?

Ja. Gefühle oder Verantwortung waren nicht vorgesehen - und ich hatte auch keine Idee, wie man mit Gefühlen umgeht. Ich konnte gar nicht richtig nachempfinden, was dies für meine damalige Frau und vor allem meine Kinder bedeutete. Ich sah nur die Trauer meiner mittlerweile 3 Söhne – und sah die Sprachlosigkeit meiner Frau.

Wenn ein Erwachsener gerne „Geisterbahn" fährt – bitte schön. Aber warum zwingt man seine Kinder mitzufahren?

Ich weiß - ich kann nur mehr versuchen, meinen Kindern in Zukunft der Vater zu sein, den ein Kind braucht.

Deine Kinder waren ja auch im „Kreativ College" ...

Ja, einer Scientologen-Schule. Das ist ein weiteres Kapitel, wenn es chronologisch auch schon früher begann. Die „Idee" hatte Margit S., selbstverständlich auch „OT 8": *„Die öffentlichen Schulen sind ein Wahnsinn – dort wurde man nur verbogen, entwertet und lernte nichts usw."* Also sollte eine Schule, die auf dem Kochbuch Hubbards aufgebaut war, Abhilfe schaffen.

Anfang der 90er-Jahre wurde dieses „Kreativ College" gegründet. Mein ältester Sohn besuchte dort die Volksschule, sein jüngerer Bruder den Kindergarten. Und auch hier glaubte ich wieder den Versprechungen, dass Hubbards „Lerntechnik" das Non-Plus-Ultra waren etc. Es war zwar „sauteuer", aber, wie ich glaubte, gut – im Monat zahlte ich pro Kind rund 400 Euro.

War alles am Kreativ College schlecht?

Aber nein – viele der Mitarbeiterinnen waren durchaus engagiert, bemüht und liebevoll im Umgang mit Kindern. Ein Nachteil war es auf jeden Fall, dass fast alle von ihnen Scientologinnen waren.

Was ist daran schlecht?

Nochmals: Jede von ihnen hatte das Kochbuch Hubbards mehr oder weniger verinnerlicht, es gab sogar ehemalige Seeorganisations-Mitglieder oder Organisations-Mitarbeiterinnen unter ihnen. Und dann glaubst du, dass sie alles vergessen, wenn sie eine Klasse betreten? Das glaube ich nicht.

Und wenn ich mir das „Endergebnis" bei meinen Kindern nach 6 Jahren in dieser Schule ansehe – glaube ich es noch weniger.

Wie sah das aus?

Mein ältester Sohn wechselte nach dem Ende der 2. Klasse Hauptschule in ein Realgymnasium. Dort musste er eine Nachprüfung in Geschichte machen, um derart für die 3. Klasse zugelassen zu werden. Die prüfende Professorin gab sich alle Mühe, baute ihm „goldene Brücken" – nur es kamen keine brauchbaren Antworten heraus und er musste die 2. Klasse wiederholen.

Das könnte ja überall vorkommen?

Ich weiß schon, dass das an und für sich nichts besonders ist – aber vergiss den scientologischen Anspruch nicht: Hubbards Technologien können ja nach Eigenaussage nicht versagen.

Allein, was diesem 12-jährigen Kind damit angetan wurde, steht noch um Lichtjahre darüber; diese „Kerbe" war nicht nur schmerzhaft, sondern stellte eine erste Zäsur in seinem jungen Leben dar.

Eine Art „geraubter Zukunft"?

Ja – und seinem Bruder erging es nicht besser. Er musste in der Volksschule eine Klasse wiederholen, da die Direktorin sah, dass er nicht das Niveau einer 4. Klasse Volksschule hat – also machte der die 3. Volksschulklasse noch einmal.

Wenn man mich als Idioten oder sonst etwas bezeichnen würde, könnte ich damit leben – aber meinen Kindern wurde damit etwas angetan, das sie ihr Leben lang begleiten wird.

Bei diesem Thema werde ich noch heute wütend – und wenn ich dann noch bedenke, dass diese 6 Jahre für meine beiden Söhne rund 40.000 Euro gekostet haben, werde ich noch wütender.

Mein jüngster Sohn kam dann auch noch dazu – allerdings besuchte er dort nur den Kindergarten und wechselte dann in eine öffentliche Schule. Er ersparte sich das Schicksal seiner Brüder.

Und wie war das mit anderen Kindern?

Ähnlich. Wie ich hörte, gab es mit ein oder zwei Ausnahmen niemanden, der problemlos in eine öffentliche Schule gewechselt ist. Erinnere dich an das Urteil des Verwaltungsgerichtes zurück:

> „Aus einer Vielzahl – teilweise nicht öffentlich zugänglichen – Quellen ergäbe sich, dass wesentliche Grund- und Menschrechte, wie z.B. die Menschenwürde, das Recht auf freie Entfaltung der Persönlichkeit und das Recht auf Gleichbehandlung außer Kraft gesetzt oder eingeschränkt werden sollten."[29]

Öffentliche Schulen haben auch eine Menge an Problemen und sind sicher kein Garant für etwas – aber sind scientologische Schulen nicht vielleicht noch um vieles schädlicher, müssen es sogar sein, wenn sie auf den Lehren Hubbards aufbauen?

Schau dir die Ergebnisse an – und lass sie für sich sprechen.

Sind meine Söhne Idioten – oder wurden sie zu Idioten gemacht?

Mein ältester Sohn hat mittlerweile maturiert und ihm wird von seinen Professoren eher Gegenteiliges attestiert - es sind 8 Jahre seitdem vergangen.

Sind so viele Fälle eher ein Zufall oder vielleicht System?

Versuche dir einmal diese Fragen zu beantworten. Oder stoßen wir auch da wieder auf das ewige alte Thema „Angst" bzw. das Machen von Angst?

Das Perfide ist, dass da Kinder zum „Handkuss" kommen – Kinder, die vertrauen; nicht so sehr Hubbard, aber viel mehr ihren Eltern. Und die „gute" Suppe dann auslöffeln müssen. Das ist es, was ich meine.

Hast du das erkannt und die „Notbremse" gezogen?

Ich habe damals wieder nichts erkannt – der Grund, dass ich meine Kinder 1996 aus dem „Kreativ College" nahm, bestand einfach darin, dass es ganz einfach zu teuer war und ich mir das nicht mehr leisten konnte. Erst viel später – genau nach 2002 – habe ich damit begonnen, es auch zu erkennen.

Damals war ich nur aufgrund der Tatsache schockiert, dass meine Söhne eine Klasse wiederholen mussten und ich wusste, was das für Kinder bedeutet – aber ich habe noch immer nicht erkannt, was wirklich dahinter stand.

Was wurde aus dem Kreativ College?

Es endete so, wie scientologische „Anstrengungen" oft enden: Es wurde geschlossen, da schlicht und ergreifend keine Geld da war, um es weiter zu betreiben – und das bei 400 Euro „Schulgebühr" pro Kind. Aber das was an Schaden angerichtet werden konnte, wurde bereits „getan".

Was wurde aus Margit S., der „Chefin" der Schule?

Sie war auch zuvor schon „Chefin" bei einer der beiden Wiener Scientology-Organisation, die mittlerweile im 10. Bezirk logiert, und wird auch jetzt wieder irgendeine Art von „Chefin" sein – denn sie war und ist ja „OT 8".

Das Thema „OT" kommt ja immer wieder auf – was sind diese „OT"-Stufen"? Sind das jetzt „Übermenschen", oder haben die auch nur eine Mogelpackung gekauft?

OK, kurzer „Sidestep" – und bitte, schnall dich an: Was jetzt kommt ist der Hammer pur. Als ich den Inhalt dieser „OT-Stufen" das erste Mal las, konnte ich eine ganze Weile nicht glauben, was ich sah. Noch weniger konnte ich glauben, dass viele Menschen, die ich Jahrzehnte lang kannte, diese „Stufen" gemacht haben - u.a. meine ehemalige Frau.

Man muss eines vorausschicken: Es gibt in Scientology eine Menge Geheimnisse - und das „geheimste Geheimnis" sind ganz sicher diese OT-Stufen.

Jedes Mitglied wird gewarnt, einen Blick darauf zu werfen – man könne beim Anblick der Inhalte „verbrennen" und wenn man Pech hat, sogar sterben. Auch deren „Erfinder", L. Ron Hubbard, berichtete, dass er fast gestorben wäre, als er sie erfunden hatte.

Diese Stufen macht man in den „Advanced Organisations" und studiert die Unterlagen in Abteilungen, zu denen sonst niemand Zutritt hat. Ein eigenes Wachpersonal stellt sicher, dass niemand dieses geheime Refugium betritt.

Und keiner der Absolventen darf darüber reden, was er da so getrieben hat – ich war jahrelang mit Christiane verheiratet, sie war „OT 4", ich nicht, aber sie hat mir nie erzählt, was da abgelaufen war. Nur: Dass sie einen Lachkrampf bekommen hatte, als sie die OT 3-Materialien geöffnet hat.

Erst nach meinem Austritt im Jahr 2002 wagte ich es, diesen überfälligen Blick zu werfen. Und letztendlich erging es mir wie meiner Ex-Frau: Ich musste einfach schallend lachen.

Ohne irgend jemand nahe treten zu wollen – jedermann kann schließlich glauben, was er möchte -, stellte sich mir nach dem Studium dieser „Stufen" nur eine einzige Frage: Für wie blöd hält Herr Hubbard die Menschheit?

Du hast aber auch jahrelang daran geglaubt – oder?

Ja – 28 Jahre lang war es mein Ziel, diese Stufen zu machen.

Aber jetzt „Vorhang auf und Bühne frei" und zu den Details dieser nicht einmal besonders originellen „Space Opera":

Da finden wir einmal „OT 1" - das ist quasi der Einstieg, relativ billig, sowie in kurzer Zeit zu absolvieren.

Man beobachtet sehr vereinfacht ausgedrückt sich selbst, seine Beziehungen im Allgemeinen oder zur Gesellschaft und natürlich der materiellen Umwelt.

Dazu einige „Gebrauchsanweisungen" von Hubbard und schon bewegt sich etwas – die Hauptanweisung lautet der Einfachheit halber: *„Spot a person"* – *„Entdecke eine Person"*.

Dann folgt „Stufe 2". Die ist bereits um einiges umfangreicher als „OT 1" und beschäftigt sich bereits mit den verschiedensten „Vorfällen", die man angeblich in den letzten Milliarden Jahren erlebt hat. Auch hier wieder der bei Scientology übliche Vorgang: 1 Milliarde Jahre ist viel praktischer als Vorgestern, das doch sehr konkret werden kann. Alles andere lässt sich wunderbar erfinden – und praktischerweise nicht nachweisen.

Hubbard gab dazu einen „Katalog" heraus, der über 300 sogenannte „Signalwörter" beinhaltet und auch gleich eine ganze Liste mit verschiedenen „Geschehnissen", sodass man nicht gezwungenermaßen in der letzten Milliarde Jahre herumsuchen musste, um irgend etwas zu finden. Darin finden sich dann so sinnige Dinge, wie z.B. „Ein Pfeilschuss durch einen hindurch, im All", „Bärenziele", „Hellatrobus-Einpflanzungen", „G-Fuß-Einpflanzungen" oder „Frachtguteinpflanzungen".

Und da hatte man schon eine Weile zu tun, um da ruhigen Fußes durchzuwandern. Nebenbei bekam man wieder in bester Scientologymanier vermittelt, dass man nach Beendigung dieser Stufe zukünftig nie mehr mit Kriegen, Prostitution und Völkerwanderung zu tun haben würde. Ist doch schön, oder?

Also sei mir bitte nicht böse, aber das kann ich einfach nicht glauben. Dagegen ist ja jeder Science-Fiction-Roman fast eine nüchterne Abhandlung.

Das kann ich sehr gut verstehen – aber es ist so. Also weiter: Wenn man seine „Hellatrobus-Einpflanzungen" oder was auch immer abgehandelt hatte, durfte man als „Belohnung" auf die „Stufe 3" wechseln – und jetzt geht es erst richtig los.

Das Drehbuch der ersten beiden Stufen ist vielleicht noch irgendwie nachvollziehbar, aber jetzt griff Hubbard richtig tief in die Trickkiste - jetzt wurde der Vorhang zur „Space-Opera" ganz weit aufgemacht.

Hubbard baut „Spannung" auf und beschreibt, wie es zwei „Ereignisse" waren, welche die Menschheit erleben musste, und die jetzt auf der „Stufe 3" behandelt werden sollen.

Das erste Geschehnis stand – eh klar – am Anfang der von Scientology gepredigten „Zeitspur" und ereignete sich vor 4 Milliarden Jahren.

Was ist eine „Zeitspur"?

Stell dir eine Linie vor, die rückwärts geht, bei deiner Geburt nicht aufhört und endlos weitergeht – so eine Art „ewiger Film"

Weiter mit „Stufe 3": Da anno dazumal jeder mit von der Partie war, betrifft es praktischerweise auch jedermann – praktisch für Hubbard, da das ein Verkaufsargument schlechthin ist und auch das Argument „Das brauche ich nicht" flach fallen lässt – man war ja laut Hubbard dabei.

Aber jetzt Spaß beiseite und zur Geschichte, die wie folgt erzählt wird: Ein Cherub steigt unter lautem Knall und hellstem Licht von seinem Triumphwagen und bläst ins Horn. Es knallt immer wieder und irgendwann bläst der Cherub zum Rückzug und zieht sich zurück. Und damit der „Betrachter" auch etwas davon hat, wird er mit schwarzer Masse bedacht und wird auch gleich im Rudel, als „Thetantraube" oder „Thetan-Cluster" verpackt, verpickt oder sonst etwas.

Es tut mir wirklich leid, aber ich kann das maximal gelten lassen, wenn du mir sagst, dass das irgendein „Wochenroman" ist, aber keine Grundlage für etwas, das sich selbst als Religion oder Kirche bezeichnet.

Was soll ich tun: Es ist so. Und Ereignis 2 legt noch eines drauf: Es geschah vor geradezu freundlichen 75 Millionen Jahren und dauerte dafür 35 Tage. „Fürst Xenu" trat auf den Plan und löste das Überbevölkerungsproblem auf seinen über 70 Planeten äußerst „wirkungsvoll". Zuerst einmal durch Massengehirnwäsche, dann durch Erschießung und letztendlich dadurch, dass die gerade Erschossenen in Eiswürfel verpackt wurden und auf der schönen Erde in diversen Vulkanen abgeladen wurden. Damit das Ganze abgerundet wurde, warf Xenu ein paar Atombomben auf die Vulkane.

Ist ja fast „klar" – wenn man erschossen und danach in einen Eiswürfel verpackt wird, besteht höchste Fluchtgefahr und Xenu hätte wiederum das Problem der Überbevölkerung am Hals gehabt.

Und natürlich gab es noch jede Menge magnetische Wellen, Masseneinpflanzungen und schlussendlich „Bündelpackungen" und „Thetan-Cluster". Und dann wird noch von wild gewordenen „Body-Thetanen" gesprochen, die einem im Hier und Jetzt nerven können, und so weiter und so fort.

Und die müssen „bearbeitet" – sprich: auditiert – werden, damit man sich von ihnen befreien kann. Und da hatte man wirklich eine Menge zu tun; mir sind Fälle bekannt, wo jemand Monate lang diesen wilden „Bodythetanen" zu Leibe rückte.

Alles klar soweit?

> *Ja – was soll ich sonst sagen? Was sind „Body-Thetane" usw.,
> damit ich mich wenigstens mit einer halbwegs sinnvollen Frage
> über das eben gehörte „rette"?*

Durch Erschießung, Atomexplosion und was auch immer, wurden die „Thetane" so durcheinander gewirbelt, dass kaum noch wer wusste, wer er war – ist doch klar, oder?

Und heutzutage ist man daher nicht mehr „alleine" – du glaubst, dass du mir gegenüber sitzt, dabei bist du voller „Body-Thetane", die seit 75 Millionen Jahre versuchen, herauszufinden, wer oder was sie sind.

> *Hör bitte auf, mich zu verarschen!*

Und damit hat Hubbard jedem Scientologen ordentlich etwas zu tun gegeben.

Aber jetzt Spaß, und was auch immer, beiseite: Hubbard war ja Science-Fiction-Autor, also erzählte er die Geschichte weiter. „Fürst Xenu" wurde natürlich gestürzt – die Galaktische Raumpatrouille schlug erbarmungslos zu und zum Glück war auch Herr Hubbard seinerzeit unter den tapferen Offizieren. Also, Xenu wird gefangen genommen und in einer elektronisch gesicherten Kiste in den Rocky Mountains versenkt, die scheinbar auch schon vor 75 Millionen Jahren bekannt und beliebt waren.

Hubbard dürfte daraus auch gleich ein „Modell" für sein Elite-Korps, der „Seeorganisation", abgleitet haben. Deren Motto ist ja: *„Wir kehren zurück".*

Soweit die wilde Story dieser Stufe – und damit man auch gleich weiß, was da auf einen zukommt, wird einem versichert, dass man damit am „Ursprung" angelangt ist - was immer das bedeuten mag.

Berichtet wird auch, dass Hubbard gerade im Mittelmeer herumtuckerte, als er diese Stufe verfasste, und er nach deren „Erforschung" ein gebrochenes Bein und einen gleichfalls gebrochenen Arm hatte; daher vielleicht das Verbot, einen frühzeitigen Blick auf dieses Thema zu werfen – diese Sorge ist doch richtig rührend?

Wobei die Frage unbeantwortet bleiben wird, ob sich Herr Hubbard nicht Arm und Bein gebrochen hat, als er auf dem Weg in die Kombüse unglücklich stürzte. Aber fragen wird man ja noch dürfen – oder?

> *Da fällt mir nur Helmut Qualtingers Spruch ein: Wenn mich das Reisebüro nicht vermittelt hätte ...*

Tja, so ist das Leben – und es gab und gibt eine Menge Menschen, die sich derartiges nicht nur gerne anhören, sondern auch noch eine ganze Menge Geld dafür abdrücken – u.a. ich selbst, auch wenn ich mir diese „Stufen" entgehen ließ.

Aber mir brachte der Anblick dieser „Space Opera" eine Gewissheit: Es passiert gar nichts, wenn man sich diesen „Stoff" vor Augen führt. Den größten Gefahrenmoment erlebte ich, als ich vor Lachen aus meinem Sessel fiel und dabei unglücklich aufprallte.

> *Also kann man jedem Scientologen nur empfehlen, sehr schnell einen Blick auf dieses „Geheimmaterial" zu werfen – vielleicht gehen ihm dann die Augen auf?*

Ja. Gehen wir jetzt zur „Stufe 4", und da wird es ruhiger, nachdem es auf „Stufe 3" wirklich rund gegangen war.

Kurz und schmerzlos wird die Auswirkung von Alkohol und anderen Drogen auf sich, seinen „Body-Thetanen" oder wen auch immer, behandelt.

Da gibt es wieder die üblichen Vorgaben und irgendwann ist die Liste aus und man ist fertig und „ready to go" für die nächste Stufe.

> *Ist ja fast „menschenfreundlich" ...*

... und vergleichsweise billig: Man muss nur ungefähr 6.000 Euro dafür berappen.

Und dafür muss man sie auch nicht „alleine", wie die Stufen 1 bis 3, absolvieren.

Was ist das jetzt wieder?

Um diese „OT-Stufen" machen zu können, muss man zuvor ein sogenannter „Solo-Auditor" werden. War man zuvor immer zu zweit, der eine ist der Auditor und der andere der Preclear, ist man jetzt beides in einer Person.

Vielleicht hätte man sich vor Lachen nicht mehr halten können, wenn man zu zweit gewesen wäre? Lachen soll ja ansteckend sein.

Durchaus möglich – aber die ersten 3 Stufen kann man nur so absolvieren. Erst auf Stufe 4 ist man wieder zu zweit. Und wenn man damit fertig ist, geht es hurtig auf „Stufe 5".

Diese Stufe ähnelt „OT 3", wird aber ebenfalls nicht alleine, sondern mit einem Auditor absolviert und beschäftigt sich wieder mit den bereits bekannten „Body-Thetanen" und „Thetan-Clustern", nur diesmal mit jener Spezies, die auf Stufe 3 nicht mehr „angetroffen" wurden. Das heißt übersetzt, dass die „Bodythetane" nicht nur wild, sondern auch selbst schon ziemlich „im Eck" sein konnten, herumschliefen und einfach nur an einem herumhingen.

Aber dank Hubbard kann einem auch dabei „geholfen" werden.

Konkret „hilft" einem der Auditor, indem er Fragen wie z.B. „Gibt es einen Body-Thetan oder -Cluster, der von einem Familienmitglied zu einem anderen transferiert wurde?" oder „Gibt es einen Body-Thetan oder -Cluster, der etwas auf OT 3 missverstanden hat?" bearbeitet.

Klar ist auch, dass diese Art von Auditing eine Menge Geld kosten muss: 1999 kosteten 12,5 Stunden rund 6.000 Euro; und man kann eine ganze Menge dieser sogenannten „Intensive" benötigen. Und das geht ins Geld.

Aber dafür hat man danach die „Flugerlaubnis" von Scientology – man ist, so Herr Hubbard, stabil aus seinem Körper „heraußen" und strahlt friedlich vor sich hin.

Hier wird „Superman" geboren - oder?.

Aus meiner persönlichen Erfahrung – ich habe ja in der Vergangenheit eine Menge dieser Leute kennen gelernt – ist mir dies allerdings nicht aufgefallen.

Und dann kommt die „Stufe 6" – richtig?

Völlig - und das ist der ruhigste Teil dieser Stufen - reine Theorie, die man aber für die nächste Stufe benötigt: Denn jetzt musste man das - auf Stufe 5 begonnene - alleine fertig machen.

Warum eigentlich?

Keine Ahnung – aber es geht wieder einmal um die bereits bekannten „Body-Thetane" und „Thetan-Cluster" und dabei um die allerresistentesten ihrer Art. Und auf Stufe 6 wird man darauf trainiert, das auf Stufe 7 dann zu schaffen.

Ich rieche so richtig den Schweiß, der dabei ganz sicher vergossen wird.

Wenn man Stufe 6 geschafft hat, ist man endlich am eigentlichen Höhepunkt angelangt: der Stufe 7. Da diese lange dauert, absolviert man sie der Einfachheit halber zu Hause und muss nur immer wieder nach Florida fliegen, da diese Stufe – wie Stufe 6 – nur dort angeboten wird. Sozusagen exklusiv im Scientology-Hauptquartier Flag. Und das kann ins Geld gehen – Flüge sind ja ganz günstig geworden, aber „Scientology-Dienstleistungen" nicht unbedingt.

Wenn man da ein sogenanntes „Intensiv" braucht, kann das schon 8.000 Euro und mehr kosten. Es gibt darüber hinaus eine Menge an Anweisungen – man hat also alle Hände voll zu tun.

Interessant war auch, wenn ich in der Vergangenheit sah, wie wichtig einem Absolventen dieser Stufe jene Unterlagen waren, die er halbjährlich in Florida vorzuweisen hatte: Gerald P. war mehr um diese besorgt, als um den Umstand, dass die Steuerfahnder diese eigentlich überhaupt nicht im Visier hatten, sondern lediglich die Buchhaltung seiner Firma. Aber nachdem Gerald P. sehen konnte, dass diese Unterlagen für niemand von Interesse waren, konnte er durchatmen.

Aber irgendwann wird man fertig damit, obwohl das durchaus Jahre dauern kann. Und dann kann man sich laut Hubbard sicher sein, dass man von allen „Bodythetanen" und „Thetan-Clustern" befreit ist.

Ist doch schön – oder?

Auch wenn es zynisch klingt: Ganz sicher ist man dann ärmer – sowohl finanziell als psychisch; denn das ist es, was ich in der Vergangenheit sehen konnte.

Mir reichen die „Body-Thetane" schön langsam.

Keine Angst, sie sind kein Thema mehr – denn jetzt kommt die „Stufe 8". Gibt es die Stufen 1 bis 5 in sogenannten Advanced Organisations, Stufe 6 und 7 nur in Flag/Florida, gibt es Stufe 8 nur auf einem Luxusschiff, das in der Karibik kreuzt: der „Free-winds".

Und da darf man das Thema „falscher Inkarnationen" abhandeln – danach hat man die Wahrheit enthüllt; das soll dabei nämlich herauskommen.

Das ist alles?

Im Großen und Ganzen: Ja.

John Atack schreibt in seinem Buch „A Piece of Blues Sky":

> „Es wird behauptet dass auf OT8 Scientologen gelehrt wird, dass sie in parallelen Universen existieren und dass sie angehalten werden, die Verbindung zu ihrem parallelen Selbst abzubrechen. Zum Schluss soll der Scientologe Augenblicke seiner eigenen Erschaffung wiedererleben und jegliche verlorengegangenen Einzelheiten des Selbst entdecken. Angeblich fährt dies zu einer beträchtlichen Gotteserkenntnis. Ehemalige, die diesen Unsinn durchgestanden haben, behaupten, dass die gewünschte Erkenntnis beinhaltet, dass Hubbard alle Lebewesen im Universum erschaffen hat. Ein durchgesickertes OT8-Bulletin, dessen Echtheit nicht feststeht, behauptet, Hubbard sei tatsächlich der Antichrist."[30]

Das Einzige, was ich nach so etwas noch weiß: Das Wetter ist in der Karibik meistens schön. Und wenn nicht gerade ein Wirbelsturm seine Runden dreht, sollte zumindest eine Wahrheit auf jeden Fall enthüllt werden: Es gibt dort wunderbare Sandstrände und ein kristallblaues Meer, auf dem selbst die „Freewinds" gar nicht groß aussieht.

Also, ich kann mir nur eines denken: „Gaga" – Devise: „Ich wollt' ich wär ein Huhn, da hätt' ich nicht viel zu tun."?

Nur darf man auch in diesem Fall nicht vergessen: Es sind Menschen – und das Lachen und Scherzen versiegt, wenn ich mir das vor Augen halte. Menschen, die irgendwann ganz normale, liebenswerte Menschen, mit ganz normalen Gefühlen, waren. Auch wenn sie es vielleicht schon vergessen haben – irgendwer erinnert sich sicher einmal daran.

Wenn ich mir diesen „Stoff" ansehe, taucht automatisch die Frage auf, was der „Erfinder" dieser Dinge war. Ich habe dich schon einmal danach gefragt. Aber auf so etwas kommt man ja nicht einfach so – oder?

Wie gesagt: Ich kenne Herrn Hubbard nicht persönlich. Ich weiß nur, was über ihn gesagt wird, und kenne das, was er oder wer auch immer geschrieben hat. Es gibt mittlerweile eine Menge Biografien, die das offizielle Scientology-Bild nicht nur konterkarieren, sondern mehr als nur tiefschwarz zeichnen. Darum kann ich dir diese Frage nicht aus meiner Erfahrung beantworten, sondern nur einige Quellen zitieren – du kannst dir dann selbst ein Bild machen:

„Die Beweise zeigen einen Menschen, der in Bezug auf seine Geschichte, seine Bildung und seine Leistungen geradezu ein krankhafter Lügner war. Die vorliegenden Schriften und Dokumente spiegeln seinen Egoismus, seine Gier, Habsucht, Machtgier, seine Rachsucht und Aggressivität gegenüber Personen, die er für unloyal oder feindselig hält." Der Richter am Obersten Gericht Kaliforniens, Beckenridge, über L. Ron Hubbard in einem Urteil aus dem Jahre 1984.[30]

„Wir haben hier ein paar neue Methoden, um Sklaven zu machen." L. Ron Hubbard, Philadelphia Doctorate Course, Vortrag 20, 1952.[30]

„Ich möchte eine Religion gründen. Dort liegt das Geld." L. Ron Hubbard an Lloyd Eshbach, 1949. Von Eshbach zitiert in „Over my Shoulder".[30]

„Sein (Hubbards – Anm. d. Red.) Interesse an Okkultismus führte auch zu einer kurzen Mitgliedschaft bei einer Rosenkreuzergruppe. Er erzählte einem Freund, dass er glaube, er werde von einem Schutzengel namens „Die Kaiserin" beschützt und wiederholte diese Behauptung einem Jünger gegenüber viele Jahre später. Im Jahre 1945 freundete sich Hubbard mit Jack Parsons an, dem Vorsteher der Loge des Ordo Templi Orientis von Aleister Crowley in Pasadena. Crowley gab sich selbst als „das Biest 666" aus, Diener des Antichristen, und befürwortete die Verwendung von süchtigmachenden Drogen und bizarren Sexualpraktiken. Jack Parsons war Chemiker und ein frühes Mitglied der Jet Propulsion Laboratorien in Kalifornien, seine Leidenschaft aber war die „Magick" (wie Crowley den Begriff neu buchstabierte). Hubbard und Parsons veranstalteten sexuelle Zeremonien, um eine Frau dazu zu bewegen, die Mutter von „Babalon" zu werden, der Verkörperung des Bösen. Die Affäre endete damit, dass Hubbard nicht nur mit Parsons Freundin Sarah, sondern auch mit dessen Geld verschwand. Hubbard heiratete Sarah Northrup in Bigamie und fing an, pathetische Briefe zu schreiben, in denen er eine Kriegsversehrtenrente beantragte. Im Oktober 1947, als er späteren Erzählungen zufolge sich selbst mit Hilfe von Dianetik „geheilt" hatte, gestand Hubbard in einem Brief an das Amt für Kriegsveterane Selbstmordneigungen und bat um psychiatrische Hilfe. Hubbard veranstaltete weiterhin Rituale in schwarzer Magie und fing an, Selbsthypnose zu verwenden. Er vertraute seinem Tagebuch hypnotische Bekräftigungen an wie „alle Menschen sind meine Sklaven". Seine persönlichen Papiere machen auch deutlich, dass er vorsätzlich kriegsbedingte Gebrechen vorgab, um so eine Rentenerhöhung beanspruchen zu können. Zu der Zeit war Hubbard bereits von Barbituraten abhängig, die ihm ursprünglich für sein Magengeschwür verschrieben worden waren. Sein Drogenkonsum ging auch während seiner Scientology-Karriere weiter."[30]

„In der Entscheidung, gegen die Church of Scientology of California bestätigte das Gericht 1989, dass Wollersheim's Vorwurf, er sei Gegenstand von „Fair Game" gewesen, wahr ist. Der Richter stellte fest: „Das Verhalten der Kirche war erwiesenermaßen unerhört. Indem sie ihre Position als religiöser Führer ausnutzte, nötigten die Kirche und ihre Vertreter Wollersheim dazu, das Auditing fortzusetzen, obwohl seine geistige Gesundheit durch die Praktik wiederholt bedroht war. Wollersheim wurde gezwungen, seine Frau und seine Familie durch die Richtlinie des „Abbrechens der

Verbindung" im Stich zu lassen. Als seine Geisteskrankheit eine solche Stufe erreicht hatte, dass er aktiv seinen Selbstmord plante, wurde ihm verboten, professionelle Hilfe in Anspruch zu nehmen."[30]

„Im Jahre 1992 wurde die Scientology Kirche für schuldig befunden, die ‚Toronto, Ontario und Königlich Kanadische Berittene Polizei' infiltriert zu haben, sowie die Büroräume der Revenue Canada, des Oberstaatsanwalts von Ontario und der Landesregierung. Tausende von Akten waren von Hubbards Spionagenetzwerk gestohlen worden."[30]

Hubbard war darüber hinaus nachweislich einige Male verheiratet, seine letzte Frau, Mary Sue Hubbard, war ja jahrelang „Chefin" des scientologischen Geheimdienstes „Guardian Office" gewesen und soll jetzt in der Umgebung von Los Angeles leben und an Krebs erkrankt sein.

Es gab und gibt auch einige Kinder aus den diversen Ehen – ein Kind von L. Ron Hubbard war Quentin. Insofern „war", da Quentin Selbstmord beging.

Um seiner zu gedenken, einige Worte seiner Webpage:

"Success...what success? My father insisted upon grooming me to take over the Church after him, while at the same time stunting my personal growth by alienating any friends I might make - especially if they were suspected of a romantic interest in me. My only means of escape became clear. I attempted suicide several times before I finally succeeded. That was my ‚Success in Scientology'."

Ergibt das ein Bild von L. Ron Hubbard?

Ja – völlig; das von ihm Geschriebene rundet das Bild jetzt logisch ab. Und als er 1986 starb – wer wurde nach im die Führungsfigur von Scientology?

David Miscavige wurde ein Art von „Vorstandsvorsitzender" und führt seitdem Scientology.

Was ist er für ein Mensch?

Ich kenne ihn auch nicht persönlich, weiß nur, dass er bei Scientology-Veranstaltungen in einer Marineuniform das Eine oder Andere von sich gibt und dass ohne ihn in Scientology nicht wirklich etwas geschieht.

Bei meinen Recherchen im Internet stieß ich auf die Seite „www. holysmoke.org/cos/miscavige-family.htm" und dabei fand ich die Aussage von Steven Fishman. Er sieht Miscavige als einerseits von Hubbard persönlich erzogenes Kind – wobei er Hubbard als Schwarzmagier und Antichrist bezeichnet. Andererseits zitiert er ein ehemaliges Kindermädchen von David Miscavige, die meinte, dass man nur Mitleid mit ihm haben sollte, da er von Beginn an eine fürchterliche Kindheit und ein fürchterliches Leben im Schatten Hubbards hatte. Für sie war sein Leben durch die Überdominanz Hubbards geformt.

Fishman schreibt weiter, dass die Schwester von Miscavige Selbstmord beging, während sie die Stufe 7 der „OT"-Stufen durchlief.

Weiters schreibt er, dass auch seine Schwiegermutter während dieser Stufen Selbstmord beging.

Über den Vater von David Miscavige erzählt er, dass dieser ebenfalls in der Seeorganisation ist und im Gefängnis saß.

Durchaus Parallelen zu Hubbards Familiengeschichte.

Zu diesem Schluss kommt Steven Fishman auch.

Aber kommen wir wieder zu dir und deiner Geschichte zurück. Du warst in den 90er-Jahren auf vier verschiedenen „Geleisen" unterwegs: Da war einmal jenes, das deine Kinder betraf. Dann war es deine Ehe an sich. Dann jenes, das deinen Beruf, FHP, WISE und das Ganze beinhaltete. Und dann waren es noch deine Aktivitäten in der Scientology-Organisation. Die erste haben wir ja schon angesprochen – wie lief deine Ehe?

Das kann man ganz einfach sagen: Bewaffnet mit Hubbards Kochbuch klammerten wir alles Gefühlsmäßige aus und administrierten unsere Ehe. Es war sicher nicht so, dass wir uns ständig Asche aufs Haupt streuten oder Messer irgendwo hin rammten – aber in Bezug auf die wirklichen Themen herrschte „Stille".

1994 bis 1998 sollte das anhalten – sowohl Christiane als auch ich waren übereingekommen, dass wir unser Leben „opfern" würden, um unseren Kindern derart ein Leben als intakte Familie zu geben.

Leben kam erst in diese „Eiszeit", als mir Christiane zu Silvester 1998 eröffnete, dass sie sich scheiden lassen wollte. Da brach ich zusammen, da sie damit unsere Vereinbarung nicht „einhielt", die beinhaltete, dass wir das Thema Scheidung erst wieder am 18. Geburtstag unseres kleinsten Sohnes besprechen würden – und der war erst 6 Jahre alt.

Dafür „bekam" ich zwei Monate danach Hoden-Krebs. Etwas, was ich überhaupt nicht einordnen konnte. Ich war ja „Clear" und hatte mich daher sicher gefühlt - und dann das.

Anstatt meinen Hodenkrebs vielleicht einmal näher zu betrachten oder einmal meine Eheprobleme anzuschauen, schritt ich ganz „scientologisch" zur Tat: Innerhalb von 3 Tagen war ein Hoden operativ entfernt und ich ging wieder zur Routine über.

Aber nun rollte das „Schicksal".

Nach einem London-Urlaub mit meinen älteren Söhnen fuhr Mag. Josef S., Scientologe und „Business Success"-Mitarbieter, mit meiner damalige Frau samt zweien unserer Kinder in unser Sommerquartier, das Haus meiner damaligen Schwiegermutter im Süden Bayerns.

Und dann kam das, was vielleicht kommen muss: Mit Abstand betrachtet ein klassischer ehelicher Seitensprung.

Ich hatte bis dahin ja immer noch nichts „geschnallt" – aber jetzt wurde eine weitere „Büchse der Pandora" geöffnet.

Wie könnte es noch wilder sein als das, was du bisher erlebt hast?

Bis dahin kannte ich zwei Arten von Schmerzen: Einerseits die, die ich erlitt und anderseits jene, die andere durch mich erlitten.

Was ich dann erlebte, war eine neue Dimension – jetzt wurde in meine Ehe eingegriffen, mit meinen Kindern als „Faustpfand".

Das verstehe ich überhaupt nicht.

Josef S. war nicht nur Magister, sondern auch davor mit der Schwester meiner Ex-Frau, Doro G., liiert gewesen. Man kannte sich also. An Christiane ging dieser Seitensprung nicht einfach vorüber, sie kam mit einem „Problem" zurück nach Wien – und damit hatten wir alle eines.

Was ja irgendwo normal ist bzw. wäre.

Aber nicht für einen Scientologen. Christiane ging es wirklich schlecht – sie litt seelische Qualen.

Und wie handelt ein „ordentlicher" Scientologe in so einem Fall?

Keine Ahnung?

Da Christiane ja „OT" war, konnte ihr Problem nur in England „behandelt" werden. Also machte ich das, was mir England empfahl – ich bezahlte 3 „Intensive" Auditing ein und sie fuhr in die „Advanced Organisation" nach Saint Hill in Sussex.

Sie absolvierte dort ein Auditing-Programm mit dem Namen „Falsche Absichten", schrieb einen der unvermeidlichen Gewinnberichte, in dem ich in lobendster Art erwähnt wurde, kam zurück – und legte jetzt wirklich los.

Sie hatte nun rund 3 Monate ein Verhältnis mit Josef S. – der mir in dieser Zeit blauäugig versicherte, dass er alles tun würde, nur sicher nie wieder etwas mit meiner Frau. Er war schließlich ein „Freund des Hauses", der regelmäßig bei uns und der „Busenfreund" meines 8-jährigen Sohnes, der ihn abgöttisch liebte, war.

Und als ich glaubte, alles erlebt zu haben, ging das Drama erst richtig los: Christiane gestand mit eines Tages, was wirklich ablief.

Josef S. begab sich blitzartig unter „Ethikschutz", arbeitete in einer der beiden Scientology-Organisationen in Wien die diversen Rezepte Hubbards durch und sah sonst wenig bis keinen Grund, weiteres zu tun. Christiane fiel in eine endgültige Agonie – plötzlich war auch das Wörtchen „Einpflanzung" aufgetaucht.

Standardfrage: Und was ist eine „Einpflanzung"?

Es ist aus Hubbards Kochbuch und die „Theorie" sieht so aus, dass ein „Böser" ...

... wie z.B. unser Fürst Xenu von der „OT-Stufe 3"?

Ja, der oder ein anderer, nichts ahnenden Menschen das eine oder andere „verabreicht", ohne dass diese das merken – sie reagieren dann ganz komisch. In meinem Fall war es so, dass angeblich Josef S. der „Böse" war und meine Ex-Frau mit einer „Einpflanzung" beglückt hatte.

Aus einem ganz normalen Seitensprung war plötzlich ein Anschlag auf den „Thetan" geworden – und die „Engländer" gaben meiner Ex-Frau völlig Recht. Wien wiederum gab Josef S. Recht, der seine Unschuld beteuerte, da er nicht der „Böse" sein wollte. Und damit konnte ein Drama beginnen, das fast ein Jahr dauerte.

Es ging dann ging hin und her, alle Register wurden gezogen – und meiner Ex-Frau ging es psychisch und physisch von Tag zu Tag schlechter. Zwecks „Hilfe" wurde ihr noch jede Menge an Auditing in England verabreicht – aber alles half nichts.

Ich folgte ihr unauffällig auf diesem Weg in den Keller, da sich derartiges ganz einfach aufs Gemüt schlagen musste – sogar wenn man, als Scientologe, gar keines hat.

Und während der Akt, der die vielen Schriftwechsel an Gott und die Welt enthielt, immer dicker wurde, saß ich eines Tages mit einer slowakischen Freundin in einer Pizzeria und sah mich mit der Frage konfrontiert, wie ich denn mein Leben sehe und ob ich darin auch eine Zukunft sehe.

Und da wusste ich, dass ich mich scheiden lassen musste – auch wenn es sich blöd anhört: ich musste.

Und wundersamer weise wurde alles schlagartig wieder lebendiger – auch Christiane wollte sich eigentlich scheiden lassen.

Vergessen waren die „Einpflanzungen" und sonstiger Nonsens – wir bastelten fast einträchtig an unserer Zukunft. Der Herbst des Jahres 2000 hat ein einziges Problem: Wie sagen wir es unseren Kindern.

Davor hatte sowohl sie, als auch ich, mehr als nur ein ungutes Gefühl. Und vor allem keine Idee. Sogar Weihnachten feierten wir noch gemeinsam – es fiel nicht auf, da wir nie eine besonders herzliche Ehe führten. Irgendwann haben wir es unseren Kindern gesagt - und wurden Anfang März 2001 geschieden.

Unsere Scheidung verlief durchaus harmonisch – ich wohnte ja nur ein paar Gassen von ihr und den Kindern entfernt und kam fast täglich vorbei. Wahrscheinlich haben mich meine Kinder mehr „gehabt" als all die Jahre zuvor.

Ich verstehe immer noch nicht ganz, was du als Drama verstandest?

Das Drama war das Hin- und Herargumentieren bezüglich der „Einpflanzungs"-Version. Die daraus entstandene Lagerbildung – beides selbstverständlich Scientology-Lager – umfasste immer mehr Personen, ohne dass deshalb Licht in die ganze Sache gekommen wäre. Wenn so etwas fast ein Jahr derart nah geschieht, dann ist Drama ein gelindes Wort.

Das ist so, wie wenn du in einem Auto sitzt, einmal Vollgas, dann Vollbremsung, dann Vollgas usw. geben würdest – stell dir einmal vor, wie man sich dabei fühlt?

Erst unser Scheidungsentschluss brachte „Ruhe" in dieses Thema.

Hättest du dich nicht scheiden lassen, wenn Scientology dabei keine Rolle gespielt hätte?

Das weiß ich nicht. Aber eines weiß ich ganz sicher: Ohne Scientology hätten Christiane und ich die Möglichkeit gehabt, über die Dinge, die zu einer Scheidung führen können, zu sprechen.

Man lässt sich ja nicht einfach nur scheiden, weil das Bild des Fernsehers an diesem Tag schlecht ist.

Womit das Kapitel deiner Ehe zu einem Ende ging – auch wenn sich das jetzt gefühllos anhören mag. Aber was passierte auf den anderen „Geleisen"?

Nehmen wir einmal meinen Beruf. Ende 1993 war ich wieder einmal unsanft auf der Erde gelandet – eigentlich zerschellt.

Ich kooperierte anfangs mit einer Werbeagentur, die nichts mit Scientology zu tun hat, und fasste wieder Fuß, verdiente Geld und konnte meine Familie ernähren.

Und dann – du kennst ja das Sprichwort "Wenn es dem Esel zu gut geht, geht er aufs Eis tanzen" – tauchte ich auch wirtschaftlich wieder in den Kosmos von Scientology ein.

Ich erhielt einen Anruf von meinem alten Freund Volker - wobei ich das nicht zynisch meine. Ich würde Volker als meinen Freund bezeichnen – nur dass wir beide mit dem „Makel" von Scientology herumliefen.

Dann begann 1995 meine Zusammenarbeit mit ihm und mit weiteren Scientologen in Hamburg – wobei wir nicht für Scientology arbeiteten, sondern für eine deutsche Versicherung, die absolut nichts mit Scientology zu tun hat - und auch nicht haben möchte. Aber auch dieser Auftrag ging irgendwann einmal zu Ende – und ich landete im Krankenhaus.

Wie das?

Es gibt keinen nachweisbaren Zusammenhang – wenn man sich nur ansieht, was geschehen ist, dann erlitt ich einfach einen sogenannten „Lungenplatzer", d.h. mein rechter Lungenflügel gab seinen Geist auf und musste operativ wieder davon überzeugt werden, normal zu arbeiten. Rein von meinem Gefühl her, wurde die Energie dieses Hamburger Auftrages immer unerträglicher. Wir konnten nicht direkt mit dieser Versicherung arbeiten, da Karl, der eigentliche Auftragnehmer, Scientologe war. Er ist Maler und eigentlich bei den Menschen dieser Versicherung beliebt – also wurde das Ganze über die „Bande" gespielt.

Und was heißt das jetzt wieder?

Auftragnehmer war ein unauffälliger Mann, der auch zu den Bewunderern und Sammlern von Karl zählte. Aber irgend etwas „stinkte" gewaltig - und das war diese „schlechte Enegie", die ich gemeint habe.

Das deutsche Abenteuer war dann vorbei und ich musste mich wieder in Österreich orientieren. Und da ging ich eine Kooperation mit einer Scientologin ein, die einerseits eine Werbeagentur hat und andererseits Direktorin für spezielle Angelegenheiten ist: Angelika T. Wiederum das gleiche Phänomen: Menschlich durchaus in Ordnung, aber dann gab es den „Faktor" Scientology und der drängte alles andere mehr und mehr in den Hintergrund.

Was durchaus als Freundschaft begann, wurde immer mehr zu einer Feindschaft – mittlerweile bin ich aus Sicht von Scientology in Wien das „Feindbild" schlechthin.

Aber betrachten wir es chronologisch: Wir arbeiteten zusammen, ihr Mann stieg dann auch noch ein und das Ganze begann irgendwie zu laufen, wenngleich immer wieder holpernd, da wir die vielen Rezepte von Hubbard unterbringen mussten und das zunehmend störend wurde. Das war so in den Jahren 1996/97.

Ich arbeitete aber nicht nur mit ihr, sondern auch mit und für Unternehmen, die nichts mit Scientology zu tun hatten.

Hast du das eigentlich „vermischt" und diese Unternehmen über Scientology aufgeklärt oder sie geworben?

Ich persönlich nie – ich habe das immer ganz scharf getrennt. Ich sah Scientology als meine Privatsache – und habe meinen Beruf nie damit verquickt.

Ich weiß, dass der Koch das anders sieht – und wünscht. Pavol „Pauli" T., mit dem ich 1992 oder 93 einen Job in der Slowakei zusammen gemacht habe, hat mich einmal gefragt, warum ich ihm nie über Scientology erzählt habe. Aber wie gesagt: Ich lebte immer mit dieser scharfen Trennung – nachträglich betrachtet: Wenigstens das.

Aber weiter. Irgendwann, ich glaube Ende 1997 begann ich dann auch wieder für „Business Success" zu arbeiten. Ich war ja zuvor schon mehrmals in Kontakt mit dieser Firma gewesen.

Am Anfang gab es ja die Verbindung durch Laszlo A....

Wer ist das?

Ich hatte 1989 eine Firma in Budapest – ein Freund von mir kannte Laszlo A. und der suchte auch gerade eine neue Aufgabe. Also gründeten wir gemeinsam in Budapest eine Agentur.

Ist Laszlo ein Scientologe? Oder war dein Freund einer?

Nein – Laszlo war keiner. Aber mein damaliger Freund, der ihn kennen gelernt hat, als er für das ungarische Fernsehen eine Sendung gedreht hat, ist einer.

Also hatte ich plötzlich eine Adresse in Budapest. Sehr viel mehr kam dabei nicht heraus – und ich sagte ihm, ich glaube, das muss 1990 gewesen sein, dass er vielleicht mit „Business Success" etwas in Ungarn anfangen könnte und Laszlo A. machte sehr erfolgreich einen Seminarbetrieb in Ungarn.

Eines Tages, ich glaube das war 1998, wurde ich damit beauftragt, über Werbemöglichkeiten für „Business Success" nachzudenken.

Und dann wurde diese Zusammenarbeit immer Intensiver. Entwarf ich anfänglich eine Firmenzeitung und anderes Werbematerial, bastelte ich 1999 schon an einem zweiten Teil des „Renners" der Firma, dem „Unglaublichen Verkaufsseminar".

Und ich trat erstmals auch als Seminarleiters auf - Thema: „Marketing".

Das „Unglaubliche Verkaufsseminar" ist ja nicht rein Hubbard, der zweite Teil voll – wie war das mit deinem Seminar?

Fast nicht – und das sollte mir dann 2001 fast den Hals brechen.

Wobei ich dazu sagen muss, dass das prinzipiell zwei Gründe hatte: Erstens musste man keine „Tantiemen" an Scientology zahlen, wenn man es nicht verwendete – und zweitens fand ich, dass andere Quellen viel mehr dazu aussagen konnten.

Aber meine „Abhängigkeit" von „Business Success" wuchs ...

Was wiederum was bedeutet?

Bei mir gab es in all den Jahren einen Grundsatz: Nie mehr als maximal 50% mit einem Kunden. Denn wenn der plötzlich weg war, hatte man ein Problem. Nur das ignorierte ich mehr und mehr – denn es blieb nicht bei einem Seminar zum Thema „Marketing".

Ich bot es auch über „Business Success" in der Slowakei und später in Ungarn an, und darüber hinaus auch als „Workshop" in Österreich.

Das bedeutete, dass dies meine „Geschäftsquelle" wurde – und damit waren die „Meteoriteneinschläge" durch das außereheliche Abenteuer meiner Ex-Frau mit einem „Business Success"-Mitarbeiter, plötzlich auch geschäftlich relevant.

Damit schrumpfte langsam wieder alles und dümpelte vor sich hin.

Ich machte einige Jahre zuvor auch Pavol T. auf die Möglichkeit „Business Success" aufmerksam, da er ebenfalls etwas suchte und ich keine anderen geschäftlichen Möglichkeiten sah.

Pavol T. ist mittlerweile nicht nur Scientologe, sondern auch so etwas wie der „Internationale Direktor" von „Business Success" geworden. Also wurde auch ich immer internationaler tätig – das hieß: Slowakei und Ungarn.

Und dann kam im Frühjahr 2001 eine WISE-Mission mit dem „Hauptthema" „Business Success".

Und nachdem ich mit „Business Success" verbunden war, war es nur eine Frage der Zeit, bis ich auch ihre „Aufmerksamkeit" erregte. Dann fiel ihnen auch mein Seminar in die Hände – und dort fanden sie sehr wenig vom Koch, was ihnen gar nicht gefiel.

Auch die Affäre mit Mag. Josef S. war immer noch nicht ganz vorbei, der sich in einer der beiden Scientology-Organisationen „verschanzt" hatte – und ich in der anderen; wie kleine Kinder halt.

Und nachdem die WISE-Mannen in der aus meiner Sicht „feindlichen" Organisation saßen, wollte ich sie dort nicht treffen, sondern in „meiner".

Und dort erwarte mich dann ein „Déjà-vu" – 1975 und die Finanzpolizei der 80-er-Jahre waren auf einmal wieder da.

Ich saß wieder einmal vor einem „Zauberkästchen", obwohl wir uns eigentlich nur unterhalten wollten. Dafür war diese „Unterhaltung" dann eher einseitig – die eine Seite stellte die Fragen, die andere antwortete.

Ich wurde dann „sehr scharf verwarnt" – was bei Scientology „Nicht-Enturbulier-Order" heißt.

Bevor deine Frage kommt, was das ist: Beim nächsten „Auffallen" wird man zum „Unterdrücker" erklärt. Verstehst du das?

Ja, ich denke schon. Wie im Fußball die gelbe Karte – beim nächsten Mal gibt es dann Rot.

Und selbstverständlich verboten sie dann auch gleich mein Seminar – ohne die Rezepte des Kochs durfte das auf keinen Fall auf die Menschheit losgelassen werden.

Wie ich mehr und mehr herausfand, brachten sie „Business Success" auf Kurs. Ich kann mir das so wie bei der Chinesischen Kulturrevolution vorstellen – da musste abgeschworen und alles mit dem Etikett „Hubbard" versehen werden.

Alles musste „klinisch sauber" werden.

Ich saß also zur Abwechslung wieder einmal in einem Problem: Ich hatte gerade Berufsverbot bekommen – mein Seminar war immer gut besucht gewesen und das ohne dem Kochbuch Hubbards.

Und während ich noch angestrengt nachdachte – das Finanzielle war damals sehr wichtig, da ich mich ja, wie du weißt, kurz vorher scheiden ließ und eigentlich noch dabei war, mein Leben wieder auf die Reihe zu bringen. Vor allem meine rund 1.500 Euro an Alimenten mussten erst einmal verdient werden.

Und was geschah?

Die „Lösung" sah vorerst so aus, dass ich das gleiche Seminar wie immer bestritt – nur ohne schriftliche Unterlagen. Pavol T. hatte die Idee und "rettete" derart zumindest meine Karriere.

Aber ist das nicht Schwachsinn? Und wenn man bedenkt, dass dabei ja zumindest nach dem Geburtsschein erwachsene Menschen agierten?

Ja. Aber nachdem es nach Bratislava ja nicht weit ist, verlegte ich dorthin mehr und mehr mein Interesse und meinen Arbeitseinsatz.

Wir hatten im Sommer 2001 auch bald einen großen Kunden, der in gröberen Problemen steckte.

Und dann kam gerade Scientology, um ihm zu helfen?

Wer ist jetzt zynisch von uns beiden?

Der Generaldirektor war Scientologe und ein Freund Pavols. Und während ich an der Entwicklung eines Marketing-Konzeptes werkte, traten zwei Dinge ein, die dies erschwerten: Einerseits wurde ich immer kränker und andererseits brachen in diesem Unternehmen Machtkämpfe auf, die nichts direkt mit Scientology zu tun hatten.

Während die Machtkämpfe damit endeten, das der scientologische Generaldirektor entmachtet wurde, landete ich im September 2001 im Spital: Diagnose Krebs.

Und plötzlich hatte ich im wahrsten Sinne des Wortes andere Sorgen.

Ich rang um mein Leben.

Es kamen mich eine Menge von Scientologen besuchen – ich war ja beliebt und als Kranker freut man sich über jeden Besuch.

Womit du ja auch thematisch beim vierten „Geleis" angelangt bist: die Organisiation Scientology.

Begonnen hat diese Scientology-Phase ja mit dem Finanzamt und dem „Einmarsch" der Seeorganisations-Mitarbeiter.

Diese Zeit war sozusagen der „Überbau" über den anderen Geleisen, in dem der Rest ablief.

Weißt du, was ich damit meine?

Nicht unbedingt. Erkläre es mir, bitte.

Dort war ich nicht nur tätig, sondern erhielt auch immer wieder Kostproben der Hubbardschen Rezepte. Das hielt mich bei der Stange – und gab mir die Werkzeuge mit, die ich auf den anderen Schauplätzen „benötigte".

OK, verstehe ich – wie sah das in der Praxis aus?

Nach 1993 wurde die Wiener Organisation sehr straff geführt – die beiden Seeorganisations-Mitglieder, Peter F. und seine Frau Doris, waren die „Garanten" dafür, dass das Kochbuch und die darin beinhalteten Rezepte ohne Wenn und Aber umgesetzt wurden.

Reiner „Kadavergehorsam"?

Mehr oder weniger. Anfänglich lief das sicher so, dass sie die „Hacken" innerlich zusammenschlugen, wenn von „oben" etwas kam. Das schliff sich im Laufe der Jahre ab – sie sind jetzt immerhin schon über 10 Jahre in Wien. Anfänglich liefen sie auch nur in der blauen Uniform der Seeorganisation herum, nach einigen Jahren trugen sie mehr und mehr „Zivil".

Und entsprechend gaben sie auch die Rezepte weiter und bestanden vor allem auch auf ihre Umsetzung – die Suppe musste ausgelöffelt werden.

Ich möchte dir zwei Beispiele dafür geben – eines aus dem Kochbuch und ein anderes, das dir vielleicht zeigt, wie das in der Praxis aussah und immer noch aussieht. Das theoretische betrifft eines der Hauptrezepte von Hubbard und findet sich immer und überall, und stellt irgendwo einen „philosophischen"

Schwerpunkt dar: Es heißt „Keeping Scientology Working" – auf gut wienerisch: „Darauf schauen, dass Scientology funktionierend bleibt". Das praktische betrifft die „Karriere" einer netten Dame, die „Chefin" der Abteilung 6 einer Scientology-Organisation war.

Aber zuerst einmal die Theorie.

Darin stellt Hubbard gleich zu Anfang seine „10 Gebote" hin, die dazu dienen sollen, eben Scientology funktionierend zu erhalten.

Bevor ich darauf näher eingehe, einmal diese „Gebote":

Punkt 1: Die korrekte Technologie haben.
Punkt 2: Die Technologie kennen.
Punkt 3: Wissen, dass sie korrekt ist.
Punkt 4: Die korrekte Technologie korrekt lehren.
Punkt 5: Die Technologie anwenden.
Punkt 6: Dafür sorgen, dass die Technologie korrekt angewendet wird.
Punkt 7: Inkorrekte Technologie vernichten.
Punkt 8: Inkorrekte Anwendung ausmerzen.
Punkt 9: Jede Möglichkeit inkorrekter Technologie die Tür verschließen.
Punkt 10: Inkorrekter Anwendung die Tür verschließen.[31]

Dazu muss man sagen, dass vor allem Mitarbeitern dieses „Rezept" an sich, speziell diese 10 Punkte, immer wieder eingetrichtert werden – das Mittel dabei: die bereits angesprochene „Chinesenschule", wo diese immer wieder heruntergebetet werden.

Und damit man sich das besser merkt, definierte es Hubbard selbstverständlich als „unterdrückerische Handlung", wenn man gegen einen dieser Punkte verstieß – O-Ton aus Hubbards „Ethik-Kochbuch", Rubrik „Unterdrückerische Handlungen":

„Verletzung oder Vernachlässigung irgend eines der zehn Punkte von ‚Die Funktionsfähigkeit der Scientology erhalten', wie sie hier aufgelistet sind."[32]

Aber ich weiß aus meiner Erfahrung, dass diese 10 Punkte innerhalb von Scientology niemals ein Gegenstand der Meinung oder Auslegung war; das waren die 10 Gebote - und damit basta.

Verstehe ich schon – aber wie sollten 10 Punkte so wichtig sein?

Warte ein wenig. Ich habe neben den vielen Rezepten, die alle die eine oder andere Auswirkung hatten, über all die Jahre eines bemerkt: Diese 10 Punkte waren und sind immer und bei allen anderen Dingen präsent.

Letztendlich lief jede Entscheidung „darüber"; das war bei mir so und das war auch bei all den anderen, die ich sah, so.

Bei einem Seeorganisations-Mitarbeiter gab es überhaupt keine Diskussion und es wurde schon der Ansatz als mittlere Palastrevolte gewertet. Bei den sogenannten normalen Scientologen wurde auch sehr wenig darüber gesprochen – und wenn es hart auf hart ging, diesen Vorgaben gefolgt.

Ich weiß schon, dass ich wieder etwas von dir verlange – aber ich muss diese Punkte zerlegen, um dir derart vielleicht etwas zeigen zu können. In der praktischen Auswirkung können wir uns dann ansehen, wie so etwas im täglichen Leben aussah und immer noch aussieht.

Ist das in Ordnung?

Ja, es sind ja nur 10 Punkte, also sollte sich das Ganze in Grenzen halten.

Das wird sie, auch wenn diese 10 Punkte vielleicht viel mehr beinhalten, als sie oberflächlich signalisieren.

Also fangen wir mit dem ersten Punkt an: „Die korrekte Technologie haben."

Sieht harmlos aus – aber was bedeutet es?

Dass man die korrekte Technologie hat.

Aber auch, dass die „anderen" diese nicht haben – denn Hubbard nimmt ja für sich in Anspruch, dass er etwas hat, dass sonst niemand hat und der Weg der Scientology der einzig richtige ist.

Fest steht, der Scientologe wächst mit diesem Satz auf – und verinnerlicht ihn, ob er will oder nicht.

Es ist das Hauptgebot, dass man weiß, dass man im Besitz des „Steines der Weisen" ist.

Überspitzt formuliert wird dir damit signalisiert, dass dies so ist, wie wenn Weihnachten, Ostern, Pfingsten, dein Urlaub und von mir aus dein Geburtstag auf einen Tag fallen würden – weißt du was ich meine?

Ich beginne es zu verstehen.

Und das alles in einen wirklich harmlosen Satz verpackt!

Aber weiter zu Punkt 2: „Die Technologie kennen".

Hier wird der brave Scientologe aufgerufen, das „Kochbuch" des Chefs zu studieren und zu studieren und natürlich nochmals zu studieren – wenn man ihn mitten in der Nacht aufweckt und etwas fragt, antwortet er im Idealfall mit dem richtigen „Rezept".

Und er weiß dabei natürlich, dass das alles richtig ist – das „muss" er, denn der 3. Punkt besagt: „Wissen, dass sie korrekt ist."

Und passiert das auch in Wirklichkeit?

Natürlich nicht immer, sonst gäbe es schon lange keine Scientologen mehr, denn die hätten sich selbst „ausgelöscht", wenn sie Hubbards Rezepte wirklich anwenden würden.

Aber theoretisch war das möglich – und jeder weiß, dass das möglich wäre; speziell diese 3 Punkte schwingen immer im Hinterkopf mit. Und was mir dabei auffiel, als ich mich – leider erst im Jahr 2004 – damit auseinander setzte: Es gibt eine Ähnlichkeit mit den 10. Geboten, die Moses vom Berg Sinai den Menschen brachte.

Machen wir jetzt eine religiöse Diskussion? Oder muss man gläubig sein, wenn man sich damit beschäftigt?

Weder noch – lass einfach einmal die ersten 3 Gebote Moses auf dich wirken und stelle sie dann jenen von Hubbard gegenüber; dazu musst du weder Christ sein, noch überhaupt gläubig.

Nehmen wir einmal die 10 Gebote der christlichen Religion:

> 1. Gebot: Ich bin der Herr, dein Gott. Du sollst keine anderen Götter neben mir haben.
> 2. Gebot: Du sollst den Namen des Herren, deines Gottes, nicht verunehren.
> 3. Gebot: Du sollst den Tag des Herren heiligen.

Und jetzt Hubbards „Gegenstücke":

> Punkt 1: Die korrekte Technologie haben.
> Punkt 2: Die Technologie kennen.

Fällt dir etwas auf, wenn du das einmal einfach nur wirken lässt, ohne in irgendwelche Bewertungen oder sonst etwas zu verfallen?

Du meinst das, was ich mir auch denke, wenn ich so etwas sehe?

Machen wir einen Versuch: „1. Gebot: Ich bin der Herr, dein Gott. Du sollst keine anderen Götter neben mir haben" und Hubbards „Die korrekte Technologie haben" – hört sich doch irgendwie sehr ähnlich an oder suggeriert ähnliches?

„2. Gebot: Du sollst den Namen des Herren, deines Gottes, nicht verunehren" und jetzt Hubbards „Die Technologie kennen".

Und dann das 3. Gebot „Du sollst den Tag des Herren heiligen" und Hubbards „Wissen, dass sie korrekt ist." – augenscheinlich nicht so ähnlich, aber in der Konsequenz – oder?

Und interessanterweise hat Hubbard nicht 8 oder 15 Gebote, sondern auch 10 „Gebote".

Ist das jetzt nicht eine subjektive Interpretation?

Was glaubst du? Versuche es nicht mit These und Gegenthese zu lösen, sondern nur einmal vom Gefühl her. Lass es einfach einmal vor deinem Herzen stehen.

Werfen wir inzwischen einen Blick auf die anderen „Gebote" Hubbards – da wäre einmal Nummer 4: „Die Korrekte Technologie korrekt lehren" - quasi die „Scheuklappen der Adepten".

Aber dann das 5. „Gebot". „Die Technologie anwenden."

Was sich jeder Professor wünscht – nämlich, dass das Gelehrte auch verwendet wird -, hat Hubbard in ein Gebot gegossen.

Was so harmlos in drei Worten ausgedrückt wird, bedeutet in der Praxis, dass man das, was man weiß, auch anwenden MUSS.

Sollte ja normal sein – oder?

Ja – da gebe ich dir recht. Aber bitte beachte das Wörtchen „MUSS". Und außerdem steht da ja nicht, dass man die Verkehrsregeln oder irgendwelche Benimmregeln einhalten muss, sondern das bezieht sich auf das Kochbuch Hubbards.

Das ist der Unterschied – und wenn man sich daran nicht hält: Das entsprechende Vorgehen hatten wir ja schon angesprochen; wenn man Pech oder sonst was hat, dann wird die „Ethikkeule" geschwungen. Und damit man nicht nur sein eigenes Tun beobachtet, darf man auch gleich einen Blick auf seine Schwestern und Brüder werfen – Nummer 6: „Dafür sorgen, dass die Technologie korrekt angewendet wird."

Wobei natürlich nicht nur Blicke geworfen werden, sondern im „Abweichungsfall" auch andere Dinge – womit wir wieder beim Kapitel „Wissensberichte" angelangt wären.

Verstehe ich nicht ganz.

Hubbard hat scheinbar vorausgesehen, dass es ein unendliches „Schlachtfest" werden würde, wenn jeder auch gleich jeden umbringt oder sonst etwas, wenn der die Rezepte Hubbards nicht korrekt anwendet.

Also hat man die „Möglichkeit", einen dieser, in zahlreichen Varianten gehaltenen, Wissen berichte zu verfassen – die „Hinrichtungen" finden dann zentral statt; man liefert nur die „Munition" dafür.

Zart angedeutet wird das im 7. Punkt: „Inkorrekte Technologie vernichten." Was er da wohl gemeint haben mag? Was meinst du?

Na ja, schaut blutig aus.

Überlassen wir die Beantwortung dieser Frage der Phantasie des jeweiligen Betrachters.

Hubbard legte sowieso nach – Punkt 8: „Inkorrekte Anwendung ausmerzen." Wieder ohne Kommentar. Dann noch der Vollständigkeit halber die Punkte 9 und 10, die das „Gedankengebäude" von Herrn Hubbard hermetisch abschließen: „Jede Möglichkeit inkorrekter Technologie die Tür verschließen." und „Inkorrekter Anwendung die Tür verschließen."

So – und jetzt würde ich dich bitten, dass du das einmal einige Minuten wirken lässt und dabei nicht vergisst, dass ein Scientologe immer und überall damit konfrontiert war und ist. Es gab oder gibt sogar einen Kurs, der nur darauf aufgebaut ist.

Und unter dem Titel „Das Recht von Scientology, sein Gebrauch und Zweck ein Scientologe sein" schreibt er:

> „'Recht' kann zu allem gemacht werden, was irgendeine
> Autorität möchte, wenn wir keine Kodizes haben.
>
> Wir haben zu viele Launen erlebt, die als Recht galten. Es
> wird Zeit, wirkliches Recht zu haben."[33]

Lässt man den nächsten Absatz aus, findet man dann:

> „Die Enturbulierung *(Aufwirbelung – Anm. d. Red.)* der
> Gesellschaft um uns herum ist fantastisch. Eigentlich gibt
> es kein gerechtes Zivilrecht mehr. Es ist dieser gesetzlose
> und ungeordnete Zustand in der Gesellschaft um uns, der
> es uns so schwer macht, zu arbeiten. In Kürze werden wir
> sogar noch stärker sein."[34]

Und weiter:

> „Wenn wir einen überlegenen Gesetzeskodex und ein
> überlegenes Gesetzessystem haben, das den Menschen
> wirkliche Gerechtigkeit bringt, werden wir uns einfach
> leicht über die Gesellschaft ausbreiten, und jeder wird ge-
> winnen."[35]

Und zur Abwechslung nehme ich abschließend noch eine Zei-
tungsnotiz vom 24. November 2004, wo über eine Kontroverse
berichtet wird, bei der in Nordkorea Häftlinge ermordet wurden; und nachdem das nicht „nutzlos" geschehen sollte, haben
nordkoreanische Wissenschaftler interessiert zugesehen, wie die
Häftlinge verstarben.

Vielleicht suchten sie nach dem endgültigen Beweis, dass man
im Todeskampf nur sehr mangelhaft ein korrektes Testament
verfassen kann oder ähnliches.

Aber ich erzähle dir das nicht, um den täglichen Wahnsinn zu
kommentieren – nimm einmal die nordkoreanischen „Wissenschaftler": Glaubst du, dass die das gezwungenermaßen machten oder dass sie vielleicht wirklich an ihre „Idee" glaubten?

*Es könnte durchaus sein, dass die wirklich daran glauben und
daher so handeln.*

Ja, das wollte ich dir damit zeigen – und auch, dass bei Scientology ein ziemlich adäquater „Unterbau" gegeben wäre, um auch
derartig zu verfahren.

Ist diese Ansage nicht ein bisschen sehr weit hergeholt?

Warum? Erstens sah ich in der Vergangenheit anderes – da wurde zwar niemand umgebracht, aber zumindest psychisch geschädigt und zweitens braucht es dazu gar nicht viel: Du brauchst einen Gott ähnlichen Führer, der es sich aufs Kochen versteht, ein Kochbuch und einige Küchenhelfer.

Ich bin mir sicher, dass man derartiges in Nordkorea finden wird – und Scientology hat das nachweislich auch.

> *OK – leuchtet mir ein. Aber du hast ja in all den Jahren dabei mitgemacht? Hast du nicht schon 1975 oder Anfang der 80er-Jahre oder später bemerkt, wohin dich diese Reise führen wird?*

Ich habe es weder 1975, noch Anfang der 80er-Jahre bemerkt, noch später bemerkt, was da wirklich abgeht. Und ich entschied mich dazu, die „Gebote" und Rezepte Hubbards einzusetzen - ich habe dabei mitgemacht, sie zu verwenden.

Die Frage, die sich jetzt stellt: Warum habe ich das getan?

Bin ich ein schlechter Mensch, der keine Gefühle, kein Mitleid und schon gar kein Gewissen hat?

Was meinst du?

> *Das glaube ich eher nicht. Zumindest wäre mir das aufgefallen, wenn du so wärst.*

Aber was ist es dann? Was veranlasst einen Menschen dazu, dass er Dinge tut, die er eigentlich nicht tun will – und dann sogar aktiv daran arbeitet, die damit verbundenen Ziele umzusetzen?

Denk nochmals an die nordkoreanischen Wissenschaftler, die den Todeskampf der Häftlinge studiert haben – was treibt jemanden dazu, so etwas zu tun?

> *Ein Dogma, eine Doktrin, ein Gesetz, das derartiges beinhaltet?*

Das würde ich annehmen. Ob ich jetzt die nordkoreanischen Wissenschaftler oder mich und andere Scientologen nehme: Ich glaube nicht, dass sie von alleine auf die Idee gekommen wären, das zu tun. Also muss es etwas geben, dass sie dazu „motiviert".

Womit wir wieder beim Kochbuch und den 10 „Geboten" von L. Ron Hubbard wären.

Verstehst du, was ich meine?

Ja, das kann ich eindeutig sehen.

Jetzt der zweite Teil – wie sieht das in der Praxis aus. Wobei ich dazu sagen muss, dass dieses Beispiel nichts Besonders ist – ähnliches passierte unendlich oft und stellt eher die Regel als die Ausnahme dar.

Also, jetzt das Beispiel: Da war eine Dame um die 60, Christa mit Namen, die zuerst als Kursüberwacher in der angesprochenen Abteilung 6 vorgesehen war. Nachdem dies eine Riesenabteilung ist und andererseits der „Chef" fehlte, kam man auf die grandiose Idee, sie dazu zu machen.

Sie wollte das überhaupt nicht – wurde aber nach langem „Überreden", unter anderem auch durch mich, letztendlich doch dieser „Chef", besser gesagt: die „Chefin".

Und dann konnte man – wenn auch nachträglich – beobachten, wie es weiterging: Überlastung und letztendlich Krankheit. Das zog sich natürlich über einen längeren Zeitraum hin, endete aber damit.

Aber glaubst du nicht, dass das in einer normalen Firma auch vorkommen kann, dass jemand dazu überredet wird, einen Job zu tun, den er nicht möchte?

Klar, kann ich mir vorstellen. Nur muss man bei meinem Beispiel noch eines hinzufügen: Scientology ist keine normale Firma - da kann man nämlich nicht einfach seine Konsequenzen ziehen und z.B. seinen Dienst quittieren.

Damit würde man ja die „Mission" verraten – und Christa hatte sowieso keine Chance, da sie „OT 5" war; und da macht man so etwas generell nicht.

Erinnere dich:

Punkt 1: Die korrekte Technologie haben.
Punkt 2: Die Technologie kennen.
Punkt 3: Wissen, dass sie korrekt ist.
Punkt 4: Die korrekte Technologie korrekt lehren.
Punkt 5: Die Technologie anwenden.
Punkt 6: Dafür sorgen, dass die Technologie korrekt angewendet wird.
Punkt 7: Inkorrekte Technologie vernichten.
Punkt 8: Inkorrekte Anwendung ausmerzen.

Punkt 9: Jede Möglichkeit inkorrekter Technologie die Tür verschließen.

Punkt 10: Inkorrekter Anwendung die Tür verschließen.[36]

Die ersten 3 Punkte hat man als Scientologe „verinnerlicht" und die Punkte 7 und 8 würden in so einem Fall angewendet werden – und wie glaubst du, dass das aussehen würde, wenn man sich vorstellt, wie die beiden Wörter „vernichten" und „ausmerzen" in der Tat aussehen könnten?

Na ja, wenn man sie wörtlich nehmen würde ...

Und warum sollte man sich nicht wörtlich nehmen?

Aber glaubst du, dass ein Vergleich mit einem totalitären System statthaft ist? Möchtest du Scientology damit wirklich vergleichen?

Ja - absolut. Es gibt auf der Welt nicht mehr so viele totalitäre Regime – vor allem ganz wenige, wo eine Führerfigur Schicksal für seine Untertanen spielt.

Erinnere dich an das Spruch des deutschen Gerichtes:

„Aus einer Vielzahl – teilweise nicht öffentlich zugänglichen – Quellen ergäbe sich, dass wesentliche Grund- und Menschrechte, wie z.B. die Menschenwürde, das Recht auf freie Entfaltung der Persönlichkeit und das Recht auf Gleichbehandlung außer Kraft gesetzt oder eingeschränkt werden sollten. Zudem strebe Scientology eine Gesellschaft ohne allgemeine und gleiche Wahlen an. Dieses verfassungsfeindlichen Zielsetzungen rechtfertigen die Beobachtung durch den Verfassungsschutz auch heute noch."[29]

Das habe nicht ich gesagt, sondern ein Richter, der sich einfach die Tatsachen ansah.

Und wenn man sich das „Gebäude" Scientology ansieht, dann liegen dem Ganzen diese 10 Punkte zugrunde, sind der „Unterbau".

Und das bestimmte auch meine Jahre.

Wie sah das konkret aus?

Eigentlich immer ähnlich – ich tat dies oder das, überzeugte diesen oder jenen, entwickelte alleine oder mit anderen die wüstesten Verschwörungs- und sonstigen Theorien und wähnte mich dank Hubbard auf der richtigen Spur.

Dazu kamen Veranstaltungen, wo einem das eingehämmert wurde und wird.

Zu denen man aber nicht hingehen muss – oder?

An und für sich nicht, wobei man auch dabei unzählige Male angerufen wird und es einmal sogar die Idee gab, dass über jeden, der sie nicht besuchen würde, ein Wissensbericht geschrieben würde – die Idee stammt, glaube ich, direkt von ganz oben, sprich: von Herrn Miscavige, dem Nachfolger Hubbards.

Stimmen diese Zahlen eigentlich, die Scientology immer veröffentlicht? Ich meine, was die Zahl der Mitglieder, Organisation usw. betrifft?

Das kann ich nicht wirklich sagen. Ich weiß nur, dass es in Österreich rund 500 mehr oder weniger „aktive" Scientologen gibt - Scientology spricht von 6.000.

Ich nehme daher jede Zahl, die offiziell von Scientology kommt und dividiere immer durch 10 – das dürfte der Wahrheit näher kommen.

Ich habe in den letzten Jahren in Österreich zwischen 200 und 300 Scientologen bei „internationalen" Scientology-Veranstaltungen in Wien gesehen, die als wichtig eingestuft waren – daher meine Annahme.

Gab es auch rein österreichische Veranstaltungen?

Aber ja. Es ist eine Geschichte, die fast lustig ist, aber verdammt viel gekostet hat – ich glaube so um die 90.000 Euro. Irgendwann in den 90ern, so genau weiß ich das nicht mehr, kam die Idee auf, dass Scientology eine eigene Kirche brauchte, um derart als Religion anerkannt zu werden.

Also wurden die Mitglieder zur Kasse gebeten – und bezahlten brav.

Worauf ein Team ausschwärmte, um eine entsprechende Immobilie zu kaufen. Sie wurde dann gekauft – und es wurde streng geheim gehalten, wo sie ist. Ich weiß nicht, warum.

Irgendwann wurde ihr Standort doch bekannt – es war ein Souterrainlokal, das in der Nachbarschaft einen Stall bieten konnte.

Und dann war das Thema auch wieder erledigt – denn irgend jemand kam dann drauf, dass man doch keine eigene Kirche braucht, wenn man als Religion anerkannt werden möchte. Dann wurde es als Lagerraum vermietet – damit die ganze Sache wenigstens irgend einen Sinn hatte.

Und die Moral von der Geschicht': Ein Souterrainlokal mit benachbartem Stall repräsentiert vielleicht am Besten die „Religion" Scientology?

Zynisch - und konkret: War das nicht eine teure Investition?

Ja, aber bezeichnend für alles in Scientology.

Eine andere Aktivität war eine „Ausstellung" über Scientology und L. Ron Hubbard – die fand meines Wissens zweimal in Wien statt; einmal in einem Hotel und einmal in der Wiener Börse.

Wow, die Börse hat das zur Verfügung gestellt?

Es handelt sich ja nicht um „die Börse", sondern nur das ehemalige Gebäude, das aber immer noch als Börse bekannt ist. Und nachdem man diese Räumlichkeiten mieten kann, hat dies auch Scientology getan.

Ich selbst war nur bei der Ausstellung in der Börse dabei – und dort fiel mir ein Punkt besonders auf: Obwohl die „Werbetrommel" ordentlich gerührt worden war, kamen kaum Leute.

Das „Thema" dürfte also kaum jemand interessiert haben ...

... und lief so einfach ohne Besucher ab?

Natürlich nicht, sonst wäre Scientology ja nicht Scientology – die Lösung hieß ganz einfach „Body Routen"; auf gut wienerisch: Ein mehr oder weniger großer Trupp schwärmte aus und „geleitete" zufällig vorbeikommende Passanten in die Ausstellung. Trotzdem waren zumeist mehr Scientologen als Besucher anwesend.

Sind die Scientologen wirklich so „eigen" – nennen wir es einmal so?

Nein, an und für sich nicht. Was ich aus meiner Erfahrung weiß, gibt es sicher einige, die rennen mit einer eingebauten „Scheuklappe" herum – das sind vielleicht 10 oder 15 Personen.

Dann gibt es sicher auch einige, die so ziemlich alles glauben, was sie hören; wenn sie mitten im Winter hören, dass durch einen Wärmeeinbruch bedingt die Sommerbäder aufsperren, dann überlegen sie ernsthaft, ob sie nicht baden gehen sollten.

Der große Rest ist durchaus so wie alle anderen Menschen – mit allen Stärken und Schwächen, die ein Mensch halt so hat.

Nur im „Rudel" schlägt der „Faktor" Scientology gnadenlos zu – aber das habe ich dir schon einige Male geschildert.

Was interessiert dich noch?

Geld kommt immer wieder vor. Das erscheint mir ein sehr wichtiger Punkt – oder?

Es ist ein sehr wichtiger Punkt – auch wenn man „offiziell" nicht darüber spricht und wenn, dann nur von „Spenden" oder dubiosen „Mitgliedsbeiträgen". Aber wenn man sich ansieht, was passiert, wenn die schönen Worte geendet haben, wird man eher dazu bewogen, seine Kreditkarte oder Schecks zu zücken; aber man nimmt auch Bargeld.

Ich würde sagen: Ohne Geld spielt überhaupt keine Musi'!

Wie steht es mit den Preisen für die „Dienstleistungen" von Scientology? Du hast ja auch eine beträchtliche Summe bezahlt.

Scientology verspricht dem Einzelnen, dass er zu einer Art von „Übermensch" ohne Krankheit, mit einem hohen IQ und sonst was wird – wenn er bezahlt.

Da gibt es zwei Möglichkeiten – Training und Auditing.

Training bedeutet die Kurse, um derart Auditor zu werden, zu machen und Auditing ist das, was ich dir schon geschildert habe: Zwei Menschen sitzen sich gegenüber, dazwischen das „Zauberkästchen" E-Meter.

Und damit das Ganze einen Sinn ergibt und sich niemand „verfliegt", schuf Hubbard die „Brücke", wo fein säuberlich jeder dieses Schritte aufgezeichnet ist. Und nachdem Papier ja geduldig ist, hat er oder wer auch immer, diese bereits einige Male „modifiziert".

Wenn man jetzt bösartig wäre, könnte man auch sagen, dass irgendwer frühmorgens gegen einen Türstock prallt und danach dann „erleuchteterweise" einen neuen Kurs oder was auch immer einfügt, um so diese „Brücke" noch perfekter zu machen. Aber wir wollen ja nicht bösartig sein.

Und ab und zu gab es dann das Spiel „Zurück-zum-Start", so wie in den 90er-Jahren, als Herr Miscavige lakonisch meinte: *„The blind were leading the blind"*. Auf gut wienerisch: Alles was ihr bisher gemacht habt, war nichts – aber dafür wissen wir jetzt, wie es geht.

Er gab dem Ganzen einen prachtvollen Namen – „Golden Age of Technology" – und alle durften die Kurse oder was auch immer nochmals machen; und natürlich auch bezahlen, denn umsonst ist ja bekanntlich nur der Tod, wobei auch der das Leben kostet.

Und wie siehst du jetzt den Preis für ein „Intensiv" Auditing? Ist das leistbar oder muss man sich dabei da ausbluten?

2001 kostete das rund 3.200 Euro in Wien, mehr in England und fast doppelt so viel in den USA, sprich: Flag.

Dann gab es noch sogenannte „NOTs-Intensiv", die rund 6.000 Euro und mehr pro Stück kosteten.

Kurse waren billiger – und wurden auch angepriesen für all jene, die sich Auditing nicht leisten konnten.

Wenn man jetzt rechnet, dass ein sogenanntes Intensiv 12,5 Stunden bedeutete, kam man auf einen happigen Stundenschnitt. Aus der Sicht des Lebens sehen die Ergebnisse zumindest bedenklich, wenn nicht sogar leicht irre aus.

Wie meinst du das?

Nochmals kurz: Es gibt diesen OT-Bereich der nach der Stufe „Clear" folgt, und wo sehr viele Menschen, die ich kenne, mittlerweile angelangt sind.

Ist das nicht normal?

Ich sah eine Menge dieser „OTs", die nach diesen Stufen schlechter „drauf" waren, als vorher – und sie waren ganz sicher um eine ganze Menge Geld ärmer.

Aber ich kann mir nicht vorstellen, dass Hubbard allen Ernstes gemeint hat, dass man Alkoholiker oder von der Polizei gesucht wird, weil man einige Millionen „fehlinvestiert" hat, wenn man Hubbards „Brücke" macht. Oder dass man einfach ohnmächtig wird und umfällt, obwohl man als „OT 8" eigentlich anderes „gelernt" hat?

Oder hat es Hubbard doch gemeint?

Die Liste lässt sich problemlos fortsetzen – zeigt aber immer das Gleiche: Im mildesten Fall eine „Eigenartigkeit" und auf der anderen Seite Größenwahn, der mit einer äußerst seltsamen „Praxis" kombiniert ist.

Weißt du, was ich meine?

Ja – aber ist das nicht der Wahnsinn schlechthin für den Einzelnen?

Wahrscheinlich – aber glücklicherweise ist man als Scientologe dagegen „immunisiert" ...

Wie bitte?

Irgendwer kommt dann sicher daher und argumentiert das weg - und man bezahlt brav wieder die nächste „Dienstleistung"; immerhin wähnt man sich ja auf dem richtigen Schiff, und löffelt gerade die richtige Suppe.

Das immunisiert, wenn man es lang genug hört – glaub mir das; ich weiß es aus meiner eigenen Erfahrung.

Kann ich mir zwar nicht vorstellen, aber ich glaube es dir einmal. Aber erzähl weiter deine Geschichte – mehr Fragen habe ich momentan nicht.

2001 war für mich ein entscheidendes Jahr – da liefen die vier „Geleise" zusammen und ich landete im Krankenhaus, wie du weißt, und erhielt ich die Diagnose „Krebs".

Kaum war ich halbwegs wieder auf den Beinen, stand für mich fest, dass ich aus Scientology austreten würde.

Und dann flatterte eines Tages, ich glaube irgendwann im April oder Mai 2003, ein Brief ins Haus, in dem ich von Scientology zur „Unterdrückerischen Person" erklärt wurde.

Darin wurden jede Menge „wilde" Gründe angeführt – ich dachte mir: Was soll's, ich weiß ja, wie so etwas abläuft.

Innerhalb kürzester Zeit wurde ich zur „Persona-Non-Grata" – ich hatte die letzte Zeit ohnehin kaum mehr Kontakt zu Scientologen gehabt, aber selbst die wenigen Personen, die ich noch als „Freunde" bezeichnete, kannten mich auf einmal nicht mehr.

Wie sieht das aus?

Zwei Bespiele: Silvia, eine langjährige Freundin von mir, erzählte mir am Telefon, dass sie nächtelang geweint hatte, da sie sich zwischen mir und Scientology entscheiden musste. Ich fragte sie, ob sie das wirklich müsste? Sie sagte „Ja", denn wenn sie mit mir in Kontakt wäre, könnte sie nicht mit Scientology weitermachen.

Eigentlich wollte ich sie nur zu meinem 50. Geburtstag einladen, da ich sie als Teil meines Lebens ansah, ich sie mag und ich alle jene Menschen, die in meinem Leben eine Rolle gespielt haben, an diesem Tag um mich versammeln wollte.

Ein anderes Bespiel war Michael, von dem ich dachte, dass er selbständig denken konnte und mein Freund sei. Wir telefonierten einige Male und er „verschob" ein mögliches Treffen aus irgendwelchen Gründen. Dann sah ich ihn zufällig in der Shopping City Süd und er versprach, sich bei mir zwecks Termin zu melden. Und was glaubst du, wer sich nicht gemeldet hat?

Michael?

Genau, und dann habe ich es endlich auch kapiert.

Das heißt, dass dir dein komplettes soziales Umfeld geraubt wurde – warst du vorher noch „Darling", bist du in Windeseile zum Bösen schlecht hinmutiert. Sind Scientologen so, dass sie bei so etwas einfach mitmachen?

Ja. Und ich bin letztendlich niemandem wirklich böse – ein Scientologe „kann" nicht anders, auch wenn es so dargestellt wird, als wenn er es nicht anders wolle. Ich erinnere dich an die „10 Gebote" Hubbards und die anderen „Superkleber". Also hakte ich dieses Kapitel ab.

Bis auch aus Amerika die ersten schlechten Nachrichten cintrudelten – Christianes jetziger Mann gab mir neue „Regeln" vor, damit ich mit meinen Kindern in Kontakt sein konnte. Wie gesagt, relativ freundlich, durchaus sachlich und nur manchmal konnte man das Kochbuch aufblitzen sehen. Ich hatte gerade eine komplizierte Kopfoperation hinter mir und bekam derart gleich wieder eine über die „Rübe" – zuerst mein Erklärung zur

„Unterdrückerischen Person", dann das Wegbrechen meines – damals nahezu kompletten – Freundeskreises und dann auch noch die „Verhaltensregeln" mit meiner ehemaligen Frau und meinen Kindern. Und dann durfte ich meine eigenen Kinder nicht mehr kontaktieren, das Telefon wurde wirklich aufgelegt, als ich anrief.

Glaubst du, dass Scientology dahinter steckt?

Ich kann es natürlich – wieder einmal – nicht beweisen; aber ich kann mir das vorstellen, wenn ich die „Rezepte" von Herrn Hubbard sehe. Und Cliff hat es im Jahr 2003 in seinem Mail sogar angesprochen: Er sagt darin, dass meine „Erklärung zum Unterdrücker" bedingt, dass wir „neu" miteinander umgehen müssen, ich keinerlei Kontakt mehr zu Christiane haben darf und meine Kinder nur einmal pro Woche anrufen darf. Als Grund gibt er an, dass sowohl Christiane als auch er Scientologen sind.

Was glaubst, du WAS ihn dazu veranlasst hat?

Was?

Die Scientology-„Gesetze"! Der wirkliche Wahnsinn an der ganzen Angelegenheit ist, dass nun meine Kinder in diese Mühle geraten sind, die an sich extrem menschenfeindlich ist, und wo ich immer die Idee gehabt habe, dass das meinen Kindern nicht passieren würde.

Das bringt mich in Rage – da wird auf den Herzen von Kindern „Klavier" gespielt, und wenn ich meine momentane Situation ansehe, muss ich mich wirklich zurückhalten, um nicht laut aufzuschreien oder sonst was.

Herr Hubbard, oder wer auch immer, sieht das ganz anders - liest man sein „Ethikbuch", hört sich das so an:

> „Können sie sich den Weg zu ihrer eigenen Freiheit ebnen?"[37]

> „Mit diesem Buch können sie die Technologie der Ethik erlernen und sie verwenden, um fest auf dem Weg zur Freiheit zu bleiben."[38]

> „In der Welt kann es manchmal wild zu- und hergehen, aber mit einem vollständigen Verstehen der Ethik und des Rechts von Scientology werden sie genau wissen, wie sie Ordnung in ihr Leben und das Leben ihrer Mitmenschen

bringen können."[39]

Die einzige Ruhe, die ich mir vorstellen kann, wenn man diesen Irrsinn anwendet, ist die Friedhofsruhe.

Und dagegen kann man nichts tun?

Nicht wirklich und vor allem nicht sehr einfach. Ich habe seit dem Frühjahr 2004 damit begonnen, einen Anfang zu setzen, nicht vor Angst zu erstarren und einfach einmal aufzustehen und „Nein" zu sagen – unabhängig davon, was dann kommt.

Glaubst du, dass seitens Scientology etwas kommt?

Ich habe dir schon einmal gesagt: Ich weiß es nicht, aber ich weiß aus meiner Erfahrung, wie Scientology mit „Feinden" umgeht. Und da reicht die Palette von Diffamierung bis hin zur Schritten über einen Anwalt.

Vergiss bitte nicht die 10 Gebote des Chefkochs:

> Punkt 1: Die korrekte Technologie haben.
> Punkt 2: Die Technologie kennen.
> Punkt 3: Wissen, dass sie korrekt ist.
> Punkt 4: Die korrekte Technologie korrekt lehren.
> Punkt 5: Die Technologie anwenden.
> Punkt 6: Dafür sorgen, dass die Technologie korrekt angewendet wird.
> Punkt 7: Inkorrekte Technologie vernichten.
> Punkt 8: Inkorrekte Anwendung ausmerzen.
> Punkt 9: Jede Möglichkeit inkorrekter Technologie die Tür verschließen.
> Punkt 10: Inkorrekter Anwendung die Tür verschließen.[40]

Und wenn man dann noch die vielen anderen „Rezepte" von ihm in Betracht zieht?

Wenn man davon ausgeht, dass er sich im Besitz des „Steines der Weisen" fühlt – was kann das wohl bedeuten?

Hält sich Hubbard nicht auch für einen „Buddha" bzw. die „Wiederverkörperung" von Buddha?

Ja.

OK, ich lass das einmal „stehen" – aber was machst du damit?

Einerseits gebe ich meine Erfahrungen mit Scientology weiter
– ich mag eine Einzelperson sein, aber ganz sicher kein Einzel-
fall.

Ich sehe das so: Durch meine langjährige Mitgliedschaft bei Scientology bin ich jetzt wirklich „immunisiert" ...

Das verstehe ich nicht?

Das läuft so wie bei einer Schutzimpfung. Wo ja auch eine geringe Dosis des Giftes injiziert wird, um derart immun zu werden,
wenn sich die entsprechenden Antikörper gebildet haben.

Das Gift „Scientology" habe ich zwar wahrlich in keiner homö-
opathischen Dosis erhalten, aber wenn man die „überlebt" und
irgendwann durchschaut, dann beginnt man mehr und mehr
die Dogmen, Gesetze und Gebote von Herrn Hubbard und seinen Nachfolgern zu durchschauen – und vor allem, was bei der
„Verabreichung" an ein ahnungsloses Publikum geschieht.

Würdest du mir das bitte erklären?

Das bedeutet jetzt nicht, dass ich sendungsbewusst herumlaufen
werde und immer und überall das „Böse" wittern, spüren oder
sonst etwas werde – damit würde ich nur in der anderen Richtung das Gleiche wie Scientology praktizieren.

Andererseits weiß ich aus meiner Erfahrung, wie man mit Hubbards Kochbuch in Berührung kommen und was dann passieren
kann.

*Das bedeutet, dass das nicht zwangsläufig mit jedermann pas-
sieren muss?*

Ganz sicher nicht – aber anders gefragt: Muss ich mit irgendeiner „Giftschlange" spielen und dabei wissen, dass sie nicht jeden
beißt? Zumindest sollte man wissen, dass die Giftschlange in der
Packung drinnen ist, die man gerade erwirbt – außen steht nämlich selten bis nie, was dann drinnen ist.

Was heißt das? Bitte weniger kryptisch und mehr konkret.

Ein Bespiel ist die „Dr. Rath Health Foundation". Ich möchte Dr.
Rath nicht unterstellen, dass er Scientologe ist. Aber ich weiß,
dass seine Wiener Dependance von zwei Scientologen geleitet
wird – Georg K. und Dr. Martin K. Beim Auftritt von Dr. Rath
in der Hofburg im Herbst 2003 waren eine Menge Scientologen

anwesend, und auch Raths Rede klang sehr verschwörerisch und scientologisch gefärbt.

Das mag wenig bis nichts bedeuten – oder aber sehr viel, wenn man ein wenig den „geistigen" Hintergrund von Scientology betrachtet.

Oder der Betrugsfall der Firma FMS, deren Geschäftsführer in Untersuchungshaft wanderten, nachdem fast 14 Millionen Euro an Kundengeldern „abgängig" waren.

Einer der beiden ist Scientologe – und ich kann mir nicht vorstellen, dass Scientology etwas nicht weiß, das jemand macht. Erinnere dich an den „A bis J-Check", wo bei Punkt B exakt dahingehend gefragt wird – und das nicht nur verbal, sondern unter Zuhilfenahme des „Wunderkastens" E-Meter.

Also stelle ich mir hier die Frage, inwieweit das Handeln von P., einem der beiden Geschäftsführer, Scientology bekannt war. Und er saß ja des öfteren vor diesem „Zauberkästchen".

Oder dass ein niederösterreichisches Unternehmen von zwei Herrn von „Business Success" eine Wunderwaffe zur „Mitarbeiteroptimierung" vorgestellt bekommt – dahinter steht der 200-Fragen-Persönlichkeitstest und die abstruse Theorie Scientologys und das Hubbardsche Kochbuch. Im Internet kann man unter dem Stichwort „Persönlichkeitstest" jede Menge Interessantes zu diesem Thema erfahren – u.a., dass er so ausgelegt ist, dass dabei nichts „Gutes" herauskommt, wenn man nicht Scientologe ist.

Und was machst du als Person? Ich kann mir vorstellen, dass es da auch eine Menge aufzuarbeiten gibt?

Ich bin im Frühjahr 2002 aus Scientology ausgetreten und komme jetzt langsam zu dem Punkt, wo mir mehr und mehr die Dinge bewusst werden. Interessanterweise sieht man bei anderen eher, was es zu ändern gibt – nur den eigenen „Balken" im Augen will man nicht wahrhaben.

Ich habe heuer – im Sommer 2004 – damit begonnen, einmal überall hinzusehen, mich mit allem auseinander zu setzen, einmal eine „Inventur" von mir zu machen. Und da sah ich die vielen Scientology-Muster, die immer noch aktiv waren, obwohl ich schon 2 Jahre und mehr nicht mehr damit in Berührung bin.

Und ich habe ernsthaft damit begonnen, die von mir einbezahlten Gelder von Scientology zurückzufordern .

Welche?

In zwei Fällen wurden Notsituationen ausgenutzt, und ich wurde mit einer dubiosen Heilsversprechung dazu genötigt, zu bezahlen. Der dritte Fall ist für mich ein klarer Fall von Nötigung - das war der Spezialfall der „IAS", wo mir 40.000 $ abgepresst wurden, obwohl ich sie nicht hatte.

Kannst du mir die Details sagen? Sonst haben wir wieder Überschriften, aber keine Details.

Der erste Fall betrifft 1995 oder 1996. Ich hatte damals meinen „Lungenpneu" – sprich: mein Lungenflügel ist aufgrund einer angeborenen Anomalie geplatzt – und ich wurde im Pulmologischen Krankenhaus in Wien operiert, um den Lungenflügel wieder herzustellen.

Noch im Krankenhaus hat mich eine nette Dame aus München, natürlich „OT 8", an meinem Krankenbett besucht, um mir die „Lösung" nahe zu legen: England – sprich: die dortige „Advanced Organisation" – würde das Problem lösen. Nicht lange danach kam auch schon der „Geldeintreiber" der englischen Organisation, Peter T., und hatte das Heilsversprechen in konkrete Zahlen umgewandelt.

Ich weiß die Summe nicht mehr ganz genau, aber es waren um die 9.000 Euro; was ich genau weiß: Es waren drei der so genannten „Intensive", die ich damals bezahlte, um wieder gesund zu werden.

1999 verfuhr man nach meiner Krebserkrankung ähnlich – nur musste ich diesmal nichts bezahlen, da ich das ja schon einige Jahre zuvor getan hatte und noch Teile der „Intensive" übrig waren.

Der zweite Fall betraf eigentlich Christiane, aber indirekt auch mich, da zu einer Ehe bekanntlich zwei Menschen gehören.

Auch hier wusste England „Rat" – was diesmal bedeutete, dass ich 3 der sogenannten „NOTs-Intensive" einzubezahlen hatte – was ich tat, nachdem ich mir das Geld ausgeborgt hatte.

Danach bezahlte ich noch ein weiteres, da England die „Problemlösung" doch nicht so leicht gelang.

Letztendlich kam dabei überhaupt nichts heraus – ganz im Gegenteil ließen wir uns scheiden; die Auswirkungen auf unsere Kinder kannst du dir vorstellen.

Das Einzige, dass nachvollziehbar ist, sind rund 17.000 Euro für den ersten Schwung und nochmals rund 6.500 Euro für den „Nachschlag".

Unabhängig, dass in beiden Fällen wirklich nichts herausgekommen ist, verschlangen alleine diese beiden Aktionen rund 32.500 Euro ...

Was sollte eigentlich herauskommen? Hattest du erwartet, dass etwas herauskommen könnte?

Klar, du hast völlig recht – aber damals dachte ich noch, dass es sehr wohl ein Resultat geben würde.

Aber wenn jemand auf Urlaub fährt, aufgrund der Photos im Katalog die Reise bucht und dann auf einer Baustelle wohnt, auf der den ganzen Tag die Maschinen knattern – kann er da nicht vom Reiseveranstalter das einbezahlte Geld zurückverlangen, da das versprochene Urlaubsquartier nicht dem entsprach, was der Katalog „versprach"?

Während England auf meinen Brief wenigstens mit einer Antwort und einer „Anzahlung" in der Höhe von 1.300 Euro reagierte und mich „ersuchte", freundlicherweise keine weiteren Anschuldigungen oder Rückforderungen zu stellen, hat die IAS, der dritte Fall, nicht einmal reagiert – frei nach Karl Kraus wurde mein Brief „nicht einmal ignoriert".

Diese 40.000 Dollar – das werden so um die 35.000 Euro sein, da der Dollar momentan immer weniger wert wird – wurden „eingesackt" und werden nicht mehr herausgerückt.

Und nachdem die IAS – und das ist ja die „International Assoziation of Scientologists" - keinen wirklichen Firmensitz oder ähnliches hat, sind die nicht einmal irgendwo anzutreffen oder anzuschreiben.

Diese „fliegende Truppe" rast über den Globus und agiert dabei wie ein Staubsauger, der alles Geld einsaugt – wie, ist dabei die Frage, die eigentlich nicht gestellt wird.

Ging es anderen Scientologen ähnlich?

Ganz sicher. Ich kenne selbst eine große Zahl von ihnen persönlich.

Wobei selbst das ja nicht alles ist, denn im Namen Hubbards wurden und werden ja auch Unsummen an Geldern „vernichtet".

Was heißt das jetzt wieder?

Wenn man die Unternehmungen nimmt, die auf die Rezepte Hubbards aufgebaut waren, würde sich diese Summe schlagartig vervielfachen. Da wären dann selbst in Euro einige Millionen ganz schnell beisammen.

Gibst du Hubbard die Schuld dafür?

Ich habe mich immer dagegen gewehrt, dass ich vielleicht „Opfer" sein könnte. Ich konnte mir nicht vorstellen, dass das sein könnte. Ich tue mir auch heute noch immer etwas schwer mit diesem Gedanken.

Ich habe mir dann in einem etymologischen Wörterbuch das Wort „Opfer" angesehen, um daraus vielleicht etwas ersehen zu können.

„Opfer" ist im 8. Jahrhundert im Deutschen aufgetaucht und stammt der Lautform nach vom lateinischen „operari", was soviel wie „arbeiten" bedeutet; der Bedeutung nach ist es auch vom lateinischen „offerre" beeinflusst worden, was wiederum „darbringen" bedeutet. Opfer stellt eine Rückbildung aus diesem Verb dar.

Und das gibt dem Ganzen einen völlig andere Bedeutung.

Ich habe mich „dargebracht" und wurde nicht nur in eine Waschmaschine gesteckt, die auf Dauerbetrieb gestellt wurde – ich habe die Stromrechnung dieses „Waschvorganges" auch noch bezahlt!

Weißt du, was ich meine?

Ja, das war ja auch das, was ich vorher angesprochen habe.

OK. Ich war der Galeerensklave, der nicht nur angekettet gerudert hat, sondern sich diese „Urlaubsfahrt", sowie das Gehalt des Aufsehers und des Trommlers, auch noch bezahlt hat.

Mir fällt der Fall „Larry Wollersheim" in den USA ein. Dieser Wollersheim hat Scientology verklagt – und zwar auf Schadensersatz aufgrund psychischer Schäden. Es ging nicht um Gelder, die er einbezahlt hat, sondern was durch Scientology mit ihm gemacht hat.

Und wie ging das aus?

Vor einiger Zeit wurde Scientology von einem Gericht zu 6 Millionen $ oder so verurteilt, nachdem Wollersheim nachweisen konnte, dass er durch Scientology schwere psychische Schäden davontrug. Nachzulesen in der österreichischen „Kronenzeitung".

Das heißt, du könntest Scientology auch auf Schadenersatz verklagen - nicht nur jene Gelder, die du einbezahlt hast?

Eigentlich schon.

Du hast mir deine Geschichte erzählt, hast mir aus dem „Gedankengut" Hubbards eine Fülle von Anschauungsmaterial gezeigt – aber was gedenkst du jetzt zu tun?
Wo siehst du die Moral der Geschichte?
Reicht es, wenn du mir das erzählst, die Gelder, bei denen aus deiner Sicht eine Notlage ausgenützt wurde oder schlicht Erpressung vorlag, zurückzufordern, den Rest unter „Deppensteuer" abzubuchen und sich dann den schönen Seiten des Lebens zuzuwenden?
Das erscheint mir ein bisschen sehr wenig.
Ich weiß schon, dass das auch Menschen betreffen wird, die jahrelang deine Freunde waren.
Würde es ihnen nicht vielleicht mehr helfen, wenn endlich einmal jemand nicht nur darüber spricht - was ja auch schon sehr gut ist -, sondern dann noch den nächsten Schritt macht: Und der besteht darin, dagegen – und damit meine ich Scientology – etwas zu tun?
Sollte nicht dieser „Vorhang" endlich einmal zerrissen werden, damit man sieht, was dahinter ist?
Und: Bist du das nicht nur dir, sondern auch den vielen anderen Menschen schuldig, um derart zu verhindern, dass sie das Gleiche durchleben wie du?
Es gibt nur zwei Möglichkeiten: Entweder Scientology ist eine mehr oder weniger harmlose Truppe, dann arbeite das auf und geh deiner Wege – oder es steckt noch um einiges mehr dahinter; dann mache etwas dagegen, zerreiß den Vorhang.

Eine andere Variante sehe ich nicht.
Sonst war es sehr schön, dass du mir das alles erzählt hast
– aber was folgerst du daraus?
Diese Antwort interessiert mich. Und vor allem die Taten, die
darauf folgen.
Wobei ich schon weiß, dass das nicht einfach ist, sogar vielleicht
eine gefährliche Sache.

Du hast recht. Es gab so viele Menschen allein hier in Österreich, die aus Scientology „ausgestiegen" sind, ihr Geld teilweise zurückverlangt haben und dann entweder ein „Scientology
ohne Scientology" gemacht haben oder in der Versenkung verschwanden.

Wer ist dieser Hubbard, dass der so etwas kann? Ist er ein
„Gott", ein Übermensch oder einfach nur ein Größenwahninni-
ger, der mit viel Phantasie ausgestattet war und allein oder mit
ein paar Helfern dieses Kochbuch geschaffen hat?

Genau weiß ich es nicht – ich habe ihn nie getroffen, kenne nur
die Geschichten und einige Personen, die ihn einmal persönlich
getroffen haben.

Unisono haben ihn mir alle als charismatische Erscheinung geschildert ...

Aber sind das nicht auch Hitler, Stalin und wie die üblen Figu-
ren in der Geschichte alle hießen, gewesen?
Sagt Charisma irgend etwas darüber aus, was derjenige will?

Da hast du völlig recht. Aber ich versuche mich einmal einfach
nur zu erinnern.

Ich habe dir ja schon einige Eckdaten erzählt. In den 70er-Jahren
war er in Österreich nicht sehr präsent – als „Ehrenbezeugung"
wurde er bei Mitarbeiterversammlungen immer beklatscht – im
Scientology-Jargon hieß das: „Ron eine gute Hand geben".

Anfang der 80er-Jahre verschwand Hubbard von der Bildfläche
– dafür wurde der Personenkult intensiviert; es fing mit Denk-
mälern und einem Büro Hubbards in jeder Organisation an.

Und nach seinem Tod kamen immer mehr Bücher über Ron,
den Menschenfreund, Entdecker, Schreiber, Flieger und was
weiß ich noch, heraus.

Schritt für Schritt wurde er zu einer Überfigur aufgebaut, bildete derart den Überbau für alles, was in seinem Namen gemacht wurde.

Hast du einmal ein Nicht-Scientologybuch von ihm gelesen?

Ich glaube, dass war eines seiner intern hochgejubelten „Mission Erde"-Bücher. Ich würde sagen, dass das eher ganz schwach war und ich danach wenig Lust auf ein weiteres Buch verspürte.

Eines seiner Bücher wurde ja auch von John Travolta verfilmt – das „Ergebnis" war trotz immensen Aufwandes mickrig und auch die Kritiken fielen vernichtend aus.

Alles in allem war mein Fazit über Hubbards Schreibkünste: Auf jeden Fall langweilig, wenn er seine Phantasien auslebte.

Und was hat dir das gesagt?

Damals eigentlich gar nichts.

Das bedeutet, dass du eigentlich wenig bis gar nichts von diesem Menschen weißt?
Hat er nun die Weisheit mit Löffeln gegessen oder war er ganz einfach ein größenwahnsinniger Schreiberling, der erkannte, dass er mit einer „Religion" eine Unmenge an Geld machen konnte?

Ich weiß es nicht wirklich, kann nur aufgrund seiner Worte schlussfolgern – und mich anderer Quellen über ihn bedienen, die sich mit ihm schon beschäftigt haben und die ihn gekannt haben.

Wer ist das?

Da gibt es einmal das Buch „The Barefced Messiah", das es leider nur in Englisch und nur mehr im Internet gibt (www.clambake.org/archive/books/bfm/bfmconte.htm).

Und dann gibt es Gerry Armstrong, der ursprünglich ausgezogen war, um die „Lügen" der Presse über Hubbard zu entkräften und während seiner Recherche feststellte, dass diese stimmten.

War er Scientology-Mitglied?

Ursprünglich ja, aber nachdem er draufkam, was in Hubbards Biographie alles erfunden war, nicht mehr.

Auf was wartest du dann noch? Du musst ja nicht in die Fuß-
stapfen von Armstrong oder wem auch immer treten, aber du
solltest zumindest deinen Teil dazu leisten!
Erinnere dich an die vielen Dinge, die du mir schon erzählt
hast, vom Koch, den Rezepten, von den Küchenhelfern usw.
Dann kamen die ersten Emotionen hoch, als du das Kapitel
deiner Kinder ansprachst – wozu das alles, wenn man dann
nichts unternimmt?
Oder ist es richtig, wenn man Reisen in ein Superhotel am
Strand anbietet, und wenn man dort ist, wohnt man in einer
Baracke, wo noch dazu ständig die Baumaschen rattern und das
Meer ist vier Autostunden entfernt?
Und was macht man dann?
Freut man sich, dass man wenigstens sein Geld für diesen
Urlaub zurückbekommt und bucht das Erlebte als „Erfahrung"
ab? Was ist mit den vielen anderen Menschen, die vielleicht
auch glauben, eine schönen Urlaub zu verbringen und dann erle-
ben, was du schon erlebt hast? Sollte man das nicht verhindern?

Ja.

Genau. Was helfen Aufklärungsbroschüren, die vor Scientology
warnen, Urteile von unabhängigen Gerichten usw., wenn der
Wahnsinn weitergeht?
Schildere mir einfach noch einmal kurz, wie du Scientology
siehst – so in einem Art „Wort-Rap"; d.h., eine kurze Frage
bekommt eine kurze Antwort.
Was ist, deiner Meinung nach, die Grundlage von Scientology
– oder wenn man das ganze als Haus ansieht: worauf fußt
Scientology?

Die Grundlage bietet meiner Meinung nach der „Gesetzesbrief"
von Hubbard, den er sinnigerweise „Die Funktionsfähigkeit der
Scientology erhalten" getauft hat und wo alles drinnen steht, worauf sich alles andere bezieht.

Was sind die tragenden "Säulen"?

Das sind sicherlich einmal auf der einen Seite die Trainingsroutinen, die wunderschön verpackt als „Kommunikationswerkzeu-
ge" die beiden wesentlichsten Bestandteile im Überlebenskampf
Hubbards darstellen: „8C" und „Ton 40" – also Kontrolle in
Wort und Bild.

Anderseits haben wir die „Küchengehilfen" – sprich: die Seeorganisations-Mitglieder, die der Stimme ihres Herren ohne Wenn und Aber folgen.

Fahren die eigentlich zur See?

Eigentlich müssten sie ja eher „Trockenland-Navy" heißen, da die Mehrzahl nur an Land operiert und das Meer nur von Bildern kennt.

Aber zurück zu deiner Ursprungsfrage: Drittens haben wir das „Zauberkästchen" E-Meter, dass alles „sieht" – und wunderbar eingesetzt werden kann, um Angst und Schrecken zu verbreiten.

Und dann haben wir noch die vierte „Säule", die sogenannte „Ethik-Technologie".

Damit hätten wie die vier „Hauptsäulen".

Und was ist mit der ganzen anderen „Technologie", die ja auch in immenser Zahl vorhanden ist?

Die haben alle mehr oder weniger mit den 4 „Hauptsäulen" zu tun und halten einen „beschäftigt".

Was hältst du vom Hauptargument von Scientology: „Wenn man sich ein Bild von Scientology machen möchte, muss man es sich ansehen, sonst kann man keine Meinung dazu haben."?

Wenn ich jemandem sage, dass es nicht sehr vorteilhaft ist, wenn er in ein Hundeexkrement - sprich: einen Sch...haufen - steigt, kann ich das auch ohne zuvor in den Hundehaufen gestiegen zu sein, um meine Erfahrung zu machen – oder?

Ist Scientology eine Religion oder Kirche?

Nein – wäre mir aufgefallen.

Ist Hubbard der „Wohltäter der Menschen", als der er immer hingestellt wird?

Ich kenne ihn nicht – aber mir ist nicht aufgefallen, dass die „Suppe", die aufgrund seiner Rezepte entsteht, auch gesund wäre. Antwort wiederum: Nein.

Sind Scientologen irrsinnig, abgehoben oder was auch immer?

An und für sich nicht – aber mit genügend Hubbardscher „Suppe" im Bauch verlieren sie zunehmend ihre Menschlichkeit.

Wird man „schlechter", wenn man Hubbards „Brücke" hinaufgeht?

Man wird nicht „schlechter", sondern verschlechtert sich und wird dadurch vielleicht schlechter. Ich kenne eine Fülle von sogenannten „OTs", deren Probleme interessanterweise wachsen, je höher die Zahl hinter dem Wort „OT" ist.

Was macht Scientology mit dem vielen Geld, dass ihre Mitglieder bei den unzähligen Gelegenheiten bezahlen?

Keine Ahnung – vielleicht geht David Miscavige, der „Vorstandsvorsitzende" von Scientology", damit Wasserskifahren hinter einem Helikopter?

Hilft Scientology einzelnen Personen, wenn sie in Not geraten sind – durch Scientology oder auch sonst was?

Nein, da man davon ausgeht, dass man immer selber schuld ist an dem, was einem passiert.

Es gibt sicher Ausnahmen im zwischenmenschlichen Bereich. Aber alles andere läuft entweder über die „Ethikschiene" oder ist kostenpflichtig und wird daher nur „eingesetzt", wenn vorher bezahlt wird. Und wenn geholfen wird, dann nur im Hinblick darauf – quasi als Vorleistung, bevor man zahlt.

Aber schreibt Hubbard darüber nicht anders?

Ja – aber schriebt Hubbard nicht unendlich viel? Und dabei weiß man gar nicht so genau, ob das auch von ihm ist.

Wie erklärst du dir dann, dass z.B. im Fernsehen rhetorisch bestens geschulte Personen auftreten, die freundlich lächelnd erzählen, wie toll Scientology ist und wie „gut" es für die Menschen ist, und überhaupt?

Wenn du die 4 „Hauptsäulen" hernimmst, erhältst du einen Großteil der Antworten auf diese Frage. Der Rest steht im „Briefing", das diese Person erhält, bevor sie freundlich lächelnd den einen oder anderen Schwachsinn von sich gibt.

Nehmen wir eine der theoretischen Säulen des Hubbardschen Denkens, den Hubbard Gesetzesbrief „Die Funktionsfähigkeit der Scientology erhalten", und sehen wir uns einige Absätze daraus an.

Das ist jener, der auch die 10 scientologischen „Gebote" beinhaltet, die wir ja schon besprochen haben.

Diese „Gesetzesbrief" - scientologisch „Policybrief" - beginnt mit einer ganz speziellen „Botschaft" - und die muss ich auszugsweise zitieren:

> „Mit dem folgenden Policybrief ist das gemeint, was darin steht. Es war im Jahr 1965 wahr, als ich ihn schrieb. Es war 1970 wahr, als ich ihn wieder herausgeben ließ. Ich gebe ihn jetzt, im Jahr 1980, wieder heraus."[41]

> „Die Funktionsfähigkeit der Scientology wird nur so lange erhalten bleiben, wie sie ihren Teil dazu beitragen, diese Funktionsfähigkeit zu erhalten, indem sie diesen Policybrief anwenden."[42]

> „Was ich auf diesen Seiten schreibe, war immer wahr, ist heute wahr, wird im Jahr 2000 immer noch wahr sein und wird von da an stets wahr bleiben.
> Egal, wo sie in der Scientology sind, ob Mitarbeiter oder nicht, dieser Policybrief geht sie an."[43]

Und wie hört sich das an?

Da ist jemand äußerst besorgt, dass das, was es gibt, ordentlich angewendet wird - so kommt mir das vor.

Und dann kommt er zur Sache:

> „Vor einiger Zeit haben wir den Punkt erreicht, eine einheitlich funktionierende Technologie zu besitzen. Jetzt müssen wir lediglich dafür sorgen, dass diese Technologie angewendet wird"[44]

Nichts einzuwenden – oder?

Nein.

Dann schreibt er weiter darüber, dass man ansonsten nicht liefern könnte, was man versprochen hätte, daraus Vorwürfe resultieren und Angriffe von Regierungen usw. kommen könnten - und:

> „Daher ist der Weg, der vor der Scientology liegt, frei, und ihr letztlicher Erfolg ist sichergestellt, wenn die Technologie angewendet wird."[45]

Wie hört sich das an?

Im Prinzip auch noch relativ harmlos – so wie wenn jemand
eine ganz spezielle Art zu backen erfunden hätte und sich jetzt
Sorgen macht, dass die Semmeln und das derart gebackene Brot
auch dem entspricht.

Wenn man jetzt „Bäckereien" einfügt, würde das in etwa so aussehen:

> „Wenn sie es nicht erreichen, dass die Backtechnologie angewendet wird, dann können sie nicht das Gebäck liefern, was versprochen wurde. So einfach ist das. Wenn sie erreichen, dass die Backtechnologie angewendet werden wird, dann können sie liefern, was versprochen wurde.
>
> 'Zähe Semmeln & Co' ist das Einzige, was ihnen ihre Kunden zum Vorwurf machen können. Schwierigkeiten treten nur dort auf, wo es ‚zähe Semmeln& CO' gibt. Angriffe von Regierungen oder Monopolinhabern treten nur dort auf, wo es ‚zähe Semmeln & Co' oder ‚schlechtgelaunte Verkäufer' gibt.
>
> Daher ist der Weg, der vor der Bäckerei X liegt, frei, und ihr letztendlicher Erfolg ist sichergestellt, wenn die Backtechnologie angewendet wird."

So in etwas – oder?

Ja. Könnte man so sehen.

Und dann folgen die bereits angesprochenen 10 Punkte:

> Punkt 1: Die korrekte Technologie haben.
> Punkt 2: Die Technologie kennen.
> Punkt 3: Wissen, dass sie korrekt ist.
> Punkt 4: Die korrekte Technologie korrekt lehren.
> Punkt 5: Die Technologie anwenden.
> Punkt 6: Dafür sorgen, dass die Technologie korrekt angewendet wird.
> Punkt 7: Inkorrekte Technologie vernichten.
> Punkt 8: Inkorrekte Anwendung ausmerzen.
> Punkt 9: Jede Möglichkeit inkorrekter Technologie die Tür verschließen.
> Punkt 10: Inkorrekter Anwendung die Tür verschließen.[46]

Und dann erläutert er, was er meint: Eins wurde getan, Zwei wurde auch schon erreicht und für Drei gibt er den „Tipp", dass man diesen Punkt erreichen kann, wenn man sein „Kochbuch" ordentlich anwendet und beobachtet, das es funktioniert.

Geht das überhaupt?

Wenn man davon ausgeht, dass Einbildung auch eine Bildung ist, dann geht es.

Besteht Scientology nur aus Hubbardschem Schwachsinn oder funktioniert auch manches wirklich?

Nein - zwischen 25 und 50% funktionieren bzw. sind gar nicht von ihm, sondern wurden nur „übernommen".

Also funktioniert es?

Gegenfrage: Funktioniert nicht auch ein Gewehr oder ein Stacheldrahtzaun?

Teile von Scientology funktionieren, sonst wäre es schon lange durchschaut.

Aber wieder zurück zu seinen Punkten: Punkt Vier wird laut Hubbbard täglich erfolgreich gemacht und auch Punkt Fünf ergeht es ähnlich. Auch bei Sechs ist sich ziemlich sicher.

Dafür meint er, das Sieben nur von wenigen getan wird und ein schwacher Punkt ist.

An Acht wird sowieso nicht hart genug gearbeitet es wird laut Hubbard zu wenig „ausgemerzt". Neun und Zehn wird durch nicht „ganz so hellen Köpfe" behindert oder nur selten mit „genügender Härte" gemacht.

Für Hubbard ist sonnenklar:

> „Sieben, Acht, Neun und Zehn sind die einzigen Stellen, an denen sich die Scientology in irgendeinem Bereich festfahren kann."[47]

Wenn wir uns jetzt diese Punkte einmal mit unserem „Bäckereimodell" ansehen, dann könnte das so lauten:

> „Punkt Eins ist getan worden – hinter den Broten, Semmeln usw. steht die von mir entwickelte Backtechnologie.
> Punkt Zwei ist von vielen erreicht worden – jeder neue Mitarbeiter lernt die Backtechnologie von mir kennen.

Punkt Drei wird von demjenigen erreicht, der die korrekte Technologie ordnungsgemäß anwendet und beobachtet, dass sie auf diese Weise funktioniert.

Punkt Vier wird täglich erfolgreich gemacht – die Bäcker werden dahingehend instruiert.

Punkt Fünf wird jeden Tag erreicht - alle Filialen backen mehr oder weniger gleich.

Punkt Sechs wird von Backinstruktoren beständig erreicht.

Punkt Sieben wird von einigen getan, ist aber ein schwacher Punkt – also scheinbar arbeitet doch nicht jeder so, wie sich der Ober-Bäcker das vorstellt; die Brote und Semmeln haben offensichtlich Qualitätsmängel und die Mitarbeiter wollen das nicht ausmerzen; da schwirren „alternative" Rezepte durch die Gegend.

An Acht wird nicht hart genug gearbeitet – wieder eine Rüge; und wieder wird scheinbar dieses inkorrekte Anwenden nicht ausgemerzt.

Punkt Neun wird durch die „nachsichtige" Einstellung der nicht ganz so hellen Köpfe behindert.

Zehn wird selten mit genügender Härte getan – wir sind wieder einmal beim „Ausmerzen".

Sieben, Acht, Neun und Zehn sind die einzigen Stellen, an denen sich die Bäckereikette in irgendeinem Bereich festfahren kann."

Fällt dir etwas auf?

Auf der einen Seite kann ich mir vorstellen, dass das auch in Unternehmen so gepflogen werden könnte – man „schwört" quasi seine Mitarbeiter auf die Firma, die Technologie usw. ein. Aber was macht dabei der kriegerische Ton? Wieso wird da fröhlich ausgemerzt, genügend Härte verlangt und die nicht so hellen Köpfe als „Übel" gesehen?

Genau, das ist der Punkt. In unserem Beispiel würde das bedeuten, dass das die ultimative Bäckereikette wäre, das Gebäck natürlich wunderbar schmeckt, da ja dahinter ein einzigartiges „Geheimnis" steckt.

Und erinnere dich zurück:

Daher ist der Weg, der vor der Scientology liegt, frei, und ihr letztlicher Erfolg ist sichergestellt, wenn die Technologie angewendet wird."[48]

Hier wird das „Bäckereiteam" stramm auf Vordermann gebracht – weißt du, was ich meine?

Ja, kann ich sehen – und ich sehe vor allem das Absolute, das überall mitschwingt.

Aber die Katze ist noch nicht aus dem Sack – da musst du dich noch ein wenig gedulden; Hubbard nimmt sich noch Zeit bis er auf den Punkt kommt.

Denn er hat natürlich eine „Lösung" für die Schwachpunkte parat - die Gründe sind dabei nicht schwer zu finden und ich erkläre dich auch gleich zwei Ausdrücke, die er verwendet: Mit „Service-Faksimiles" bezeichnet er, jene Berechnungen, die jemand anstellt, um sich selbst ins Recht und andere ins Unrecht zu setzen, mit „Knöpfen" meint er eine Art von Druckknöpfen, die ein eigenes Programm starten, wenn auf sie draufdrückt wird.

Aber jetzt Herr Hubbard:

> „a) Eine schwache Gewissheit darüber, dass die Technologie funktioniert, kann zu einer Schwäche in Sieben, Acht, Neun und Zehn führen; b) ferner haben die nicht allzu Intelligenten einen schwachen Punkt aufgrund ihres Buttons der Eigenwichtigkeit; c) je niedriger der IQ, desto unzugänglicher sind einer Person die Früchte der Beobachtung; d) die Service-Faksimiles der Leute verursachen, dass sie sich gegen alles verteidigen, dem sie sich gegenüber sehen – sei es gut oder schlecht -, und es ins Unrecht zu setzen suchen; e) die Bank versucht, das Gute zu zerstören und das Schlechte fortbestehen zu lassen."[49]

Und damit ist die Katze aus dem Sack.

Erkläre mir das bitte genauer – und vor allem mit Beispielen aus deinem Leben!

Nehmen wir einmal Punkt a): *„Eine schwache Gewissheit darüber, dass die Technologie funktioniert, kann zu einer Schwäche in Sieben, Acht, Neun und Zehn führen."*[60] An dem ist ja noch nicht viel auszusetzen – entweder „glaubt" man das oder nicht.

Aber bei Punkt b) wird es schon um einiges konkreter – und wenn man jetzt den Punkt a mit einbezieht, sieht auch dieser „harmlose" Punkt gar nicht mehr so harmlos aus: *„Ferner haben* *die nicht allzu Intelligenten einen schwachen Punkt aufgrund ihres Buttons der Eigenwichtigkeit.*'[61]

Jetzt ein Beispiel – zuerst nehmen wir die Bäcker und dann mich selbst.

Diese zwei Punkte sagen bei den Bäckern folgendes aus: „Die nicht allzu intelligenten Bäcker haben nichts Besseres zu tun, als sich selbst wichtig zu nehmen und an den Back-Rezepten herum zu experimentieren. Sie machen das, da sie nicht sehen können, dass sie schon im Besitz einer glückselig machenden Rezeptur sind."

Hier bitte die Verbindung „nicht allzu intelligent" und „Button auf eigene Wichtigkeit" zu beachten – damit wird jeder eigene Gedanke, der nicht in die Hubbardschen Rezepte passt, diskreditiert.

Anders ausgedrückt: Man ist entweder dumm oder möchte nur seine eigene Wichtigkeit demonstrieren.

Ein Beispiel, wie es mir gegangen ist:

Im Jahr 2001 wurde nicht überprüft, ob mein Marketingseminar erfolgreich oder richtig war – allein die Tatsache, dass der Stempel „L Ron Hubbard" fehlte, genügte, um das Seminar zu verbieten und gleichzeitig zu verlangen, dass ich ab sofort ein Seminar liefern sollte, das voll auf dem Kochbuch Hubbards basierte.

Das Argument war: Es ist nicht vorstellbar, dass jemand anderer zu diesem Thema etwas zu sagen hat, also sollte ich die Hubbardschen Materialien verwenden.

Aber ging es dabei nicht um Geld?

Im Hintergrund sicher - aber natürlich nicht offensichtlich. Bei Scientology geht es nie offensichtlich um Geld - zuerst kauft man den Wahnsinn und dann muss man ihn selbstverständlich auch bezahlen. Es gäbe Hunderte von Beispielen, wie sich das immer gleiche Schauspiel wiederholte: Er wurde blitzschnell wieder auf Linie gebracht – die Punkte a) und b) waren dabei mehr als nur dienlich.

Erzahle mir noch ein Beispiel – vielleicht nicht aus deinen Erlebnissen heraus.

Ich habe im Bericht eines Scientology-Aussteigers dessen „Erlebnisse" mit der IAS, der „International Association of Scientologists" gefunden – und das hört sich so an:

> „Hatte man nach Tagen von Verhören die Leute der IAS
> endlich ruhig gestellt, sei es mit einer weiteren Spende,
> oder indem man ihnen definitiv erklärte, dass kein Geld
> aufzutreiben sei und glaubte, nun endlich einige Tage in
> Ruhe genießen zu können, dann irrte man sich gewaltig.
> Ein Freund von mir, ein Schweizer Geschäftsmann, hatte
> das ‚Vergnügen', bis zu 9 Stunden ohne Unterbrechung
> bearbeitet zu werden. Er hat immer wieder unterstützt. So
> waren er und seine Frau ‚Patrons' der IAS, (das sind in
> Summe 80.000 $).
> Dieser Freund war bei diesen Verkaufsgesprächen, die ja
> nicht freundlich waren, einem Nervenzusammenbruch nahe. Einmal floh er über die Feuerleiter aus dem Zimmer."

Ich verstehe den Druck, dem ein Scientologe ausgesetzt ist – aber gibt es in Österreich viele Menschen, die diesem Druck nicht standhalten – und vielleicht sogar „stolz" darauf sind?

Bis ins Jahr 2002 stand ich auch auf dieser speziellen Liste der IAS – sie beinhaltet die Namen von Personen, die 40.000 $ und mehr in die „Kriegskassa" von Scientology bezahlten und dafür den Titel „Patron" erhielten; also den „Schutzherren" von Scientology.

Und davon gibt es weltweit eine ganze Menge, da die Methoden der IAS sehr „überzeugend" sind.

Derart kommt aber auch in Österreich eine ganze Menge an Geld zusammen – wenn man allein nur die 45 österreichischen Namen der aktuellen und sicher unvollständigen Liste hernimmt, wären das zumindest 1,800.000 $.

Und dabei ist nicht mitgezählt, dass die IAS immer wieder sogenannte „Crusades" (Kreuzzüge) unter der „liebevollen" Leitung von Andrek Schapers oder Jeff Pomerantz veranstaltet, wo an einem Abend auch schon bis 100.000 $ eingenommen wurden. Es wurde und wird eine ziemliche Summe bewegt – und das im kleinen Österreich. Andere Länder sind flächen- und einwohnermäßig größer und die Summen natürlich auch.

Aber eines darf man dabei nicht vergessen: Es handelt sich bei diesen 45 Personen um Menschen, die vielleicht nicht ganz freiwillig auf dieser Liste stehen.

Wie die „Argumente" der IAS aussehen, konnte ich selbst erleben, als mir Franziska K. und Ingeborg S. diese „nahe brachten".

Hinter diesen Argumenten finden wir die „10 Gebote" Hubbards und seine Erklärungen, speziell die Punkte a) bis e).

Die Punkte a) und b) haben wir ja schon behandelt - gehen wir zum Punkt c):

> „Je niedriger der IQ, desto unzugänglicher sind einer Person die Früchte der Beobachtung."[52]

Irgendwo eine Wiederholung von Punkt b), aber mit dem Zusatz, dass man, wenn man minderbemittelt ist, also einen niedrigen IQ hat, und dass einem derart die Früchte der „Beobachtung" verwehrt bleiben.

Wenn man blind - und vielleicht blöd - die Hubbardsche Suppe löffelt, ist man „gescheit", merkt man, was man da isst, ist man laut Hubbard blöd - sehe ich das richtig?

In Scientology ist der IQ eine heilige Kuh – man macht ständig einen IQ-Test und erfreut sich an der „Steigerung" durch die Scientologykurse usw.

Für Hubbard ist das DER Gradmesser schlechthin. Daneben rangiert nur noch der 200-Fragen-Persönlichkeitstest.

Hubbard verspricht ja seinen Anhängern eine Steigerung – und misst das mit diesen beiden Tests – die ziemlich zweifelhafter Natur sind.

Nehmen wir zum vorigen Punkt noch ein Beispiel – umgelegt auf unsere Bäcker könnte das heißen:

„Je dümmer der Bäcker ist, desto weniger fällt ihm auf, dass das, was er gerade gebacken hat, nicht gut schmeckt und sich vielleicht die Kunden auch reihenweise übergeben."

Aus meiner Erfahrung sieht das eher so aus, dass man diesen Passus zwar immer wieder vorgehalten bekommt, dass aber Scientology selbst das meiste „Anschauungsmaterial" liefert.

Wie das?

Was ich selbst erlebt habe, ist z.B. der Umstand, dass offensichtlich irgendwelche dubiosen „Produkte" von offensichtlich nicht einmal mit Hubbards großartiger Technologie ausgebildeten Personen, geliefert wurden.

Erinnere dich an das Bespiel von Uli, der Auditorin, die ich 1981 ersetzen wollte, da sie mit ihren „Preclears" raufte, überhaupt keine entsprechende Ausbildung hatte und wo jeder alles bestätigt bekam, was er sich wünschte.

Und was heißt das jetzt wieder?

Es gab und gibt ja die Stufe „Clear", die jeder so schnell wie möglich erreichen wollte – und mit ihr konnte man das, indem man „zu Protokoll" gab, dass man denke, dass man „Napoleon" oder wer auch immer sei.

Dann gab es einen sogenannten „Clear-Check", der natürlich etwas kostete, dafür konnte man sicher sein, dass man am Ende „Clear" war - oder zumindest „Napoleon". Einige Zeit später wurden dann alle diese „Clear"-Feststellungen wieder zurückgenommen ...

... und das Geld zurückbezahlt, denke ich?

Ich kann mich nicht erinnern, dass Scientology jemals etwas freiwillig zurückbezahlt hat. Wenn Scientology etwas zurückbezahlt, dann nur, wenn man es einklagt wird oder man den Weg in die Öffentlichkeit geht; ansonst wird „gemauert".

Aber zurück zu meinem Beispiel: Das Management der Wiener Organisation, das in Kopenhagen saß, wollte das nicht sehen und beließ alles einmal so wie es war.

Also wenn wo Minderbemittelte sitzen, dann vermutlich eher dort.

Und an was liegt es dann, wenn es sich dabei nicht um die von Hubbard angesprochenen Minderbemittelten handeln soll?

An was wohl?

Vielleicht an den Rezepten Hubbards?

Das würde ich eher annehmen, wenn ich meine Erfahrungen hernehme. Aber nehmen wir einmal Punkt d) und tauchen wir noch weiter in den Hubbardschen „Kosmos" ein, denn jetzt wird er noch etwas deutlicher:

„Die Service-Faksimiles der Leute verursachen, dass sie sich gegen alles verteidigen, dem sie sich gegenüber sehen – sei es gut oder schlecht -, und es ins Unrecht zu setzen suchen."[53]

Ganz einfach gesehen lautet seine These, dass jedermann Überlegungen oder sonst was hat, die er anstellt, um sich selbst in rechte und andere ins „unrechte" Licht zu setzen.

Nehmen wir die Bäcker her – das würde dann so lauten: „Man muss davon ausgehen, dass jeder Bäcker nicht nur bäckt, sondern ständig Überlegungen nachgeht, dass eigentlich alle anderen Bäcker oder der Filialleiter, der Bundespräsident oder der Papst generell ‚schuld' an seinem Schicksal sind und er daher etwas unternehmen müsse, um wieder der zu sein, der er eigentlich ist.

Verstehe ich soweit – was ich immer noch nicht ganz verstehe: Service-Facsimile?

Man muss sich das so vorstellen – wobei das nur geht, wenn man sich das Ganze „scientologisch" denkt ...

Also eine weitere Fremdsprache?

Das kann man so sagen - also denke bitte „scientologisch": Die „Bank" stellt einem mehr oder weniger permanent irgendwelche „Aufzeichnungen" zur Verfügung, die einen dann veranlassen, dass man auf so wilde Ideen kommt, wie ich sie vorher ansprach.

„Service-Faksimiles" sind nun „Berechnungen", die jemand anstellt, um sich ins rechte und andere ins „falsche" Licht zu setzen – die „Grundlage" liefert ihm die „Bank". Soweit die wilde Theorie dahinter.

Was ist die „Bank"?

Hubbard hat in seinem Kochbuch vermerkt, dass der Verstand 3 Teile hat – den analytischen, den somatisch und den reaktiven. Dieser reaktive Verstand wird im Jargon als die „Bank" bezeichnet. Am ähnlichsten noch der gängigen Bezeichnung „Unterbewusstsein" – nur dass Hubbard einschränkt, dass sich darin nur Negatives befindet. Und das muss radikal weg – wie sollten sonst aus den grauen oder schwarzen Hüten der Cowboys ganz schnell weiße werden?

Also ist der Bäcker oder auch du und all die anderen Menschen nie alleine – sondern immer in Gesellschaft der „Bank"?

So kann man das sagen, wenn man der Diktion Scientologys folgt. Mich wundert überhaupt, dass es Brot, Gebäck und sonstiges geben kann, wo doch die armen Bäcker erstens nichts von Scientology wissen und zweitens von ihrer eigenen Bank „bedrängt" werden – denn in Punkt e) spricht es der „Meisterkoch" dann aus:

> „Die Bank versucht, das Gute zu zerstören und das Schlechte fortbestehen zu lassen."[54]

Also müssten die Bäcker aller Länder in Scharen die Scientology-Organisationen aufsuchen, sonst ist die Versorgung der Bevölkerung gefährdet – oder?

Ja – das ist damit gemeint und im „Alltag" eines Scientologen auch umgesetzt: Ich bin oft und oft irgend jemandem gegenübergesessen, der mir das unter Nase gehalten hat.

Waren es die beiden Damen der IAS, die mich stundenlangen bearbeiteten, meine „Bank" zu bekämpfen, indem ich meine Hausbank davon überzeugen sollte, mir mehr Geld zu geben, das ich wiederum ihnen geben sollte, damit sie „Gutes" tun könnten ...

Werde bitte ein bisschen deutlicher!

Mir wurde gesagt, dass mein Abwehrverhalten nicht so sehr davon kam, dass ich schlicht und ergreifend kein Geld hatte, sondern von meiner „Bank", meinem „Reaktiven Verstand" und dass ich nur Herr über die „Bank" werden könnte, wenn ich rund 21.000 Euro bezahle, die ich zwar nicht hatte - aber dann hätte ich „gewonnen".

Ist das nicht verrückt?

Ich war nicht „einsichtig", vielleicht auch minderbemittelt, oder hatte einen niedrigen IQ – aber nach einigen Stunden, bei denen die beiden Damen auf meiner Brust „knieten", habe ich es dann „kapiert" - und bezahlt.

Obwohl du es nicht hattest.

So ist Scientology – man macht sehr schnell, was man eigentlich nicht möchte, was sogar in exakt die falsche Richtung geht.

Aber es war nicht nur damals, sondern unzählige Male so – und das betraf nur mich. Bei anderen Scientologen läuft es nicht anders.

Oder: Als ich im Krankenbett lag und mir wegen eines Schecks wieder die Brust besetzt wurde – und, und, und ...

Was ich nicht verstehe: Zahlt niemand in Scientology freiwillig, da es doch so toll sein soll und man ohnehin schon einiges gemacht hat?

In meinen 28 Jahren habe ich das nur ganz wenige Male gesehen, dass jemand freiwillig oder von sich aus, etwas gemacht hat. Ansonsten nimmt immer irgend wer einen Anlauf und springt auf die „Brust" des Betreffenden – und „überzeugt" ihn, dass er das jetzt machen „will"; sei es jetzt zu bezahlen oder das bereits Bezahlte zu konsumieren und sich auf der „Brücke" weiterzubewegen.

Was heißt „will"? Sollte das nicht „soll" heißen?

Das sollte man meinen – nur habe ich auch das, mit ganz, ganz wenigen Ausnahmen, nie gesehen.

Ist das nicht komisch?

Das ist es – nur wird das in Scientology „hinwegerklärt". Schuld ist wieder einmal die „Bank" – siehe Punkt e).

Diese 5 Punkte „beschreiben" ganz genau den „Alltag" eines Scientologen. Egal was man tut, immer läuft dieses „Programm" mit – oder man wird daran „erinnert".

Ich kann mich an viele Male erinnern, wo ich mir überlegte, wie vor allem die Punkte c), d) und e) vielleicht bei mir „aktiv" waren – und so verhinderten, dass ich eine scientologyfreundliche Entscheidung traf.

Das Eigene wurde mehr und mehr in den Hintergrund gedrängt – als ich überlegte, ob ich mich scheiden lassen sollte oder nicht, bezog ich sie ein, als ich überlegte, wo wir einen neue Wohnung nehmen sollten, lief das mit usw.

Es gab bei mir eine Fülle an Gelegenheiten und jeder, den ich kannte, war mehr oder weniger oft damit konfrontiert.

Immer fragte man sich, ob man dementsprechend lebte – und versuchte noch 100%iger zu sein.

Irgendwann macht man das natürlich nicht mehr bewusst – man hatte das Prinzip verinnerlicht. Überall war man ja mit diesem „Gesetzesblatt" konfrontiert, man findet es auf jedem Kurs und bekommt es immer wieder in der einen oder anderen Form präsentiert.

Man muss nur lange genug etwas hören und dann glaubt man, dass das die Wahrheit ist – meinst du das?

Ja, das meine ich. Aber gehen wir wieder zu Hubbard und seinem „Gesetzesbrief" zurück - er meint:

> „Die Beiträge, die während dieser Entwicklungszeit der Technologie wertvoll waren, bestanden aus Unterstützung in Form von Freundschaft, Verteidigung, Organisation, Verbreitung, Anwendung, Informationen über Ergebnisse und aus finanzieller Unterstützung."[55]

Nach diesem Rückblick kommt er zu folgendem „Schluss":

> „Wir werden hier keine Spekulationen darüber anstellen, warum dies so war oder wie ich dazu kam, mich über die Bank zu erheben."[56]

Wiederum meint er nicht seine Hausbank, über der er ein Appartement bezogen hat, sondern seine „Bank".

> „Wir beschäftigen uns nur mit Tatsachen, und das Obige ist eine Tatsache – die Gruppe, sich selbst überlassen, hätte die Scientology nicht entwickelt, sondern hätte sie mit wilden Dramatisationen der Bank, genannt ‚neue Ideen', ausgelöscht."[57]

Damit spricht er doch auch die wilden Eskapaden des Guardian Offices, der „Finanzpolizei" und allem anderen, was du mir erzählt hast, an – oder?

Ja und nein. Das ist ja das „Spezifische" an Scientology: Man weiß nie so ganz genau, ob man nun mit dem „Segen des Herren" vorgeht oder nicht. Mit genau dem gleichen Text kann man das Ganze auch umgekehrt sehen und die nachfolgenden „Hinrichtungen" rechtfertigen.

Erklär mir das bitte.

Die „Finanzpolizisten" räumten Anfang der 80er Jahre manchmal mehr als die Hälfte der Mitarbeiter weg, cashten von den

Organisationen Millionen – also ganz im Sinne der Verteidigung des Herren. Und plötzlich war das nicht mehr in seinem Sinne – und sie wurden selbst „exekutiert" - unter dem gleichen „Titel".

Kam das später auch vor?

Nimm „Business Success", das im Scientology-Verband ein angesehenes Mitglied war. Einer seiner Geschäftsführer war „OT 7" und trat dann in die Seeorganisation ein. Dann kam 2001 und plötzlich war es eine „wilde Idee", dass man Seminare anbot, auf denen der Stempel „Hubbard" nicht zu finden war. Im „Zweifelsfall" nahm man vorerst einmal einige Millionen in Cash mit und drohte mit dem Zeigefinger. Weißt du, was ich meine?

Und warum zahlte man diese Millionen?

Copyrights, Tantiemen, Nutzungsgebühren ...

Das verstehe ich überhaupt nicht.

Die Copyrights sind die nächsten „heiligen Kühe" von Scientology, sozusagen die "allerheiligsten Kühe". Alles und jedes ist „gecopyrighted" und man bekommt zu hören, dass das notwendig sei, um die „Reinheit" der Hubbardschen Worte sicherzustellen.

Aus meiner Erfahrung weiß ich aber, dass die Gebühren für die Benutzung des Copyrights ganz schön ins Geld gehen können und wie im Fall „Business Success" in die Millionen.

Wenn man die Unterlagen Hubbards nämlich verwendet – muss man Tantiemen bzw. Nutzungsgebühren bezahlen und die können bis zu 15% des Betrages ausmachen.

Also, wenn jemand ein Seminar anbietet, dass, sagen wir, 1.000 Euro kostet, muss er 150 Euro an Nutzungsgebühren bezahlen.

Ja – und wenn, nehmen wir das wieder an, 20 Leute dieses Seminar besuchen, macht man 20.000 Euro Umsatz – und muss 3.000 Euro an Scientology abliefern. Wenn man sich ansieht, wer das dann kassiert, erscheinen auch die Copyrights in einem neuen Licht. Im Internet findet man unter der Adresse „www.freierscientologe.netfirms.com/komplott.htm" Interessantes dazu.

Ich habe auch noch nie gehört, dass jemand für die Bibel Nutzungsgebühren einhebt. Für eine Erfindung sehe ich das ein – aber ist das nicht kommerziell?

Und: Kann man für die Wahrheit, die man angeblich hat, ganz schnöde Nutzungsgebühren eintreiben; mit Methoden, bei denen selbst die Inquisitoren des Mittelalters noch einiges lernen könnten?

Ob das der Sinn der Übung ist? Oder ist es doch nur ein Geschäft?

Ich lasse diese Frage einmal im Raum stehen – denn es wäre so, als ob man jemandem schlechte Absichten unterstellen würde, der mit einem Messer, von dem Blut tropft, mitten im Zimmer steht.

OK – aber fahr fort.

Das mache ich glatt, den jetzt kommt Hubbard wieder auf seinen Lieblingspunkt – nämlich zu zeigen, dass die Menschheit zuvor noch nie etwas zustande gebracht hat - und das muss ich wieder wortwörtlich zitieren, obwohl ich gerade von den Copyrights gesprochen habe:

> „Diese Tatsache wird dadurch erhärtet, dass der Mensch niemals zuvor eine brauchbare geistige Technologie entwickelt hat, und sie wird unterstrichen durch die schädlichen Technologien, die er tatsächlich entwickelt hat – Psychiatrie, Psychologie, Chirurgie, Schockbehandlungen, Peitsche, Zwang, Bestrafung usw. ohne Ende."[58]

Aber jetzt wird er direkt optimistisch:

> „Erkennen sie also, das wir aus dem Schlamm herausgeklettert sind – durch welch gutes Glück und gesunden Menschenverstand auch immer – und weigern sie sich, wieder in ihn zurückzuversinken. Sehen sie zu, dass die obigen Punkte Sieben, Acht, Neun und Zehn erbarmungslos befolgt werden, und wir werden niemals aufgehalten werden."[59]

Um schlussendlich wieder streng zu werden:

> „Lassen sie darin nach und werden sie in dieser Sache nachsichtig, und wir werden untergehen."[60]

Und wie „lebt" sich das? Wie hast du das erlebt?

Ich war einmal in England und habe dort Auditing konsumiert. Ich hatte eine Woche Zeit, die war dann um und ich wollte nach Wien zurückfliegen. Aber da baute sich die damalige „Chefin" der Organisation vor mir auf und verbot mir ganz einfach den Heimflug - das sei nicht „technologiekonform", meinte sie.

Und was hast du gemacht?

Ich sehe sie noch vor mir stehen, während sie mir mit strengem Gesicht ihre Meinung kundtat – und hatte ein Problem.

In mir lief einerseits das Programm „Die Funktionsfähigkeit der Scientology erhalten" und auf der anderen Seite stand mein Rückflug, mein Job, meine Familie usw.

Anfangs dachte ich mir: Was soll das?

Aber sie blieb „standhaft" – und letztendlich ließ ich meinen Flieger sausen und blieb. Dabei ging es ihr nur darum, dass sie „im Recht" war - mein weiterer Aufenthalt war gar nicht wichtig.

Ist das nicht krank?

Ja – aber einige Absätze weiter unten schreibt Hubbard, warum es Gruppen – und die beginnen bei 2 Personen – zu nichts „bringen" können:

> „Der gemeinsame Nenner einer Gruppe ist die reaktive Bank. Thetans ohne Bank zeigen unterschiedliche Reaktionen. Sie haben nur ihre Bank gemeinsam. Sie stimmen also nur in Bank-Prinzipien überein. Von Person zu Person ist die Bank identisch. Daher sind konstruktive Ideen individuell und erhalten nur selten breite Zustimmung in einer Gruppe von Menschen. Ein Individuum muss sich über ein begieriges Verlangen nach Zustimmung durch eine humanoide Gruppe erheben, um irgend etwas Anständiges fertig zu bringen."[61]

Dann folgt wieder der übliche Hubbard-Sermon bevor er konkret wird:

> „Die anständigen und angenehmen Dinge auf diesem Planeten stammen von individuellen Aktionen und Ideen, die es irgendwie geschafft haben, die Gruppenidee zu umgehen."[62]

Und damit man weiß, wen er damit meint, wird er sehr konkret:

> „Und doch gibt es keine ethischere Gruppe auf diesem Planeten als uns."[63]

Und damit das so bleibt, wird Hubbard jetzt ganz konkret:

> „Somit kann sich jeder einzelne von uns über die Herrschaft der Bank erheben, und dann können wir als eine Gruppe befreiter Wesen, Freiheit und Vernunft erreichen.
>
> Nur die aberrierte Gruppe, der Mob, ist destruktiv.
>
> Wenn sie Sieben, Acht, Neun und Zehn nicht aktiv durchsetzen, arbeiten sie für den von der Bank beherrschten Mob. Denn er wird ganz gewiss a) inkorrekte Technologie einführen und darauf schwören, b) Technologie so inkorrekt wie möglich anwenden, c) jeglicher destruktiven Idee die Tür öffnen und d) inkorrekte Anwendung fördern.
>
> Es ist die Bank, die sagt, die Gruppe sei alles und das Individuum nichts. Es ist die Bank, die sagt, dass wir fehlschlagen müssen.
>
> Also spielen sie dieses Spiel einfach nicht mit. Setzen sie Sieben, Acht, Neun und Zehn durch und ihr zukünftiger Weg wird frei von Dornen sein."[64]

Und darum baute sich die englische „Chefin" vor mir auf, darum hat sich in all den langen Jahren immer irgend jemand vor mir aufgebaut, um das durchzusetzen, was gerade „individuell" angesagt war – und ich habe nachgegeben, da ich es auch verinnerlicht hatte: Ich wollte nicht in den Schlamm „hinabsinken".

Ich kann das zumindest einmal gedanklich nachvollziehen – aber nicht verstehen, da es derart Schwarz-Weiß ist und so unendlich menschenverachtend, dass ich im Moment maximal Kopfweh oder Brechreiz bekomme.

Das kann ich verstehen. Aber Hubbard lässt nicht locker, und wer es immer noch nicht kapiert hat, was er meint, wird jetzt noch mit einigen „Stehsätzen" überschüttet, die aber innerhalb von Scientology biblische Dimensionen haben:

> „Wenn sie Studenten nicht zum Abschluss bringen können, indem sie an ihren gesunden Menschenverstand appellieren, und sie nicht mit strahlender Weisheit graduieren können, graduieren sie sie in einem solchen Schockzustand,

dass sie Alpträume kriegen, wenn sie auch nur an Squir-reln denken.

Dann wird die Erfahrung allmählich Punkt Drei bei ihnen hervorbringen, und sie werden so viel Verstand haben zu wissen, dass sie keine Schmetterlinge fangen sollen, wenn sie auditieren sollten."[65]

Mit „Squirreln" meint er Abweichungen von der Scientology-Technik. Und Hubbard legt noch weiter nach, macht den Betroffenen noch mehr zum Verantwortlichen für die Zukunft der Menschheit:

„Wenn sich jemand für einen Kurs einschreibt, dann betrachten sie ihn als Mitglied für die Dauer dieses Universums – lassen sie niemals eine ‚ausgeschlossene' Einstellung zu. Wenn jemand fortgehen will, lassen sie ihn schnell fortgehen.

Wenn sich jemand eingeschrieben hat, so ist er an Bord, und wenn er an Bord ist, dann ist er zu den selben Bedingungen hier wie alle anderen von uns – gewinnen oder beim Versuch sterben."[66]

Aber Hubbard legt noch martialischer nach - zieht jetzt wirklich alle Register:

„Lassen sie ihn niemals ein halbherziger Scientologe sein. Die besten Organisationen der Geschichte waren harte, hingebungsvolle Organisationen.

Kein einziger weichlicher Haufen Windelhöschen tragender Dilettanten hat jemals etwas zustandegebracht. Es ist ein hartes Universum. Der soziale Anstrich lässt es mild erscheinen. Aber nur die Tiger überleben – und selbst sie haben es schwer. Wir werden überleben, weil wir zäh und hingebungsvoll sind. Wenn wir jemanden wirklich ordnungsgemäß ausbilden, wird er mehr und mehr Tiger. Wenn wir halbherzig ausbilden, uns davor fürchten zu kränken oder Angst davor haben, etwas durchzusetzen, dann machen wir Studenten nicht zu guten Scientologen – und damit werden alle im Stich gelassen."[67]

Und weiter:

„Die richtige Ausbildungseinstellung ist: ‚Du bist hier, also bist du ein Scientologe. Jetzt werden wir dich zu einem fachmännischen Auditor machen, was auch immer geschieht. Wir haben dich lieber tot als unfähig."[68]

Das gibt es doch nicht? Wo sind wir?

Aber ja, das gibt es - einige Sätze weiter legt Hubbard noch nach:

„Wir spielen nicht irgendein unbedeutendes Spiel in der Scientology. Es ist nicht nett oder etwas, was man in Ermangelung eines Besseren tut.

Die gesamte qualvolle Zukunft dieses Planeten – jedes Mannes, jeder Frau und jedes Kindes darauf – und ihr eigenes Schicksal für die nächsten endlosen Billionen Jahren hängen davon ab, was sie hier und jetzt mit und in der Scientology tun.

Dies ist eine tödlich ernste Tätigkeit. Und wenn wir es versäumen, jetzt aus der Falle herauszukommen, dann haben wir vielleicht niemals wieder eine andere Chance.

Denken sie daran, in all den endlosen Billionen Jahren der Vergangenheit ist dies unsere erste Chance, es zu schaffen. Verpfuschen sie es jetzt nicht, weil es ihnen unangenehmen oder unsozial vorkommt, Sieben, Acht, Neun und Zehn durchzusetzen.

Setzen sie sie durch und wir werden gewinnen."[69]

Und damit haben wir den „Boden" unseres fiktiven Tempels – auf diesem stehen meiner Meinung nach die Haupt- und alle Nebensäulen von Scientology.

Und jetzt muss man nur mehr in der Lage sein, sich das alles auf der Zunge zergehen lassen und sein Hirn einzuschalten.

Dann sieht man unweigerlich, was Hubbard meint.

Und warum hat das dann bei dir 28 Jahre gedauert?

Klar, ich kann sagen, ich bin ein Idiot gewesen oder sonst was. Aber ich war gar kein so großer Idiot – auf das komme ich immer mehr drauf. Ich hatte nur nie die Chance, an meinen Verstand heranzukommen, und mein Herz bzw. mein Fühlen wurde auch sehr rasch hinwegerklärt und verflüchtigte sich. Es gibt immer noch eine Menge Menschen, die Hubbards Kochbuch anbeten, emsig studieren und danach kochen.

Ich mache diesen Menschen keinen Vorwurf – den machte ich ihnen nur, solange ich selbst nicht realisierte, dass ich nie eine Chance hatte, mein Hirn und mein Herz zu hören.

Man ist nur ganz am Anfang „bei sich" – da schnuppert man noch, sich nichts böses denkend, in die Hubbardsche Welt hinein.

Und dann geht alles sehr rasch – die Falle schnappt zu und man hat ganz einfach keine Chance mehr, die Stimme seines Herzens zu hören und die Logik seines Verstandes nachzuvollziehen.

Dann ist man in die Science-Fiction-Welt Hubbards eingetaucht.

Und wie kommt man da wieder heraus?

Nicht sehr einfach. In meinem Fall würde ich sagen: Nur weil ein wunderbarer Mensch in mein Leben getreten ist – sonst hätte ich nie gesehen, was Scientology wirklich ist und hätte nie die richtige Konsequenz gezogen.

Man braucht also einen „Engel"?

Im Idealfall: Ja. Mit Liebe geht es am einfachsten – und ist noch immer schwer genug. Ich bin zwar 2002 ausgetreten, habe aber dann zwei weitere Jahre und weitere „Schicksals-Reminder" benötigt, um wirklich das Kapitel „Scientology" abzuhandeln.

Aber man braucht auf jeden Fall jemanden, der einen darauf aufmerksam macht und einem danach hilft – ohne diese Hilfe geht es nicht!

Und wenn einem das Leben schon die Chance gegeben hat, sich mit dem absolut Bösen auseinander zu setzen, dann sollte man diese Chance nutzen.

Es gibt einen Weg aus Scientology heraus. Er ist nicht einfach, aber begehbar. Und man wird ihn nicht alleine schaffen.

Aber man muss alleine die Entscheidung treffen, ihn gehen zu wollen.

Man hat immerhin die Möglichkeit, sein Leben zurück zu erhalten, wenn man diesen Weg geht.

Also lohnt es sich, darüber nachzudenken.

Nachwort

Ich hatte das Glück, Wilfried vor seiner Zeit bei Scientology kennen zu lernen.

Er war 18 Jahre, als wir uns über den Weg liefen und 1 ½ Jahre lang ein jugendliches Paar aus uns wurde.

Mir begegnete damals ein unbeschwerter, lockerer junger Mann, der mir sein Herz schenkte. Seine Liebe war wie warmer Sommerregen, sanft und erfrischend rieselten seine Gefühle in meine Richtung. Ich war sein Sonnenschein, und genau so verhielt er sich mir gegenüber. In der Zeit, die wir miteinander verbrachten, war er mir immer voller Freude zugewandt. Er hatte ein offenes Herz, gab seinen Gefühlen Ausdruck und hatte einen sehr wachen Verstand. Er stand der Gesellschaft und ihren Normen sehr kritisch gegenüber und gleichzeitig konnte nichts seinen Optimismus und seine Leichtigkeit trüben.

Ein junger Mann voller Gefühle, dessen Bewusstsein immer einen Schritt voraus war, und auf der Suche nach dem Sinn des Lebens.

30 Jahre später traf ich auf einen gestylten Mann in edlen Klamotten, dessen Körperhaltung und Körpersprache eine gewisse Überheblichkeit und Machtanspruch ausdrückte. Er gab sich weltgewandt, selbstsicher, über den Dingen stehend. Einzig sein Wortwitz erinnerte mich noch an den Wilfried von früher. Ich tat mir schwer, diesen Eindruck einzuordnen, zumal jeder Mensch sich innerhalb so langer Zeit verändert und andere Werte als in der Jugend lebt. Doch eine derartige Veränderung erstaunte mich.

Worüber man mit ihm sprach, er hatte alles im Griff, auf alles eine Antwort, und stolzierte mit seinem genagelten, handgemachten Schuhwerk durch die Welt.

Er erschien mir wie eine leere Hülle mit einer schillernden Fassade. Seine Intelligenz und seine Wortgewandtheit konnten mich nicht darüber hinwegtäuschen, dass aus ihm ein Mann geworden war, der meilenweit von sich selbst entfernt war. Er konnte sich wunderbar rationell in jedes Thema hineinbewegen, ohne selbst bewegt zu sein.

Seine Seele war von einem starren Panzer umgeben, die ein gewisses Fliessen von Gefühlen oder Empfindungen nicht ermöglichte.

Er war imstande, wunderschöne Worte zu Gefühlen zu formulieren, aber immer klarer spürte ich, dass dies leere Worthüllen waren, ohne lebendigen Inhalt.

Scientology wurde in unseren Gesprächen nur gestreift, ich wollte damit nicht konfrontiert werden, wusste, dass er dazugehörte, und dachte mir nichts wesentliches dabei.

Als Wilfried im Krankenhaus lag und wir nicht wussten, ob er überleben wird, schickte seine Ex-Frau eine ganze Menge „Freunde" aus der Scientology-Szene an sein Krankenbett.

Ich saß stundenlang einfach nur neben ihm, hielt ihm die Hand und beobachtete das Geschehen. Alle strahlten irgendwie die selbe Energie aus. Oberflächlich, keine Gefühlsregung, Sunny-Boys and Sunny-Girls, selbst neben dem Bett eines sterbenden Freundes.

Ich sagte Wilfried damals, dass mir all diese Leute wie Zombies erscheinen, gleichgeschaltet, ohne Gemütsregungen.

In unserer Beziehung werde ich auch heute noch mit den Altlasten, im Sinne von irrwitzigen Glaubenssätzen, eintrainierten Verhaltensmustern und einem sehr fraglichen Wertesystem konfrontiert.

Das übergeordnete Prinzip, „Überleben" um jeden Preis, zieht sich wie ein roter Faden durch alle Reaktionen, Empfindungen und Handlungen. Die Überbetonung und Pervertierung der geistigen Potenz und die als minderwertig indoktrinierten Ebenen des seelisch-körperlichen Daseins des Menschen, erschweren tiefgehende Begegnung. Langsam, sehr langsam gelingt es immer mehr, diese Struktur aufzubrechen.

Meine Wahrnehmung ist, dass dieses Weltbild und das dazugehörende Glaubenssystem von Scientology aus einem jungen, offenen, der Welt zugewandten, liebesfähigen Menschen eine funktionierende Einheit ohne lebendig-seelische Inhalte gemacht hat.

Ein Kontrollwesen, darauf trainiert, alles außer Kraft zu setzen, was nicht mit den Werten dieses Systems konform geht.

Mit einer starren Innenwelt, die jenseits von emotionaler Berührbarkeit liegt, jedoch gekonnt getarnt ist.

Auf seinem Weg zurück zu sich selbst hat er schwierige Strecken zurückgelegt und wir wissen nicht, was noch alles vor ihm liegt. Vieles davon wäre alleine nicht möglich gewesen. Sein Mut, seine Kraft und sein Optimismus waren die Ressourcen, die es ihm ermöglichten, das System zu hinterfragen und zu erkennen, das es nur in eine leblose Sackgasse führt, den Weg aus dieser Sackgasse zu suchen und zu finden.

Mein unerschütterlicher Glaube und mein Wissen um sein wahres, inneres Wesen, voller Idealismus und Liebe, gab uns die Kraft, diesen Weg gemeinsam bisher zu gehen.

Wir beide hatten das Glück, vor Scientology füreinander von Bedeutung gewesen zu sein, einander zu kennen und zu lieben. Dies schaffte eine Basis des Vertrauens und wir hatten dadurch einen unverstellten Blick in das Innere, jenseits von Manipulation.

Der Weg zurück in die eigene Identität, in die eigene Autonomie und in die eigene Autorität ist nie leicht, aber ohne diesen Weg geht jeder an seinem Menschsein vorbei. Er ist gangbar, wenn Stück für Stück das eigene Herz, die eigene Seele und das eigene Denken von allen Befremdungen befreit wird.

Mit aller Hilfe, die dazu notwendig ist.

Niemand kann dies allein.

Dann wird der Mensch fähig, in seiner individuellen Art zu lieben.

Die einzige Art, er selbst zu sein.

Angelika

Anhang

„Business Success" und WISE

Über das „World Institute of Scientology Enterprises" – kurz WISE genannt – gibt es jede Menge Aussagen im Internet und in der Literatur.

Ich selbst habe WISE eigentlich nur im Zusammenhang mit dem Seminarunternehmen „Business Success" in Österreich kennen gelernt.

Es gibt sicher auch noch außerhalb von „Business Success" WISE-Unternehmen – aber „Business Success" ist die Schaltstelle aller Ent- und Verwicklungen.

Ich weiß das, da ich in den 90er-Jahren auch sehr eng mit „Business Success" gearbeitet habe.

Aber jetzt der Reihe nach, sonst wird es wieder verwirrend – und das ist beim Thema „Scientology" ohnehin nur sehr schwer vermeidbar.

„Business Success" wurde ursprünglich von Ing. Fritz S., einem „OT 8"-Scientologen, der heute in München lebt, und Dr. Erwin A., ebenfalls „OT 8" und nach seinen „Finanzkunststücken" auf der Flucht vor dem Finanzamt und der Justiz, gegründet.

Das Unternehmen hieß damals „Spohn & Partner" und bot in erster Linie das „Unglaubliche Verkaufsseminar" an. Hauptteile stammen von einem Amerikaner, ich glaube, er heißt Edwards oder so, der nichts mit Scientology zu tun hat; „aufgefüllt" wurde es mit Teilen aus Hubbards „Kochbuch".

Dazu kam dann bald ein sogenanntes „Motivationsseminar für Führungskräfte", das stammt aus der Feder von Herrn St., ebenfalls Scientologe, der schon auf die reine Lehre seines Herrn zurückgriff – das Seminar war und ist 100% Scientology.

Dazu kam dann noch der Kommunikationskurs – ebenfalls Scientologymaterial -, das auf dem ursprünglichen Kommunikationskurs aufbaut und in einer abgeschwächten Version unter dem Titel „Erfolg durch Kommunikation" von „Business Success", aber auch den Scientology-Organisationen angeboten wird.

Anfangs lief das gut – große Unternehmen wurden „geschult" – und dann drang die Tatsache von „Scientology" an die Ohren der großen Firmen; und seitdem „schult" man die kleinen und mittelgroßen Unternehmen, die weniger Zeitung lesen.

Der Einfachheit halber verkaufte Ing. S. die Firma an Gerald P. und machte mit Dr. A. derweil eine Ausstellung, bei der fast 2 Millionen Euro „verbraten" wurden; danach flüchtete Erwin A. aus Österreich, da er der Finanzchef dieser Ausstellung war.

Ich machte damals die komplette Werbung für diese Ausstellung und hatte derart auch Einblick in die eigenartige Gebarung.

Aber zurück zu Gerald P., der natürlich auch „OT" war – ich glaube, auf Stufe 7.

In seiner Ära kam WISE – das „World Institute of Scientology Enterprises" - ins Spiel.

Die Firma war ohnehin schon eine Scientologenfirma – oder machte neu eintretende Nicht-Scientologen blitzschnell zu eben solchen.

Und dann kam die Idee auf, „Ethik" bei den diversen Scientology-Unternehmen „hineinzubringen".

Unter Federführung von Ing. Franz W. wurde das angegangen – als „Starthilfe" fungierte wieder einmal eine „Seeorganisations"-Truppe in Gestalt von zwei Herren aus diesem Elitechor der Scientologen.

Und dann wurde jeder, der etwas mit der Wirtschaft zu tun hatte und Scientologe war, „eingeladen", seine Sünden zu beichten. Das bereits bekannte „Aufschreiben" eben dieser wurde eine Zeitlang die Hauptbeschäftigung. Unter Brüllen und sonstigen Methoden wurde jeder Scientologe dazu gebracht, sie zu „bekennen" - und gleich auch WISE-Mitglied zu werden.

Interessant war nur das Detail, das ich erst jetzt erfuhr: Einer der beiden - mit den ganzen „Sündenberichten" unter dem Arm - ist zwar aus Wien abgefahren, aber niemals irgendwo angekommen. Was er wohl damit macht? Sie lesen? Aber selbst damit sollte er schon längst fertig sein.

Aber wieder zurück in die Mitte der 90er-Jahre und zu Ing. Franz W., der sich gemeinsam mit Constantin Z. mühte, durch den ganzen Wust durchzublicken.

Als sogenanntes „Charter committee" waren sie zwar von Scientology dazu „autorisiert", gaben aber trotzdem bald auf, da irgend etwas nicht stimmen konnte.

Die „Idee" WISE schlief also bald wieder ein, es gab zuvor ein starkes Aufleuchten, aber dann ging man wieder zur Tagesordnung über und ließ WISE vorerst einmal WISE sein.

Gerald P. verkaufte dann das mittlerweile auf „Business Success" umbenannte Unternehmen an Sonja und Helmut P.; auch Ing. Franz W. hielt Anteile. Wie genau das ablief, weiß ich nicht – ich habe später nur erfahren, dass es eine ganze Menge Geld war, das die drei für eigentlich sehr wenig bekamen.

Gerald P. hatte sicher mehr davon, denn er wechselte danach in die „Seeorganisation", wo er irgendwo im Dunstkreis von WISE International tätig wurde und ist.

Die Zurückgebliebenen hatten nicht nur eine Menge Schulden durch diesen Kauf, sondern waren auch mit dem Tagesgeschäft konfrontiert.

Denn interessanterweise lief dieses gar nicht gut. Obwohl doch die Seminare so toll waren, sprach sich das selten bis gar nicht herum.

Lediglich die Steuerfahndung kam freiwillig ins Haus.

Alle anderen Seminarteilnehmer mussten mühselig „überzeugt" werden – und dazu gab es die Mitarbeiter von „Business Success".

Nach P.s Abgang waren das neben den bereits erwähnten Helmut P. und Ing. Franz W. noch Niki G., Mag. Johannes P., Richard A. und Mag. Josef S.

Natürlich alles Scientologen bzw. sehr rasch zu solchen gemacht.

Und dann gab es ja auch noch Filialen in Ungarn, der Slowakei und Tschechien, die alle bald größer waren als das „Stammhaus" in Wien.

Für die Slowakei und Tschechien war es Pavol „Pauli" T., für Ungarn der Nicht-Scientologe Laszlo A., die geschäftsführend tätig waren.

Bis auf eben diesen Laszlo A. wurden alle immer sehr rasch zu Scientologen. Pavol T. war sogar sehr stolz darauf, der erste "Clear" der Slowakei zu sein

T. und A. waren zuvor Geschäftspartner und auch Freunde von mir. Dachte ich zumindest.

Laszlo A. spricht immer noch mit mir und unsere Freundschaft überdauerte den „Sturm", für T. wurde ich, wie für so viele andere, zur Unperson, einem „Unterdrücker", der Scientology zerstören möchte.

Aber wieder zurück zur „Business Success"-Story.

Das „Geschäft" war hart, Niki G. schied bald aus, Mag. Jonhannes P. machte sich selbstständig und löste sein „Einkommensproblem" so, dass er die Unternehmen, die er beriet, „ausquetschte" wie eine Zitrone.

Ob seine Beratungen Sinn machten oder nicht, war nicht so entscheidend – Sinn für ihn machten sie auf jeden Fall, denn sie waren nicht gerade billig und einige Tausend Euro waren sehr schnell beisammen, wenn man ihn im Haus hatte.

Mag. P. kooperierte nach wie vor mir „Business Success" und „lieferte" u.a. das „Motivationsseminar für Führungskräfte".

Er „bezog" auch seine Kunden vornehmlich von „Business Success" und trat ihnen dementsprechend einen Prozentsatz seiner Einnahmen ab. Ende der 90er-Jahre arbeitete ich in einem ähnlichen Vertragsverhältnis und übernahm damals auch die „Finanzschlüssel" von Mag. P.

Ing. Franz W. war die „graue Eminenz" des Ganzen, titulierte sich zeitweilig als „Internationaler Direktor", bevor ihn Pavol T. darin ablöste.

P., W. und T. sind selbstverständlich auch hochrangige „Operierende Thetane" – irgend etwas zwischen Stufe 3 und 5. Wenn sie schon „weiter" sind, bitte ich das zu entschuldigen.

Die eigentlichen „Verkaufs-Kampfterrier" waren und sind – nimmt man den Internetauftritt von „Business Success" – die Herren P., A. und Mag. S..

Der eine im dicken Audi A6, der andere im Audi TT und S. im Rover. So fuhren sie bei einer Firma vor – und plauderten aus ihrer „Schule". Wie das abläuft? Man muss sich nur ansehen, wie die „Trainingsroutinen" Hubbards aufgebaut sind und wie „Hartes Verkaufen" funktioniert – dann weiß man schon alles. Und wenn man berücksichtigt, was es sonst noch alles an tollen „Rezepten" Hubbards gibt, kann man sich vorstellen, wie so ein Gespräch abläuft.

Und es läuft immer noch ab – auch im Jahr 2005 existiert dieses „Team" in alter Frische und fährt vor; auch wenn man jetzt schon ganz schön weit fahren muss, um jemanden zu finden, der noch nichts von „Business Success" und Scientology sowie deren Methoden, gehört hat.

Denn seit dem Frühjahr 2001 fiel ein wesentliches Argument von „Business Success" weg. Bis dahin war es noch möglich, sich zumindest teilweise von Hubbards „Technologien" zu distanzieren.

Als zur Abwechslung wieder einmal eine WISE-Mission „einmarschierte", sollte sich das bald ändern.

Die beiden „Seeorganisations"-Mitglieder – der eine seines Zeichen Executive Direktor WISE EU und Grieche, und der andere ein junger amerikanischer „Sicherheitsüberprüfer" – ließen bei „Business Success" keinen Stein auf dem anderen; und nicht nur dort.

Jeder der nur irgendwie mit „Business Success" zu tun hat, wurde „sicherheitsüberprüft", hinter jedem Zettel wurde Verrat gewittert und alle wurden dabei „auf Linie" gebracht.

Das heißt im Klartext: Ab sofort, war nur mehr Material zugelassen, wo der Name „L. Ron Hubbard" bzw. „Scientology" groß und deutlich zu sehen war. Alles andere wurde schlicht und einfach verboten.

Wer sich nicht daran halten wollte, wurde einfach hinausgeworfen.

Und wenn das nicht möglich war?

Dann geschah das Seltsame, dass sich die beiden Herren ganz einfach still und leise zurückzogen.

Jetzt fragt man sich: Wie das?

Ich war ja damals unmittelbar betroffen und konnte aus nächster Nähe verfolgen, wie die österreichische und slowakische „Business Success"-Abteilung ihre Hände an die Hosennähte legte und die Tschechen dies unter Murren taten.

Die Ungarn unter Führung von Laszlo A. taten weder noch, sondern sahen im Auftreten der beiden Herren von WISE eher eine Erpressung, bei der man nur die Polizei holen müsste, um derartiges zu unterbinden - und da wurde zum Rückzug geblasen, es gab ja noch einiges zu tun.

Ich wurde fast „geköpft" und dann doch nur mit einer gelben Karte belastet und hatte ein „Spezialprogramm" zu absolvieren, während dem ich mit „wachen" Augen beobachtet wurde. Die Hubbardsche „Ethik-Technologie" zeigt dabei, wie das auszusehen hatte.

Aber der Rest der „Business Success"-Truppe stand mehr oder weniger lächelnd im Spalier – bis auf den wackeren „Gallier" A. in Ungarn – und dann ließ man dann die „Katze aus dem Sack":

Die beiden Herren wollten Geld – viel Geld. Nämlich nachträglich für sämtliche Seminare von „Business Success" die „Tantiemen" für die Nutzung der Copyrights. Und das war in Summe ein Betrag zwischen 4 und 5 Millionen Schilling.

Und das musste jetzt her – und es kam auch.

In einer wilden Aktion trieb Mag. Johannes P. diese Summe auf, intern wurde mit „Machtbereichen" innerhalb von „Business Success" jongliert und Pavol T. war plötzlich eine Art Mehrheitseigentümer und so weiter und so fort.

Die beiden Herren von WISE waren daran nicht sonderlich interessiert – sie nahmen die Millionen und verschwanden damit über die Grenzen. Sie kamen aber diesmal geschlossen an und so ging das Spielchen weiter.

Alle waren „auf Linie" gebracht worden, nur der „störrische" Laszlo A. nicht, der weder mit WISE noch mit Scientology etwas zu tun haben wollte.

Also schickte man ihm 6 Mann vor die Tür und in dem anschließenden Gespräch prophezeite man Laszlo A. eine böse Zukunft.

Entweder war derjenige wirklich ein „Seher", obwohl er nur ein österreichischer Scientologe in jugendlichem Alter war, oder er wusste schon damals, was jetzt beginnen würde.

Ich persönlich tippe auf zweites.

Auf jeden Fall verlor Laszlo A. fast alle sein rund 30 Mitarbeiter, denen die Frage gestellt wurde: „Entscheidest du dich für Laszlo A. oder Scientology". Und da es meist Scientologen waren, war die Antwort absehbar: Hände an die Hosennaht.

Ich erlebte die Prozedur persönlich, als Jasmin M. von der Wiener Scientology-Organisation meinen Sohn im Sommer 2003 ähnlich fragte: „Entscheidest du dich für deinen Vater oder Scientology?". Laszlo A. musste bald seine Firma zusperren und „durfte" wieder bei Null anfangen.

Was ihm interessanterweise auch gelungen ist. Er firmiert heute in einem sehr modernen Bürokomplex – und das obwohl ihm der WISE-Mann eine so schlechte Zukunft prognostiziert hat, wenn er sich gegen Scientology stellen würde.

Und damit sind wir wieder im Hier und Heute.

„Business Success" agiert immer noch auf dem Seminarmarkt und macht das unter einer 100%igen Scientology-Fahne.

Außerdem müssen ja auch die Millionen wieder verdient werden, mit denen die beiden WISE-Mannen 2001 das Land verließen.

Und das kann dauern.

Denn woher kommt das Geld dazu?

Von allen österreichischen Unternehmen, die noch nichts von Scientology, dem selbst ernannten Meisterkoch und seinem „Kochbuch" gehört haben. Und „Business Success" hat dieses „Kochbuch" Hubbards nicht nur unter dem Arm, sondern drängt ihre Kunden auch dazu, den einen oder anderen Blick auf die diversen „Rezepte" zu werfen; der Einfachheit halber werden Interessierte gleich an die Scientology-Organisation im 10. Wiener Gemeindebezirk weitergereicht, da dort die umfassendere „Rezept"-Sammlung ist.

Und der Übergag: Manche Firmen bekommen ihre „Business Success"-Seminare sogar von der Wirtschaftskammer gefördert – ohne der Wirtschaftskammer etwas unterstellen zu wollen: Dort weiß man einfach nicht, was man damit wirklich fördert.

Jesse Prince

Jesse Prince war ein ranghoher Führungsoffizier in der „Seeorganisation", der aus Scientology ausgetreten ist:

„Ich bin mit der Scientology Organisation eng vertraut, ihrer Entwicklung und ihren Überzeugungen, da ich 16 Jahre (1976-92) in Scientology war und die höchsten Ränge bekleidete, einschließlich des zweiten Mannes in der Führung des „Religious Technology Center" (RTC – „Erster Mann" ist David Miscavige – Anm. d. Übers.).

Meine Position war damals „Deputy Inspector General, External", was soviel bedeutet, mit allen Aktivitäten außerhalb der Scientology Organisation beauftragt zu sein. Das bedeutete, sich mit allen Rechtsverfahren durch oder gegen irgendeine Scientology-Organisation, mit geheimdienstlichen Angelegenheiten (Spionage, verdeckte Aktionen), gegen erkannte oder eingebildete „Feinde" (von den Kritikern über die Medien, bis zu den Gerichten), mit dem Registrieren von Handelsmarken und dem Erteilen von Lizenzen an andere Scientology Organisationen, womit sämtliche Scientology Körperschaften hautnah kontrolliert wurden, immer unter der Aufrechterhaltung des falschen Eindrucks, einer „gemeinschaftlichen Einheit" zu befassen.

Ich empfing dabei Befehle, das Gesetz zu übertreten. Und ich erteilte Befehle zur Übertretung des Gesetzes. Ich brachte andere dazu, das Gesetz zu übertreten und half dann, diese kriminellen Tätigkeiten zu verheimlichen, genauso wie sie es jetzt machen.

Diese Taktik ist eigentlich eine der meistbenutzten Zwangsmaßnahmen durch die Hierarchie von Scientology: Mitglieder in kriminelle Handlungen zu verwickeln, für die sie dann haftbar sind; damit wird verhindert, dass die Person ihre Meinung äußert. Selbst wenn ein Mitglied es schafft, Scientology zu verlassen oder zu fliehen, so wird es sich nur widerwillig vor den Gerichten oder Behörden darüber äußern, da es Teil von kriminellen Handlungen war. Zudem ist die Organisation bereit, mafiaähnliche Methoden anzuwenden, um ein Ex-Mitglied zu bedrohen, wenn die Hierarchie vor seiner Zeugenaussage Angst haben muss. Falls das Ex-Mitglied sich trotzdem äußert, wird die Organisation behaupten, davon keine Kenntnis zu haben und die Person beschuldigen, ein Krimineller zu sein; wo die Person doch nichts anderes tat, als unter Zwang Befehle zu befolgen.

Als Hubbard 1986 starb, brach in Scientology ein 18-monatiger Machtkampf aus, der damit endete, dass Pat Broeker, Hubbards unmittelbarer Vertrauensmann, eliminiert wurde. Die Macht wurde von David Miscavige übernommen, der die Organisation danach säuberte.

Ende 1991 wurde meine Frau Monika schwanger und obwohl wir darüber begeistert waren, wurde ihr befohlen, das Kind abzutreiben. Der Grund dafür ist, dass es Sea Org-Mitgliedern nicht erlaubt ist, Kinder zu haben. Als uns die Sea Org wieder hinter Stacheldraht und Sicherheitswachen hatte, wurde meiner Frau angedroht, dass sie ihren Vater und ihre Schwester nicht mehr sehen durfte - die beide ebenfalls in der Sea Organisation waren.

Das ist eine weitere Macht, welche die Organisation ausübt. Wie in einem Polizeistaat kann sie Familiengliedern befehlen, ihre Beziehungen zu ändern und dies zu erzwingen.

Der PC-Folder (ein Preclear-Folder wird vor allem beim scientologischen Auditing angelegt – Anm. d. Übers.) von Mr. Wollersheim umfasste mehrere tausend Seiten und war rd. 180 cm hoch. Während dieser Sitzung wurde entschieden, dass Mr. Wollerheim's PC-Folder bearbeitet und jedes Beweismaterial oder jede Dokumentation aussortiert werden sollte, die Mr. Wollersheim bei seinem Prozess gegen CSC (Church of Scientology of California – Anm. d. Übers.) unterstützen könnte. (...) Schließlich wurden etwa 50 Seiten entsprechend der Forderung des Gerichts vorgewiesen. Mr. Wollersheim's PC-Folder wurde auf einen direkten Befehl von David Miscavige aussortiert.

Später wurde ich darüber informiert, dass ein zweites Gericht anordnete, die vollständigen Akten von Mr. Wollersheim auszuliefern. Damit konfrontiert, Mr. Wollersheim's vollständige Akten vorlegen zu müssen, gab David Miscavige die Anweisung, den gesamten PC-Folder einzustampfen.

Das Material, das David Miscavige zerstören ließ und das Rick Aznaran einstampfte, war das selbe Material, das vom Gericht im Fall Mr. Wollersheim gegen CSC angefordert wurde.

Ich erkläre, unter Androhung einer Strafe wegen Meineids gemäß den Gesetzen der Vereinigten Staaten und des Staates Kalifornien, dass das voranstehende wahr und richtig ist. Ausgestellt am 27. Juli 1998 in Santa Ana, Kalifornien.
Jesse Prince"[70]

Andre Tabayoyon

Andre Tabayoyon war jahrelang Mitglied von Scientology und deren „Seeorganisation" – nach seinem Ausstieg stand er dem kalifornischen Gericht als Zeuge zur Verfügung. Im Folgenden werden Teile seiner eidesstattlichen Erklärung widergegeben – die Teile, die ausgelassen wurden, betrafen Nebensächliches, können aber unter www.Ingo-Heinemann.de/tabay1.htm nachgelesen werden.

EIDESSTATTLICHE ERKLÄRUNG ANDRE TABAYOYON

CD – 13 vom 26. August 1994

5. Seit ich hier als Fachzeuge auftrete, fiel mir die Überwachung auf, unter der ich stehe. Auf einer Fahrt nach Arizona wurde ich von einem Lieferwagen und einem PKW verfolgt. In Mesna, Arizona, folgte uns jemand zum Frühstück und war sich auch darüber im Klaren, dass wir ihn als Beobachter erkannt hatten. Beim Aufenthalt in Newport Beach folgte man uns täglich bis zu Mr. Berry's Büro und zurück. Gegenwärtig halte ich mich zu Hause auf und da steht ein moderner blauer Pontiac, um mir auf Schritt und Tritt zu folgen.

PERSÖNLICHER SCIENTOLOGY-HINTERGRUND

Bevor ich ein Scientologe wurde, gehörte ich dem Infanteriekorps der „Marines" der Vereinigten Staaten an. Ich machte einen Diensteinsatz in Vietnam mit. Ich war bei der Infanterie und als Kundschafter zur Sicherheit der Lager eingesetzt, oft hinter den Feindeslinien, von wo aus Scharfschützen der Marines Ziele mit Hilfe spezieller Scharfschützengewehre ausschalteten. Es war weiterhin meine Verantwortung, die hochtrainierten und daher sehr wertvollen Scharfschützen sicher wieder hinter unsere Fronten zurückzugeleiten. Aufgrund der hohen Wahrscheinlichkeit, dass ich über größere Zeitabschnitte hinweg hinter Feindeslinien operieren würde, wurde ich sowohl auf den Philippinen als auch in Vietnam bezüglich spezieller Flucht- und Vermeidungstaktiken trainiert. Zusätzlich zu diesem Training erhielt ich Unterweisung darin, wie man der zu vermuteten Gehirnwäsche und den Überredungstechniken unter Zwang widersteht, die in dem Fall zu erwarten waren, dass ich lebend gefangengenommen worden wäre. Aufgrund der verdeckten Art der mir zugewiesenen Operationen wurde ich auch darin ausgebildet, wie ich die unscheinbarsten Mittel einsetzen könnte, um mein Leben selbst zu beenden, damit kein Häscher Informationen auspressen könnte, die meine Mission oder mein Land gefährdet hätten. Meine Missionen erforderten von mir, mehrere Vietnamesen zu töten, einige davon aus der Nähe; von diesen starben mehrere in meinen Armen. Diese Ereignisse haben einen anhaltenden und negativen Eindruck in mir hinterlassen.

7. Nach meiner Rückkehr aus Vietnam litt ich an Alpträumen und anderen Erinnerungen an meine Erfahrungen als Frontkämpfer, die meine Tauglichkeit angriffen.

Bei meiner Rückkehr war „posttraumatisches Stresssyndrom" noch kein allgemeiner Begriff. Die Krankenhäuser für Militär und ehemalige Kriegsteilnehmer gaben weder mir noch meinen Kameraden mit ähnlichen Problemen Hilfe. Ich war entschlossen, nicht in die menschlichen Tiefen abzugleiten, die ein Missbrauch von Narkotika oder anderen legalen oder illegalen Drogen nach sich gezogen hätte.

8. Aus diesem schwankenden Zustand heraus wurde ich für die Scientology rekrutiert. Deren Anziehung beruhte zum Teil auf dem Versprechen, dass Scientology mir Mittel liefern würde, um mit diesen störenden Erinnerungen und Alpträumen umzugehen.

9. In allen Bereichen der Scientology werden verschiedene Formen von Überredung unter Druck (coercive percuasion) eingesetzt. Einer der Alltagsbegriffe der Scientology ist Registrierungs („Reg") Zyklus. In einem Reg Zyklus werden Mitglieder unter Druck überredet, etwas zu tun, von dem ein höhergestellter Scientologe glaubt, es sei gut für Scientology. In meiner 21jährigen Mitgliedschaft bei der Scientology habe ich selbst beobachtet, wie Auditoren und andere den „heißen Knopf" einer Person feststellen. Ich habe gesehen, wie Auditoren diese heißen Knöpfe vieler Personen in den verschiedenen Arten von Interviews einsetzten (Ethik, Chaplain, Registration, Beratung etc.), um das Mitglied dazu zu drängen, Geld zu spenden, den nächsten Service zu belegen, der Seeorganisation beizutreten, zum RPF zu gehen, auf gemeinsame Zeit mit ihren Kindern und Familien zu verzichten, um mehr Zeit und Kraft zum Nutzen von Scientology einzusetzen.

10. Nachdem ich zu Scientology kam, wurde ich Mitglied der Seeorganisation. Ein Richtlinienbrief des Hubbard Kommunikationsbüro definiert die Seeorganisation als: „Die religiöse Elitebruderschaft innerhalb der Scientology Church. Die Seeorganisation ist nicht eingetragen und ist kein Teil irgend einer Körperschaft. Ihre Mitglieder haben mit dem Management der Church zu tun und mit der Lieferung der höheren Services der Church" Finanz Serie 1.1 R.

11. Die Indoktrination, die ich in der Church erhielt war umfassend. Sie machte mich bekannt mit den Zwangsmethoden, welche die Scientology an ihren Mitarbeitern und Kunden einsetzt. Mein Training umfasste die folgenden Kurse mit den unten aufgeführten Inhalten:

(a) FLAG EXECUTIVE BRIEFING KURS – alle Richtlinien, die Hubbard jemals über das Betreiben, Wiederflottmachen („Debugging") einer Organisiation und bei Bedarf das komplette Schaffen einer ganzen Organisation geschrieben hatte; mit Vorstellungen und Praktiken der Gedankenumwandlung in Verbindung mit Überredung der Mitarbeiter und Kunden unter Zwang.

(b) ORG FÜHRUNGS KURS – alle Richtlinien, die Hubbard jemals über das Betreiben, Wiederflottmachen („Debugging") und bei Bedarf das komplette Schaffen einer ganzen Organisation geschrieben hatte; mit Vorstellungen und Praktiken der Gedankenreform in Verbindung mit Überredung der Mitarbeiter und Kunden unter Zwang.

(c) SEA ORG OFFICER TRAINING – Dieser Kurs umfasste alle Flag Orders, Orders des Zentralbüros, Techniken der Missionärsschule und alle Richtlinien, die Hubbard über das Betreiben, Wiederflottmachen („Debugging") und bei Bedarf das komplette Schaffen einer ganzen Organisation geschrieben hatte; mit Vorstellungen und Praktiken der Gedankenreform in Verbindung mit Überredung der Scientologen unter Zwang, sowohl Mitarbeitern als auch Kunden.

(d) INDOKTRINATIONSTRAINING FÜR DEN REHABILITATIONS-PROJEKTTRUPP.

(f) MASTER AT ARMS (Polizeioffizier) DES REHABILITATIONS-PROJEKT-TRUPPS – Ich lernte in obigen Kursen, wie man Verfahren der Gedankenumwandlung einsetzt, um Personen für Überredung gefügig zu machen.

(g) HUT DES TECH VERANTWORTLICHEN FÜR DEN REHABILITATIONS PROJEKTTRUPP - Ich lernte, wie verschiedene Verfahren zu Gedankenumwandlung, ideologischer oder sozialer Veränderung einzusetzen waren, um fügsame Opfer von Gedankenumwandlung zu erhalten, dass sie die Ziele der Scientology annehmen würden, so wie sie von Hubbard und/oder Miscavige geäußert wurden.

(h) HUT DES QUALIFIKATIONS VERANTWORTLICHEN FÜR DEM REHABILITATIONS PROJEKTTRUPP - Dieses Training lehrte mich, Fehleinsätze von Gedankenumwandlung, ideologischer oder sozialer Veränderung zu erkennen, so dass die Überredung unter Zwang bei den Personen unter meiner Überwachung maximale Folgen bringen konnte.

(i) FALLÜBERWACHER TRAINING FÜR DEN REHABILITATIONS PROJEKTTRUPP - Mir wurde beigebracht, wie die Verfahren zur Gedankenumwandlung einzusetzen waren, um die grundlegendsten Aspekte der Persönlichkeit einer Person zu verändern und eine persönliche Hingabe der Person zu erzwingen, die der Förderung des Zieles der Scientology, den Planeten zu klären, diente.

(j) AUDITOREN TRAINING FÜR DEN REHABILITATIONS PROJEKTTRUPP - Ich lernte, Gedankenumwandlung einzusetzen, um Personen dazu zu bringen, ihre Verbrechen und Sünden gegen die Scientology als Schritt zu ihrer „Rehabilitation" als hingebungsvolle Scientologen zu bekennen.

(k) ROLL BACK TRAINING - Ich erhielt Training darin, wie man Gerüchte, Aussagen von Unzufriedenheit oder gegen Scientology gerichtete Gedanken zu ihrer Quelle zurückverfolgt, so dass diese Quelle ausgelöscht und Quellen von Unzufriedenheit ausgeschaltet werden konnten.

(l) SCHWARZE PR RUNDOWN TRAINING - Dieses Training sollte einem beibringen, wie man herausfindet, wer negative Informationen verbreitet und ihn mit mentalen Zwangsmethoden vollständig handhabt. Ich lernte, wie man negative Informationen über Scientology aufspürt. Sobald sie herausgefunden worden waren, wurden die Schuldigen zur Zielscheibe der internen „Freiwild"-Taktik, wie dem RPF des RPF, dem RPF oder allgemeinem mentalen Missbrauch.

(m) WAHRHEITS RUNDOWN TRAINING - Ich lernte, wie man Gedankenumwandlung einsetzt, um unpassendes Verhalten bei Personen zu erreichen, die Gerüchte oder schwarze PR über Scientology verbreiteten.

(n) INTROSPEKTIONS TRAINING - Ich lernte Scientology-Techniken, um Personen zu erreichen, die während der Gedankenwandlunsverfahren psychotische Zusammenbrüche erlitten hatten. Personen in dieser Verfassung konnten keine Beziehung mehr zur realen Welt halten. Der Schwerpunkt des Introspektionstrainings war, Reize vom Individuum abzuschirmen, mit der Hoffnung, dass es sich im Laufe der Zeit erholen würde.

(o) FALSCHE ZIELE RUNDOWN TRAINING - Dies war eine ganze Serie von Praktiken der Gedankenumwandlung, die eingesetzt wurden, um Denkweisen bei Menschen zu ändern. Ich lernte in der Zeit im RPF, wie man Auditoren überwacht, welche die Gedanken von Leuten umwandelten.

(p) TRAINING FÜR DAS ABLEGEN FALSCHER DATEN - Dies ist eine Technik zum Aufspüren von Vorstellungen, die „Out Tech" (von den Regeln Scientologys abweichende Verfahren) beinhalten, um diese „Out Tech"-Vorstellungen mit Hubbards Informationen zu ersetzen.

(r) „ZU GRAUSAM"-TRAINING – Dieses Training lehrt einen Überwacher, wie er in Untergebenen völligen Terror und äußerste Angst aufbaut, so dass die Untergebenen die Befehle des Überwachers fraglos ausführen. Ich war in der Zeit von 1972 bis 1992 21 Jahre lang Mitglied verschiedener Scientology Churches von 1971 bis 1992. In dieser Zeit habe ich umfangreiche Ausbildung als Scientologe bekommen.

13. Ich war auch ein Mitglied der Seeorganisation, der ich 1972 beitrat. Die Seeorganisation ist eine bruderschaftliche Organisation aus fanatischen Scientologen, die sich dem Schutz und der Förderung der Scientology und ihrer Führer verschrieben haben. Von Seeorganisation-Mitgliedern wird erwartet, dass sie ihre Anweisungen unabhängig aller Hindernisse vollenden. Die Mitarbeiter von CSI, RTC und allen anderen Scientology Organisationen oberhalb von Klasse IV sind Mitglieder der Seeorganisation.

14. Hubbard etablierte die Seeorganisation als internationale Lösung zu periodischen Zahlungsschwierigkeiten, die verschiedene Organisationen in den ersten Jahrzehnten der Existenz von Scientology hatten.

15. Innerhalb der Scientology haben Seeorganisation Mitglieder eine fraglose Autorität über Angelegenheiten von Scientology-Organisationen. Diese Autorität wird in verschiedener Weise ausgeübt. Erstens können Seeorganisations-Mitglieder in jede Scientology-Organisation geschickt werden oder in jedes Geschäft, welches einem Scientologen gehört, einer Organisation oder Mission. Historisch gesehen waren Guardian Office-Missionen und Seeorganisation-Missionen ein und dasselbe. Wenn Seeorganisations-Mitglieder „auf Mission" sind, haben sie vollständige Ethikmacht, um alle Schritte zu unternehmen, die dem größeren Nutzen der Scientology dienlich sind. CMO Int-Botschafter (Commodores Messenger Organisation International Messengers) sind immer auf Mission, haben also vollständige Autorität, jedwede Orders zu erlassen, die ihnen angemessen erscheinen. CMO Int-Botschafter hatten die vollständige Autorität von Hubbard als er lebte. Hubbard war damals der Commodore der Seeorganisation. Nun haben sie die vollständige Autorität von David Miscavige.

16. Die Seeorganisation ist für Scientology das, was die Kommunistische Partei für Russland und die Gestapo für Nazideutschland war. Tatsächlich durften Seeorganisations-Mitglieder keine kommunistischen Thesen lesen oder Bücher oder Zeitschriften über mentale Kontrolle (Mind Control) oder Gedankenumwandlung, weil dabei die Ähnlichkeit zum Leben in der Seeorganisation deutlich geworden wäre.

17. Ich unterzeichnete den standardisierten Seeorganisation-Vertrag, nach dem ich eine Milliarde Jahre lang der Seeorganisation dienen sollte. Danach sollte ich der Seeorganisation in jedem zukünftigen Leben dienen, mit jeweils 21 Jahren Urlaub zu Beginn jeden Lebens, so dass der Vertrag nicht aufgrund von mangelnder Mündigkeit wegen Jugend oder Kindheit ungültig werden könnte.

18. Als Seeorganisation-Mitglied, bekam ich Tausende von Ausbildungsstunden grundlegender Seeorganisation-Richtlinien. 1977 wurde ich für 18 Monate dem RPF zugewiesen. 1980 wurde ich dem RPF für weitere 2 ½ Jahre zugewiesen. 1987 wurde ich wieder dem RPF für weitere 18 Monate zugewiesen. Demnach habe ich insgesamt ca. 6 Jahre im RPF verbracht. Während dieser 6 Jahre habe ich auch Zeit – 19 ganze Tage – im RPF des RPF verbracht. Das RPF des RPF hat

den Zweck, jede persönlichen Entschluss, das RPF nicht zu machen, zu zerstören. RPF ist eine völlig unfreiwillige Art von Gulag oder Konzentrationslager. Um dort wieder herauszukommen und draußen zu bleiben, muss man bewiesen haben, dass man die Ideale, die Moral, die sozialen und emotionalen und Einstellungswerte eines anderen Mitgliedes des RPF langfristig geändert hat, und es muss durch die körperlichen Aktionen und Bewegungen der so geänderten Person belegt werden. Man muss auch schriftliche Beweise in Form von Erfolgsberichten vorbereiten, in denen steht, wie wunderbar und freiwillig das RPF war. Während meiner sechs Jahre im RPF verbrachte ich täglich fünf Stunden mit Studium von Scientology und Instruktionen in Scientologyangelegenheiten. Während der fünfzehn Jahre in der Seeorganisation, in denen in nicht im RPF war, verbrachte ich täglich zweieinhalb Stunden mit Studium von Scientology und Instruktion in Scientologyangelegenheiten. Nach simpler Berechnung habe ich, vorsichtig geschätzt, über 28.000 Stunden Studium der Scientology und Instruktion in Scientology hinter mir. Die scientologischen Verfahren zur Gedankenumwandlung wurden durch weitere Verfahren unterstützt, denen ich wie alle Seeorganisations-Mitglieder ebenfalls ausgesetzt war. Diese beinhalteten: (1) Indoktrination bei täglichen Appellen; (2) Unterrichtungen („Briefings"); (3) Missionen; (4) Scientology-Justizaktionen; (5) Kreuzzüge; (6) Sicherheitsüberprüfungen oder Sec Checks; und (7) Auditing. Auditing ist die zentrale Praktik der Scientology. Sie verwendet ein E-Meter, ein einfaches Elektrogalvanometer, welches einem Lügendetektor ähnelt aber nicht gleicht. Man hält zwei Blechbüchsen, die mit dem E-Meter verbunden sind und verfällt auf Anweisung des Auditors in einen hypnotischen Zustand. Diese hypnotischen Zustände schließen diejenigen ein, die „Träumereien" (reverie) und „Wieder-leben-dig-machen" (revivification) genannt werden.

20. Während meiner 21 Jahre als Scientologe hatte ich auch vielfältige Gelegenheit zu sehen, wie diese Scientology Richtlinien in vielen verschiedenen Zusammenhängen eingesetzt wurden. Die Hubbard Technologie, die oft „Tech" genannt wurde, wurde angeblich eingesetzt, um Leuten zu helfen. Sie wurde auch oft unter Zwang eingesetzt, um das Verhalten von Leuten zu kontrollieren und um sie für reale oder eingebildete Verstöße gegen Scientology zu bestrafen.

21. Während meiner Dienstzeit in der Seeorganisation bekleidete ich viele Posten: Die verschiedenen Posten oder Positionen, die ich während meiner Verbindung zu Scientology innehatte, umfassten:

a. Kommandierender Offizier, Master at Arms (Polizeioffizier)

b. Missionärseinheit, Kommandierender Offizier

c. Exekutivdirektor, Portland Kreuzzug

d. Stellv. Exekutivdirektor, Los Angeles Kreuzzug

e. L. Ron Hubbards Butler

f. Exekutiv Etablierungsoffizier

g. RPF Bootsmann West US, Kinder RPF Bootsmann

h. Zweiter der Mission zur Vorbereitung Räume LRH

i. Verantwortlicher der Mission Studiokonstruktion LRH

j. Verantwortlicher Mission LRH Renovierungen

k. Offizier für Installationen Hilfsmittel

l. Registrar

m. Seeorganisations-Rekrutierer

n. Seeorganisations-Ethikoffizier

o. Seeorganisations-Offizier

p. Missionär
q. Verantwortlicher Sicherheitsmission
r. Sicherheitsposten der Unterkünfte in Hemet (Streife)
s. RPF Verantwortlicher Tech
t. RPF Fallüberwacher
u. RPF Sektionsführer
v. RPF Mitglied
w. RPF Verantwortlicher Qualifikation
x. Verantwortlicher der Missionärstruppe Grundbesitz (Estates)
23. Auf diesen verschiedenen Posten beobachtete ich, wie die innersten Kreise der Scientology arbeiteten. Ich beobachtete manipulative Gedankenkontrollverfahren, nahm daran teil und wurde deren Opfer; sie waren darauf ausgerichtet, das Denken der Personen, an denen sie angewendet wurden, zu formen. Diese Praktiken herrschten besonders im Rehabilitations Projekttrupp („RPF") vor, eine Operation mit Gehirnwäsche und Strafen, die sehr dem ähnelt, was ich laut meiner Ausbildung während meinem Wehrdienst in Vietnam vom Vietkong, den Nordvietnamesen und den Rotchinesen hätte erwarten können.
24. Ich kannte L. Ron Hubbard („Hubbard") persönlich. Ich arbeitete direkt für Hubbard, den Gründer des Scientology Glaubenssystemes. Hubbard war Miscavige Vorgänger als Kopf der Scientology.
25. Von 1971 bis 73 arbeitete ich persönlich mit Hubbard auf dem Schiff namens Apollo. Ich sah selbst, wie Hubbard alle Aspekte von Scientology, der Seeorganisation und Guardian Office („GO")-Netzwerken lenkte. Tatsächlich glaubte ich damals, dass Hubbard mein Leben gerettet hätte. Ich war „über Bord geworfen" bzw. vom Schiff gestoßen worden. Hubbard befahl, dass ich herausgezogen werden sollte. Danach glaubte ich, dass Hubbard mein Leben gerettet hätte und gab mich ihm und der Scientology sehr hin. Ich war für Hubbard sowohl Steward als auch Butler. Demgemäss war ich oft alleine mit ihm – sogar wenn er sich selbst mit einer Nadel eine Lösung in den Arm injizierte. Dies tat er häufig. Ich legte auch die Pillen bereit, die er aus zehn nummerierten Flaschen einnahm.
26. Ich kenne David Miscavige. Ich habe auch für ihn viele Jahre gearbeitet. Miscavige ist ein Scientologe der zweiten Generation. Er wurde in Scientology hineingeboren, schied aus der High School aus und wurde als Teenager einer von Hubbards Commodore Botschaftern. In dieser Position, so wurde ich informiert und so glaube ich persönlich, war er verantwortlich für viele internationale illegale Devisentransfers von Multimillionen. Dies machte er als jung und unschuldig aussehender Kurier. Miscavige kannte nie ein Leben außerhalb der Scientology. Er gleicht einem „Rondroid" (L. Ron Hubbard Droid oder Kunstmensch), so weit wie es nur möglich ist. Er verfolgt Hubbards Ziel, dass Scientology den gesamten Planeten übernehmen soll, einschließlich aller Regierungsköpfe und Nachrichtenmedien. Hubbard sagte: „Nimm alle Leute, bringe sie in Scientology und lasse sie unter den Verfahren der Scientology laufen." Hubbards Plan ist, dass Scientology die Verbindung zum Planeten Erde darstellt, so dass eine Person zuständig ist und der gesamt Planet einer scientologischen Organisationstafel („Org Board") mit sieben Divisionen untersteht.
27. Miscavige ist nun der „kirchliche" Kopf der Scientology. Er ist Kommandeur der Scientology-Seeorganisation. Er ist auch Vorsitzender des Direktorenrates („COB") des Religious Technology Center („RTC").

SCIENTOLOGY IST BEWAFFNET UND GEFÄHRLICH

28. 1991 musste ich die Basis so vorbereiten, dass sie gegen eine mögliche Übernahme durch Behörden im Krisenfall verteidigt werden könnte. In der Basis gibt es ca. 750 Leute. Ich war Verantwortlicher für ein Projekt, das für die Basis das Sicherheitssystem entwerfen sollte, den äußeren Zaun, die rasiermesserscharfen Hindernisse, die Ausleuchtung des äußeren Zaunes, die elektronischen Bildschirme, die versteckten Mikrophone, die Bodensensoren, die Bewegungsmelder und die versteckten Kameras, die im ganzen Gelände und sogar außerhalb der Basis installiert wurden.

29. Church Gelder wurden verwendet um halbautomatische Sturmgewehre anzuschaffen (HK 91), Sturmgewehre mit einer Schussleistung von 300-250 Schuss pro Minute; Pistolen Kaliber 45, 380 Automatikwaffen und zwölf kalibrierte Schrotflinten wurden eingelagert. Diese Waffen sind nicht registriert. Church Gelder wurden ebenfalls eingesetzt, um die Munition zu kaufen.

30. Gelder wurden ebenfalls eingesetzt, um die vielen Pfund Schießpulver zu kaufen, mit denen verschiedene Arten von Sprengvorrichtungen zur Verteidigung der Basis konstruiert wurden.

31. Die Motorradstreifen wurden darin ausgebildet, geladene und gespannte Pistolen Kaliber 45 zu tragen. Der Späher in einer hoch über der Basis angebrachten Plattform wurde an einem weittragenden Gewehr mit Zielfernrohr ausgebildet. In diesem „Adlerhorst" gibt es weiters ein 1.000 mm-Teleskop.

32. Ich arbeitete drei Klassen von Eindringlingen aus und bestimmte auch die für jeden nötige tödliche Waffe. Zusätzlich zu den Feuerwaffen wurden die Wachen im wirksamen Einsatz von kleinen Knüppeln ausgebildet. Grundlegende Dinge wie Schläge auf die Herzmitte, auf den Solar Plexus und dann seitlich am Kopf usw.

33. Auf Kosten der Church trainierte ich die Sicherheitsposten und das andere Personal der Basis im Gebrauch dieser Waffen und Sprengmittel. Weiter trainierte ich sie im Einsatz tödlicher Mittel im Nahkampf. Wir bauten einen Kampfstand für Trainingszwecke und ich instruierte Scientologen in den verschiedenen Arten, jemanden zu erschießen. Weiter trainierte ich sie in Nachtsicht und Hinterhalt-Techniken. Wir verwendeten eine Schlucht, die ringsum eine Abschirmung bot, so dass der Lärm keine Ermittlungen auslösen könnte.

BEWUSSTER EINSATZ DER HUBBARD TECHNIKEN UM SCIENTOLOGEN ZU SCHADEN, DIE BEI MISCAVIGE IN MISSKREDIT GEFALLEN WAREN: SCHWARZE DIANETIK, „ENTGEGENGESETZTES VERFAHREN" UND STEVEN FISHMAN

34. In den über zwei Jahrzehnten Erfahrung in der Scientology habe ich in vielen Fällen beobachtet, wie die Hubbard Tech nach ihrer Bestimmung eingesetzt wurde, um Personen darin zu unterstützen, mit sich selbst und Ereignissen, Personen und Dingen in ihrer Umgebung zurechtzukommen. Ich habe jedoch auch beobachtet, wie die Hubbard Techniken bewusst eingesetzt wurden, um Scientologen zu schaden, wenn sie gegenüber Hubbard oder Miscavige in Ungnade gefallen waren. Wenn die Hubbard Tech bewusst missbraucht wird, um Schaden zu verursachen, wird die Praktik „Schwarze Dianetik" oder „Entgegengesetztes Verfahren" genannt („Reverse Processing"). Nach meiner Auffassung war Steven Fishman das Opfer „Schwarzer Dianetik" und wurde nur durch Intervention von Dr. Geertz vor einem bevorstehenden

35. Meine Beobachtungen waren direkt und persönlich. Ich bin ein hochtrainierter RPF Auditor. Als ich für die Überwachung der Scientology Auditing Technologien für Fälle von Scientologen zuständig war, die dem RPF zugewiesen worden wa-

ren, da bekam ich direkt von David Miscavige, Ray Mithoff, Sandy Wilhere und Hansuli Stalli sowie anderen die Order, die Hubbard Technologie dahingehend zu missbrauchen, dass extreme mentale und emotionale Belastungen bei Personen geschaffen wurden, die ich per Anweisung einer Sicherheitsüberprüfung oder einem „Sec Check" unterziehen lassen sollte. Wir verwendeten die Hubbard Technologie einschließlich Sicherheitsüberprüfungen am E-Meter gemeinsam mit häufig unter Zwang eingesetzten Techniken der Gedankenkontrolle, wie Schlafentzug, Hunger, Austrocknung und Verweigerung anständiger Unterbringung. Ein Beispiel der abstoßenden Bedingungen, denen RPFer manchmal ausgesetzt sind: In einer meiner RPF-Zeiten war meine Schlafstelle eine Platte im Gewölbe des Leichenschauhauses des alten Cedars Sinai Hospitals. Im RPF von Gold bewohnte ich den „Hühnerstall-Schlafsaal". Das war ein alter Hühnerstall, in dem es noch nach Hühnermist roch. Es waren jedoch nicht ausschließlich RPFer, denen ausreichende Nahrung und Schlaf entzogen wurden. In Gold wurden Hunderten von Seeorganisations-Mitgliedern ausreichender Schlaf verweigert, sie wurden bis zu sechs Wochen auf eine Reis-Bohnen-Ernährung gesetzt, der übliche Wochenlohn von $ 30,00 wurde halbiert. Das war als Strafe für untere Ethikzustände wie z.B. geringe Produktion. Zu solchen Gelegenheiten aß Miscavige weiterhin seinen Schinken, Eier, Sandwiches und Steakmahlzeiten.

36. Die Reaktionen menschlicher Wesen auf solche Zustände ist gewissermaßen vorhersehbar. Ich habe bei vielen Personen psychotische Zusammenbrüche erlebt. Darunter verstehe ich eine Reduktion auf unzusammenhängendes Gestammel, Herunterreißen von Kleidung, Herumkrabbeln am Boden, wiederholtes Anschlagen von Kopf, Gliedmaßen oder andere Körperteilen an Wände oder Möbel, Bellen, Verlust jedes eigenen Identitätsgefühles und anhaltende Vorstellung von Suizid. Das wird in Scientology als „PTS Typ III"-Phänomen bezeichnet. Es gibt eine Richtlinie, die es beschreibt. Ich selbst habe viele „PTS Typ III"-Fälle erlebt. Nach meiner Einschätzung wurde Fishman durch Schwarze Dianetik und entgegengesetzte Verfahren gezielt in einen „PTS Typ III"-Zustand getrieben.

37. Ich hatte Teil daran, diesen Prozess an anderen Scientologen bewusst durchzuführen. Ich war Fallüberwacher im RPF. Das bedeutet, dass ich die Auditingakten aller Personen einsah, die während meiner dortigen Dienstzeit dem RPF zugewiesen waren. Ich sah, dass die Technologie regelmäßig für zerstörerische Zwecke eingesetzt wurde. Die Fallnotizen, welche von Auditoren während der Sitzungen angefertigt worden waren, wurden von höheren Führungskräften geändert oder gestrichen. Das hielt spätere Auditoren davon ab, die Personen korrekt einzuschätzen und zu behandeln. Es ist mit einem Blindflug ohne Instrumente vergleichbar. Die Möglichkeit für ernsthafte Schäden werden dadurch wesentlich größer.

38. Richard Aznaran, Sinar Parman und Annie Breeder unterrichteten mich darüber, dass Hubbard zum Zeitpunkt seines Ablebens ein ungehandhabter „PTS III"-Fall gewesen sei. Laut Sinar Parman war Hubbard eine psychopathisch gestörte Person, die aus ganzer Kraft BTs und Clusters anschrie.

39. Mir wurde auch befohlen, eine ganze Anzahl von Personen zu auditieren, darunter auch Stacy Young, während diese im RPF waren. Die Akten, die mir zu Stacy vorgelegt wurden, wiesen sie als stabile, gut ausgewogene Person aus. Als Stacy in den Auditingraum geführt wurde, war ich mit einer aufgelösten, irrationalen und unzusammenhängend sprechenden Person konfrontiert, die ich kaum erkannte. Stacy verbrachte die erste halbe Stunde der Sitzung mit Gestammel und hysteri-

schem Weinen. Ihre Akte war offensichtlich gefälscht worden, um die Wahrscheinlichkeit zu erhöhen, dass weiteres Auditing ihr schadet.

40. Was ich vom Training und meiner Erfahrung als „Schwarze Dianetik" kannte,
wurde auch auf mich angewendet. Ich überlebte das Verfahren ohne psychotischen
Zusammenbruch. Ich vermute, dass mir das umfangreiche Überlebenstraining, das
ich als „Mariner" erhalten hatte, über die extreme Erniedrigung und Selbsternied-
rigung hinweghalf, die ich bei anderen beobachtete.

MORD UND SELBSTMORDFÄLLE IM ZUSAMMENHANG MIT DER SCIENTOLOGY

41. Weiterhin habe ich eine Anzahl von Personen beobachtet, die verrückt wurden,
als sie mit der Hubbard Tech zu tun bekamen, obwohl diese von den anwenden-
den Personen ohne bösartige Absichten zum Einsatz kamen. Beispielsweise sah
ich, wie John Colletto psychotisch wurde, als er die Unterlagen der OT-Stufe III
(Operierenden Thetan Stufe III) zu Gesicht bekam. Er hatte eine Pistole. Vor meinen Augen schoss er seiner Frau in den Kopf. Sie starb sofort. John rannte einige
Schritte, bevor er die Waffe gegen sich selbst richtete und Selbstmord beging. Weiterhin erzählte mir John Travoltas Auditor von zwei Gelegenheiten, bei denen John
Travolta nach Auditing in tiefe Depressionen versank und einen psychotischen Zusammenbruch erlitt.

42. Persönlich habe ich eine Reihe weiterer Scientologen beobachtet, welche als
Folge von Auditingverfahren verrückt wurden und Selbstmord begingen. Bob
Schaffner und ich waren gerade gemeinsam Wachen beim RPF des RPF. Obwohl
Insassen im RPF des RPF nicht miteinander sprechen durften, legte Bob großen
Wert darauf, mir zwei oder drei mal täglich zu sagen, dass er sich wegen seiner
Erfahrungen im RPF des RPF und beim OT III Auditing umbringen würde. Eines
Tages arbeiteten wir an gefährlichen Maschinen, als Bob plötzlich seinen Finger in
die Maschine steckte, die diesen glatt abschnitt. Das Management der Scientology
war sich des Zustandes von Bob voll bewusst. Er stand auf der Liste der Suizidge-
fährdeten. Wegen seiner Neigung war seine Unterbringung im RPF auf das Erdge-
schoss beschränkt. Was auch, wenn überhaupt, getan wurde um Bob zu helfen – es
war vergebens. Einige Jahre später beging er erfolgreich Selbstmord.

43. Ich sah, wie die Verfahren der Scientology zur Gedankenumwandlung an einer
großen Anzahl von Scientologen zur Anwendung kamen, die im RPF oder im
RPF des RPF waren. Diese Verfahren bewirken langanhaltende Veränderungen in
den Haltungen und Werten, den Persönlichkeiten und im Verhalten der Personen.
Einige der von mir behandelten Opfer waren Tom Ashworth, Clarisse Brousseau,
Betsy Byrne, Al Crevello, Steve Crevello, Julie Fisher, Janadair Hackaday, Fred
Houch, Annie Logan, Jim Logan, Judy More, Tony Prybilsky, Tom Saeker, Johnny
Schleshenger, Homer Schomer, Jeff Wrothwiler, Stacy Young und viele andere.

44. Ich beobachtete, nahm Teil an und wurde Opfer von Gedankenumwandlung
im RPF, als ein Mittel zum Einsatz des „Freiwildgesetzes" an abtrünnigen Scientologen. Trotz gegensätzlicher Aussagen war das Freiwildgesetz niemals aufgehoben
und wird es auch niemals sein. Lediglich das Wort „Freiwild" ist in allen Ausgaben
gestrichen. Die Aktion jedoch, Unterdrücker mit Tricks, Lügen, Betrug und sogar
Zerstörung zu handhaben, ist nicht aufgehoben und wird heute weiter eingesetzt.

ANWEISUNGEN ZUM SELBSTMORD

45. Ich bekam direkt von Ray Mithoff Anweisungen, die Hubbard Tech der Gedankenumwandlung zu benutzen, um Tom Ashworth in einen psychotischen Zu-

sammenbruch zu treiben. Ausdrückliches Ziel der Übung war, Tom verrückt zu machen, damit er Selbstmord begeht. Tom wurde zum „PTS Typ III" und machte einen Selbstmordversuch. Später entkam er vom RPF und wurde eingefangen, gegen seinen Willen zurückgebracht und mit 2 Wachen isoliert. Weitere Verfahren zur Gedankenkontrolle wurden an ihm eingesetzt, um ihn dazu zu bewegen, dass er ruhig würde, statt sich umzubringen.

46. Ebenfalls habe ich gesehen und gehört, wie die Hubbard Tech zur Gedankenumwandlung eingesetzt wurde um Gary Epstein als Strafe dafür, dass er sich weigerte, Orders von der Wayne Marple-Mission auszuführen, in einen psychotischen Zusammenbruch vom Typ „PTS III" zu treiben.

47. Die selben Techniken sah ich in Anwendung an Personen, die keine der Gesetze oder Erfordernisse der Scientology verletzt hatten. Die Techniken wurden eingesetzt, um Personen zu zwingen, die Scientology-„Brücke zur totalen Freiheit" hinauf zu gehen. Fortschritt auf dieser Brücke erfordert, dass man Kurse sowie Auditing oder Processing (Verfahren) besucht. Sowohl Kurse als auch Auditing werden immer teurer, wenn der Scientologe die Brücke weiter hinauf geht. Die Techniken zur Gedankenumwandlung werden somit kaltblütig eingesetzt, um Scientology ein ständig wachsendes Einkommen zu schaffen.

EINSATZ BEWAFFNETER WACHEN, UM SCIENTOLOGEN VOM VERLASSEN DER HEMET BASIS ABZUHALTEN

48. Zu verschiedenen Zeiten, in denen ich in der Gold Basis bei Hemet stationiert war, wurden mir verschiedene Sicherheitsfunktionen zugewiesen. Personen in Sicherheitstrupp waren untereinander in ständiger Funkverbindung. Wir beobachteten Personen, die der Unzufriedenheit gegenüber Scientology oder Miscavige verdächtigt wurden (z.B. Vaughn Young und Tarry Gamboa). Unseren Vorgesetzten mussten wir laufend bestätigen, dass die Verdächtigten unter Beobachtung stünden. Weiterhin hatten wir einen bewaffneten Ausguck mit dem Codenamen Adler („Eagle"), der so platziert war, dass man von dort die gesamte Hemet Basis überblicken und die Bewohner mit einem starken Teleskop beobachten konnte. Wenn Miscavige den bei Hemet arbeitenden Personen den Eindruck vermitteln wollte, sie seien unbeobachtet und wenn er seine Theorien prüfen wollte, wer vielleicht vom Posten abhauen würde, dann wurden wir von der Sicht abgezogen und unsere Beobachtungspflicht wurde an „Adler" übergeben.

49. Wir hatten weiterhin Verfahren etabliert und ausführlich geübt, falls jemand Neigung zeigen sollte, ohne Genehmigung von der Basis wegzugehen. Wenn ein unzufriedenes Mitglied versuchten sollte, mit einem Wagen wegzufahren, dann war es Aufgabe der Wache, zu ihm ins Auto zu gelangen. Sollte die Flucht zu Fuß erfolgen, waren wir geschult, ihm zu folgen und gleichzeitig in Funkkontakt mit der Gold Basis bei Hemet zu bleiben.

50. Wenn sich herausstellte, dass ein unzufriedenes Mitglied weggehen wollte, waren wir angewiesen, Privatdetektive zu benachrichtigen, die von den Anwälten der Scientology beschäftigt wurden, um diese Probleme zu regeln. Sobald die Privatdetektive unterrichtet waren, übernahmen sie die Führung der Lage. Diese Privatdetektive gaben uns Anweisungen. Sobald sie eingeschaltet waren, war unsere Rolle, als Augen und Ohren dieser Privatdetektive zu agieren. Wir wurden zu Orten geschickt, wo die unzufriedenen Mitglieder wahrscheinlich auftauchen würden. Sobald wir sie sahen, alarmierten wir die Privatdetektive. Die sorgten dann für den Rest.

51. Persönlich verwickelt war ich in die Versuche, Sinar Parman, Jeff Walker und Julie Fisher zurückzuholen. Jeff Walker konnten wir nicht zur Gold Basis zurückholen. Sobald er aus der Basis heraus war, nahm er Kontakt zur Californischen Highwaystreife auf. Diese informierte er, dass er nicht zur Hemet Basis zurückkehren wolle. Um den Scientologen in der Hemet Basis diesen Punkt klarzumachen, kam Jeff mit einer Highwaystreife, die er unterwegs angehalten hatte, zur Hemet Basis zurück, holte seinen persönlichen Besitz ab und gab unmissverständlich zu verstehen, dass er weggehen wolle und alle entsprechenden Maßnahmen treffen würde, um seine Freiheit zu schützen. Er verließ die Hemet Basis unter dem Schutz der Highwaystreife.

52. Während meiner Jahre in der Gold Basis teilte mir eine bedeutende Zahl von Leuten der Basis mit oder gaben mir durch ihr Verhalten zu verstehen, dass sie weggehen wollten. Julie Fisher sagte wiederholt aus, dass sie gehen wolle. Sie sagte, sie wolle nicht in der Gold Basis bleiben. Ich war angehalten, sie in der Basis zu halten. Mark Fisher, der von Miscavige heftig geschlagen wurde, sagte Miscavige und anderen, dass er nicht in der Basis bleiben wolle. Als Miscavige und andere Mark in meinem Beisein schlugen, sagte er weiterhin, dass sie ihn so lange schlagen könnten wie sie wollten, er wolle dennoch weggehen. Miscavige sprach Mark zuletzt seine Verachtung aus und verließ das Arrestlokal, in dem Mark gehalten wurde.

53. Ich sah bewaffnete Wachen bei den „Kojen", den Quartieren der Mitarbeiter bei Gilman Hot Springs. Die bewaffneten Wachen waren eingesetzt, um Mitarbeiter vom Verlassen ihrer Posten bei Nacht oder vom „Abhauen" abzuhalten.

54. Die Funktion der Wachen ist nicht nur, Scientologen drinnen zu halten, sondern auch „Wogs" draußen zu halten. „Wogs" sind Nicht-Scientologen. 1991 versuchte ein Gerichtsvollzieher, in die Basis zu gelangen. Er wurde zusammengeschlagen, von Wachen in Handschellen gelegt und eingesperrt. Die Polizei kam, nahm ihm die Handschellen ab und meinte: „Leute, das könnt Ihr nicht machen, da habt Ihr euch hinreißen lassen". Der Gerichtsvollzieher klagte später und der Fall endete im Vergleich. Die Wache, Danny Dunnigan, war über das, was sein Vorgesetzter ihn bezeugen lassen wollte, so verwirrt, dass er später im Gerichtssaal ungefähr vier Meineide schwor.

55. Ich habe persönlich Kenntnis von der Bewachung anderer Leute, die gegen ihren Willen von der „Gold-Sicherheit", einer Abteilung der CSI, in der schwer abgeschirmten und bewachten Gilman Hot Springs Basis (Gold) gehalten wurden und in Happy Valley, einer anderen Basis der Scientology 11 Meilen weiter.

DAS KIDNAPPING ZWISCHEN DEN STAATEN; FESTSETZUNG UND SICHERHEITSÜBERPRÜFUNG VON ANNIE BROEKER.

56. Zusätzlich habe ich persönliche Kenntnis über Rückholung und Rückkehr von Personen, die fliehen und die Scientology Organisation verlassen wollten. Darunter fällt auch das Zurückhalten von Annie Broeker wider ihrem Willen. Ich hörte, dass Annie ihren Posten verlassen hatte, indem Gold-Sicherheit mich fragte, ob ich sie gesehen hätte. Sie teilten mir mit, dass sie nicht am zugewiesenen Arbeitsplatz und nicht im Schlafraum sei. Einige Tage später fragte ich, was mit Annie geschehen sei. Russ Andress sagte mir, ich solle nicht nach Annie fragen. Später sah ich Annie im Happy Valley. In Happy Valley („Glückliches Tal") wurden Leute untergebracht, von denen vermutet wurde, dass sie Scientology Schwierigkeiten machen könnten. Die Folgerung, dass Annie zurückgehalten wurde, wurde durch die Tatsache untermauert, dass sie nicht auf Posten war und ihre Uniform nicht trug.

Weiter wurde sie, als ich sie sah, gerade vom Direktor für Inspektion und Reports begleitet und vom Polizeioffizier („Master at Arms"), der damals mein Sohn war, Casavius Tabayoyon. Nach meinen Erfahrungen stehen Personen unter Umständen wie den beschriebenen unter Bewachung und werden zurückgehalten, falls sie weggehen wollen. Bei einer Unterrichtung sagte Miscavige, dass Marty Rathburn und eine andere Person aus seinem Stab ein Flugzeug mieten mussten um einen geflohenen Mitarbeiter zurückzuholen (Annie Broeker). Diese Unterrichtung drehte sich darum, wie schlecht wir (Mannschaft von Golden Era) unsere Jobs machten. Nach meiner Einschätzung ist es auch bedeutsam, dass die kürzlich ausgestellte Deklaration von Marty Rathburn zur unterdrückerischen Person aussagte, dass er seit letztem Jahr außerhalb der Rechtsprechung der U.S. sei.

SICHERHEITSPOSTEN VON SCIENTOLOGY HANDELN WIE MILITÄRPOLIZEI

58. Eine weitere Pflicht der Wachen im „Schlafbereich" war, Mitarbeiter vom „Abhauen" („Blowen") abzuhalten; das ist ein Begriff der Scientology dafür, dass jemand Scientology verlässt um wieder ein Mitglied der richtigen Welt zu werden. Wenn Mitarbeiter abhauten, sollten wir zu ihnen ins Fahrzeug steigen und sie abhalten; wenn Polizei uns anhalten würde, wäre die „Küstengeschichte" gewesen, dass die Person mentale Schwierigkeiten hätte und dass man ihr helfen würde, wieder heimzukommen. Wir sollten den Eindruck schaffen, dass wie ihnen helfen, nicht dass wir sie halten. Eine weitere Pflicht war, die Basis anzurufen, sobald alle drinnen waren und die Zählung korrekt war. Als oberster Wachhabender der Schlafraumsicherheitskräfte war es meine Pflicht, die Stadt Hemet abzufahren, wenn einer der Mitarbeiter nicht wie erwartet im Quartier war. Die Quartierwachen waren Angestellte von CSI. Miscavige persönlich gab die Quartierwachenorders heraus.

MISCAVIGE IST DER LEITENDE VERTRETER VON CSI; TATSÄCHLICH IST ER DER LEITENDE VERTRETER ALLER SCIENTOLOGY ORGANISATIONEN

59. Ich weiß selbst, dass Miscavige mündliche und schriftliche Orders an Scientologen ungeachtet aller kirchlichen Autoritätslinien oder Körperschaftslinien seiner Autorität oder Befugnis erteilt. Miscavige setzt seine allgewaltige Autorität ein, um persönliche Kontrolle über alle und jede Scientology Organisation auszuüben, wann immer er dies wünscht. Ich beobachtete, wie Miscavige beim Managen der verschiedenen Scientology Organisationen ständig alle körperschaftlichen oder kirchlichen Kommandostrukturen durchkreuzt, ohne darauf zu achten, dass es zahlreiche Körperschaften gibt, die zwar der Scientology angehören, in denen er aber weder Angestellter noch Offizier oder Direktor ist. Das muss er nicht sein, um irgendeine Scientology Organisation zu kontrollieren. Er steht als geistiger Kopf, als COB RTC (Vorstandsvorsitzender des RTC) und als Commander der Seeorganisation über allen Scientology Organisationen. Miscavige handelt als leitender Vertreter aller Scientology Organisationen.

60. Während meiner Dienstzeit in der Hemet Basis war Miscavige immer der höchste Officer – über allen Scientology Organisationen, die in der Basis zu tun hatten. Als Hubbard lebte, hatten Miscaviges Orders gleichen Rang mit denen von Hubbard. Nur von Hubbard erteilte Flag Orders konnten Orders von Miscavige aufheben. Nachdem Hubbard gestorben war, gab es keine Autorität mehr, die Miscavige übergeordnet gewesen wäre.

61. Ich habe selbst miterlebt, wie Miscavige nach Hubbards Tod diese Position höchster Macht über die gesamte Scientology übernahm. Ich sah, wie Miscavige als Vorstandsvorsitzender des RTC Orders an Golden Era Studios („Gold") erteilte, eine Division der CSI und auch an die Commodores Messenger Organization International („CMO Int"), eine weitere Division von CSI, die für planetarische Verbreitung zuständig ist und weitere. Diese beiden Seeorganisation-Einheiten sind körperschaftlich gesehen Teil der CSI. CMO Int und Gold sind alle in einem großen eingezäunten Lager außerhalb Hemet, Californien angesiedelt. Es wird Gold genannt. Mir wurde bekannt, dass die Körperschaftsstruktur nur wegen der außenstehenden „Wog"-Welt geschaffen wurde. Sie hatte keinerlei Auswirkung auf die Arbeitswelt der Scientology.

62. Als Hubbard lebte, war es allgemein bekannt und auch für mich direkt zu beobachten, daß er über Miscavige und Pat Broeker CMO Int, Gold und den Rest von Scientology direkt kontrollierte. Nachdem Hubbard starb, vertrieb Miscavige Pat Broeker und Vicki Aznaran, die damals die Leitung über Scientology innehatten. Danach erlebte ich, wie Miscavige die vollständige Kontrolle über Scientology hatte, genau wie Hubbard zu seinen Lebzeiten. Miscavige trat an Hubbards Stelle als leitender Vertreter aller Scientology Organisationen.

65. Ich erinnere mich daran, Steven Fishman während des „L.A. Kreuzzuges" getroffen zu haben. Der „L.A. Kreuzzug" war auch als „Schlacht von L.A." bekannt. Der Zweck war, während des Wollersheim-Falles so viele Scientologen als nur möglich vor dem obersten Gericht in Los Angeles zu versammeln, um den Richter und die Geschworenen einzuschüchtern. Weiter gab es Operationen mit dem Versuch, Richter Swearinger, und den Berater des Klägers, Charles O'Reily, einzuschüchtern. Beim L.A. Kreuzzug war Fishman mit einer Frau zusammen, die Debbie Truax hieß. Debbie sagte mir, daß Fishman mit ihr und der OSA („Office of Special Affairs", Büro für spezielle Angelegenheiten) an einem geheimen Projekt arbeiten würde. Meine Position war Stellvertretender Führungsdirektor („D/Executive Direktor") des L.A. Kreuzzuges. Zu meinen Pflichten gehörte die Überwachung der Ausführung des Kreuzzuges. Der Führungsdirektor der Schlacht von L.A. war Bill Dendin. Ich selbst konnte Debbie, Fishman und der OSA nicht helfen, weil ich für andere Projekte verantwortlich war. Unser Treffen war daher kurz. Während des L.A. Kreuzzuges sah ich Fishman auch im zweiten Stock des CMO PAC Gebäudes („Commodores Messengers Organisation Kommando Pazifikbereich"). Damals sprachen wir nicht miteinander.

66. Ungefähr ein Jahr später war ich bei einem Mitarbeitertreffen, bei dem Wendell Reynolds seines Postens enthoben wurde, weil er das Verkaufsgespräch („Registration Cycle") mit Steven Fishman zugelassen hatte. Miscavige unterrichtete uns, dass Fishman behaupten würde, er sei betrogen worden, weil er gemerkt hatte, dass es keine ledergebundene Ausgabe der Tonbandspulen geben würde. Verschiedene Scientology Organisationen hätten daraufhin Zehntausende von Dollars zurückzahlen müssen. Das gab größere Verstimmungen und Fehler, da das Zurückzahlen von Geldern an Personen den Prinzipien der Scientology dermaßen zuwiderläuft, dass Leute, welche die Rückerstattung durchführten, schwer bestraft werden. Die Unterrichtung konzentrierte sich auf die Degradierung von Reynolds und anderen, die Fishman nicht hatten bewegen können, das Geld in der Scientology zu belassen.

MISCAVIGE BESTRAFT SCIENTOLOGEN, SPERRT SIE EIN UND ERKLÄRT SIE ZU UNTERDRÜCKERISCHEN PERSONEN

70. 1989 habe ich selbst beobachtet, wie Miscavige der gesamten Belegschaft des Gold-Komplexes bei Hemet, einschließlich aller oben beschriebenen Organisationen (die körperschaftlich gesehen Teil von RTC und CSI sind, wobei die körperschaftliche Trennung im Geschäftsalltag des Lagers nicht zum Tragen kommt) als Strafe dafür, das ein Erdrutsch das private Apartment von Tom Cruise in der Basis beschädigt hatte, die Order gab, den Ethikzustand „Verwirrung" anzuwenden, Tom Cruise hat als Diener oder Steward einen persönlichen Seeorganisations-Mitarbeiter zugewiesen bekommen, um sein Apartment sauber zu halten und um für seine Bedürfnisse zu sorgen, wenn er in der Gold Basis ist.

71. In der Scientology werden Strafen verhängt in einer Form, die wir „Untere-Ethik-Zustände" nennen. Um das Technische Wörterbuch der Scientology zu zitieren: „Verwirrung, Verrat, Feind, Zweifel, Belastung, Nichtexistenz, Gefahr, Notlage, Normal, Überfluss, Machtwechsel, Macht. Der Zustand oder die Verfassung einer Person kann mit dieser Skala von Zuständen festgelegt werden, die zu jedem gegebene Zeitpunkt den Grad von Erfolg oder Überleben dieser Person, Gruppe oder Aktivität zeigt." Der Zustand „Verwirrung" ist der unterste, degradierteste Zustand, in dem eine Person laut Hubbards Schriften sein kann. Wenn eine Person in Verwirrung ist, werden ihr nur minimale Nahrung und Schlaf gestattet. Personen in Verwirrung müssen sehr hart arbeiten um zu zeigen, dass sie wirklich versuchen, aus dem Zustand herauszukommen; erst dann dürfen sie „hinaufgestuft" werden („upgraded"). Ich habe erlebt, wie Miscavige häufig Personen Untere Zustände zuwies, unabhängig davon, welcher scientologischen Körperschaft sie angehörten.

72. 1987 erlebte ich, wie Miscavige Vicki Aznaran an einen Ort namens Happy Valley („Glückliches Tal") einsperren ließ. Happy Valley ist eine Ranch 11 Meilen außerhalb der Gold Basis bei Hemet. Es war eine der Rehabilitations Projekttrupp („RPF")-Einrichtungen der Scientology für Korrektur und Arrest. Vicki war die oberste Führungskraft des RTC. Miscavige führte erfolgreich einen Gewaltstreich durch und entfernte sie vom Posten. Er orderte sie ins RPF, das Teil von Gold war, einer Einheit in der CSI.

73. Ich war selbst im Happy Valley Gelände, als Vicki hergebracht wurde. Sie kam in einem Auto. Miscavige kam in einem zweiten Wagen direkt hinter ihr. Als Vicki und Miscavige beide ausgestiegen waren, hörte ich Miscavige Vicki anschreien „Du wirst dieses verdammte RPF machen!" Ich sah oder hörte keine Erwiderung von Vicki, ich sah sie nur in den Schlafbereich gehen.

74. Kurze Zeit später sprach ich mit Miscavige während seiner Inspektion der Treppen und des Innenhofes in einem Neubau, der damals gerade in Arbeit war. Er trug eine neue Kapitänsuniform, ein Rang, den er sich selbst gerade verliehen hatte. Ich machte ihm ein Kompliment wegen der neuen Uniform und er sagte mir, dass Vicki, Jessie Prince und Spike Bush dem RPF zugewiesen worden seien. Er sagte „Ich bin mir fast sicher, dass sie das RPF nicht überstehen werden. Es sind Kriminelle."

75. Vicki verbrachte 120 Tage im RPF. Als Leiter der Renovierungen und Neubauten Gold („Direktor of Renovations and constructions Gold"), einer Abteilung der CSI in der Gold Basis, musste ich auch Arbeiten überwachen, die damals vom RPF durchgeführt wurden. Miscavige wies uns an, auf Vicki besonders aufzupassen, da er befürchtete, sie würde zu entkommen versuchen.

76. Außer einigen Gelegenheiten, bei denen sie zu krank zum Gehen war, sah ich sie während ihres ganzen Aufenthaltes 12 Stunden pro Tag um einen Pfosten rennen („Das Laufprogramm"). Dies ist eine der schwersten Formen des RPF. Es ist

Personen vorbehalten, die in einem besonders niedrigen Ethikzustand sein sollen. Es wird oft als Programm für die Personen angesehen, die von der Scientology-Hierarchie als verrückt angesehen werden. Zusätzlich zu dem Laufprogramm arbeitete Vicki weitere 5 Stunden täglich an anderen Projekten.

77. Vicki ist letztendlich die Flucht aus dem RPF geglückt. Sie verklagt nun die Scientology.

MISCAVIGE IST DER KOPF DER SCIENTOLOGY UND STECKT IM TAGESGESCHÄFT DER CSI

78. Ich erlebte mit, wie Miscavige sich selbst zum Rang eines Kapitäns der Sea Org beförderte und ohne Autorisierung von Hubbard oder sonst jemandem nach Hubbards Tod die Pflichten des Vorstandsvorsitzenden des Religious Technology Center („COB RTC") übernahm.

79. Als Hubbard starb, überließ er Pat und Anne Broeker die Verantwortung. Dann ging Annie ins RPF und Pat Broeker verscholl; die Order von Hubbard, nach der Pat und Annie verantwortlich sein sollten, wurde von Miscavige aufgehoben, der sich daraufhin selbst zum COB RTC ernannte.

80. Ich war bei einem Mitarbeitertreffen der gesamten Belegschaft des Hemet Lagers. Hier gab Miscavige die zukünftige Strategie zur Handhabung des „Kultbewußtseins Netzwerkes" (Cult Awareness Network, „CAN") bekannt. Nach dieser sollten Scientologen zum Teil getarnt („undercover") dem CAN beitreten und wir würden CAN immer wegen Diskriminierung verklagen, wenn sie einen Scientologen nicht aufnehmen sollten. Er sagte, dass wir planen würden, so viele Scientologen im CAN zu haben, dass die Mehrzahl der CAN-Mitglieder Scientologen wären und dass sie keine Möglichkeit mehr hätten, herauszufinden, wer nun darin Scientologe sei und wer nicht.

82. Einmal erlebte ich eine Unterweisung mit, bei der Miscavige der Mannschaft klarmachte, wie sauer er auf die CSI Mannschaft wegen der Art war, wie sie auf eine Umfrage reagiert hatten. Mitarbeiter von CSI waren gefragt worden, wo sie gerne leben würden und eine Menge antworteten, dass sie gerne aus persönlichen Gründen außerhalb der Basis (dem Lager bei Hemet) leben würden. Miscavige fing an zu schreien und spuckte die ganze Mannschaft an und sagte „Ich spucke auf Euch!" und „"Fuck you". Er sagte, dass niemand, der negativ geantwortet hätte, in einem höheren Zustand als in „Zweifel" wäre (ein anderer der unteren Ethikzustände, kaum weniger degradierend als Verwirrung). Diese Unterweisung des COB war eine allgemeine Order an die gesamte Basis, dass jeder, der nicht gerne in der Basis leben würde, in einem Zweifelzustand sei.

91. Miscavige gibt Orders an Individuen und Gruppen heraus, einschließlich des Koordinationsrates. Der Koordinationsrat selbst gibt Orders an jeden Teil von Gold heraus (die Teil der CSI ist). An Miscavige kann er keine Orders erteilen. An Miscavige kann niemand Orders erteilen. Seine Autorität und Kontrolle ist ohne Ausnahme total über jeden Teil der Scientology und über das persönliche Leben jedes Scientologen.

92. Miscavige kann einen Einsatztrupp („Mission") von einem oder mehreren Leuten in jede scientologische Einheit, in jedes privat von Scientologen geführte Geschäft und sogar in Scientology-Familien schicken. Er kann in der Tat sogar Ehepartnern die Order erteilen, sich voneinander und/oder von ihren Kindern zu trennen. Mein 21 Jahre alter Sohn Casavius beispielsweise ist immer noch in der Scientology. Seit meine Frau und ich uns von der Scientology gelöst haben, hat er sich von uns getrennt. Scientology wird ihm niemals erlauben, mit uns zu sprechen

oder uns zu besuchen. Für uns gibt es keinerlei Möglichkeit, ihn zu kontaktieren oder ihn bei Hemet zu besuchen. Wir haben es viele Male versucht. Als wir die Scientology gerade verlassen hatten, lebten wir sehr zurückgezogen und einfach, teils wegen unterdrückter Erinnerungen und teils weil wir nichts tun wollten, um unseren Sohn in der Gruppe Härten aufzubürden. Wir können nicht mehr still sein. Ich kenne auch andere Trennungen wie bei Matias Patel, deren Mann Leiter des Finanzpolizeitrupps in Europa war.

93. Weiter habe ich 15 bis 20 Anwälte gleichzeitig gesehen, die zu einem Treffen mit Miscavige eintrafen. Bei einer Gelegenheit arbeitete ich im kleinen Konferenzraum. In dem waren ca. 20 Anwälte plus David Miscavige, Mike Rinder, Heber Jentzsch, alle Generalinspektoren und der CO CMO Int. Dies war eindeutig eine Vermischung der Geschäfte von CSI und RTC.

DIE ERKLÄRUNGEN VON EPSTEIN, LESEVRE, RATHBUN, STARKEY, MITHOFF UND WEILAND, DIE IN ZUSAMMENHANG MIT DEN ANMERKUNGEN DES KLÄGERS UND DER UNPARTEIISCHEN ZUR BEFOLGUNG IN SACHEN EINSPRUCH ZU DEN ERHEBUNGEN EINGEREICHT WURDEN, SIND IRREFÜHREND

100. Guillaume Lesevre ist der Internationale Führungsdirektor (ED INT). Der Posten stellt das „Arbeitstier" dar, den Manager über Scientology International, CSI. Der ED INT empfängt alle Post von Scientologen, die früher immer an „Ron" schrieben und die jetzt an den ED INT schreiben. Der letzte Posten, den Hubbard in der Church innehatte, war der des ED INT. Er trat 1966 von diesem Posten zurück und der war nicht besetzt, bis Miscavige 1982 Bill Franks einsetzte.

102. Marty Rathbun ist der Generalinspekteur Ethik („IG ETHICS"). Demnach betrieb er alle CSI-Büros für Spezielle Angelegenheiten der Church. Das schließt alle Rechtsfälle, private Ermittlungen, Öffentlichkeitsarbeit und die Ausführung von „Freiwild" mit ein.

104. Norman Starkey war der Treuhänder der Hubbard-Anwesen, einschließlich Autoren-Familienstiftung B („Authors Family Trust B"). Sie hielt die Urheberrechte aller Scientology Materialien. RTC hält nur die Warenzeichen. Starkey hatte keine Autorität in der CSI. Dennoch sah ich Norman Starkey, wie er Arthur Hubbard anbrüllte und schrie. Arthur sagt mir mehrmals, wie wenig er es mochte, dass sein Vater (Hubbard) immer versuchte, sein Leben zu lenken. Arthur war so verstimmt über die dauernde Einmischung seines Vaters in sein Leben, dass er beschloss, die Seeorganisation zu verlassen. Von Miscavige und Starkey wurde er sofort wieder zurückgeholt und ins RPF gesteckt, wo er viele Monate verbrachte. 1986 entkam Arthur dem RPF. Normen Starkey befahl die Zuordnung von Arthur Hubbard ins Happy Valley und 1986, als Arthur wieder im RPF war, bekam er besondere Verfahren zu Gedankenumwandlung, die ihn zum Durchdrehen brachten; er verließ die Seeorganisation wiederum und kehrte nie zurück.

105. Ray Mithoff ist die höchstrangige Person, die mit der Technologie der Scientology zu tun hat, worunter Auditing und die Handhabung von Möglichen Ärgernisverursachern vom Falltyp III fallen („PTS type III"). Eine Person, die PTS Typ III ist, hat einen psychotischen Zusammenbruch erlitten, hört vielleicht Stimmen, kann eine Selbstmordneigung haben und wird nicht wissen, was los ist. Ich selbst habe viele Typ III Fälle in der Scientology erlebt – oftmals nach dem Auditing. Mithoff kann PTS Typ III-Symptome überprüfen. Er kann die Handhabung entsprechender Verfahren sicherstellen, wie z.B. den „Introspektions Rundown" oder eine überwachte Isolation. Er kann tatsächliche Fälle identifizieren und beschrei-

ben, auch welche Todes- und Selbstmordfälle direkt dem Auditing zuzuschreiben sind. Nach den Aussagen von Barry zu Fishman und seinem Verhalten ist es meine Einschätzung als erfahrenem RPF-Auditor und RPF-Fallüberwacher, dass er zum PTS Typ III geworden sein kann, insbesondere wenn er eine umfangreiche psychologische Vorgeschichte hatte und ohne Training „Selbstauditing" betrieben hat.

106. Kurt Weiland ist der Kommandierende Offizier des Büros für Spezielle Angelegenheiten International (CO OSA INT). Heber Jentzsch, der Präsident der CSI, empfängt Orders von und berichtet an Kurt Weiland, der sein Vorgesetzter ist. Die Arbeitsposition („Post") von Weiland liegt innerhalb der CSI. Er überwacht Rechtsangelegenheiten direkt, auch Untersuchungen und Öffentlichkeitsarbeit. Kurt Weiland steht dem Untersuchungsleiter („Director of Investigations") vor; das ist die Abteilung der Church, in der verdeckte Geheimdienstoperationen, Einschüchterungen und Belästigungen durchgeführt werden – oft durch private Ermittler wie Eugen Ingram. Kurt Weiland berichtet an Mike Rinder, der im „Wachhundausschuß" („Watchdog Committee") als WDC OSA sitzt. Rinder berichtet an den Vorsitzenden des Wachhundausschusses, nämlich Mark Yeager. Yeager berichtet an Miscavige. Somit ist der Präsident der CSI (Rev. Heber Jentzsch) lediglich ein mittelklassiger Vertreter ohne nennenswerte Befugnisse. Der Zweck ist, Gerichtsfälle und Prozesse auf Heber Jentzsch's Strohmann-Ebene zu halten.

ENTNAHMEN AUS PRECLEAR AKTEN

107. 1988 überwachte ich den Fall von Tom Ashworth, der zum PTS Typ III geworden war, seine Handgelenke aufgeschnitten und später versucht hatte, mit einigen Unterlagen der höheren Stufen, die er irgendwie beschafft hatte, zu entkommen. Ich ordnete ein „C/S 53 F/N" an und eine „LCRE". Die Fallakte von Tom Ashworth wurde zu Ray Mithoff geschickt, der damals RTC Generalinspektor für Technologie war. Ich war in der CSI. Die Akte kam zurück, jeder Hinweis auf den psychotischen Zusammenbruch war daraus entfernt worden.

SONDERRECHTE BESTIMMTER SCIENTOLOGEN

114. Ich war in der Scientology Basis Gilman Hot Springs bei Hemet, Californien, stationiert, wo ich über zehn Jahre verbrachte. Sie ist als „Gold" bekannt. Gold ist eine befestigte und bewaffnete Einrichtung, die von verschiedenen Scientology Organisationen betrieben wird. Sie steht unter der direkten Kontrolle von Miscavige, der dort auch eine teure Residenz hat. Die Organisationen schließen die Church of Scientology International („CSI") und das Religious Technology Center („RTC") ein. Gold wird zum Teil von Gold-Koordinationsrat („The Gold Coordination Council") verwaltet. Anhang.

116. Ich sah auch, wie Gelder und/oder Personal von verschiedenen nicht profitorientierten religiösen Scientology Organisationen für den persönlichen Nutzen von Miscavige eingesetzt wurden. Wir konstruierten einen Musikraum für ihn, einen Gesellschaftsraum, einen Umkleideraum, einen persönlichen Übungsraum und persönliche Lagerräume. Die Kosten hierfür waren ca. 250.000 bis 300.000 Dollar. Darin ist keine Arbeitszeit eingeschlossen, da für diese Projekte RPFler oder Sklavenarbeit eingesetzt wurde, zum persönlichen Nutzen von Miscavige.

117. Miscavige oder andere höhere Scientologen sowie bestimmte Prominente benutzen auch das Filmtheater, das wir in der Basis errichtet hatten um Premieren von Filmen anzusehen, die ihnen von Bekannten in der Filmindustrie beschafft worden waren. Die Kosten hierfür waren sicher 150.000 Dollar gewesen, wobei

Arbeitszeit (wiederum Sklavenarbeit) und die teure Projektionseinrichtung nicht eingeschlossen sind.

118. 1980 schloss Miscavige Freundschaft mit dem Schauspieler Tom Cruise und sie verbrachten eine Menge Zeit gemeinsam in der Hemet Basis. Ihr persönlicher Küchenchef Sinar Parman bereitet ihnen phantasievolle Mahlzeiten zu. Sie sind oft alleine in dem Bereich, den wir für L. Ron Hubbard auf dem Klipper in der Wüste geschaffen hatten. Dieser Bereich umfasste eine kleine Küche, ein kleines Esszimmer, eine kleine Bar und ein Bett. Sie hatten auch alleinigen Zutritt zum Offizierskasino. Zu anderen Gelegenheiten übten Miscavige und Cruise auch gemeinsam in dem teuren Gymnastikraum, den wir für ausschließliche und abgesperrte Verwendung geschaffen hatten. Tom Cruise durfte niemand ansprechen, wenn er in der Basis war. Einmal sprach ein Gärtner ihn an und löste ziemlichen Aufruhr in der Basis aus. In Gold ist Miscavige unter seinen Initialen DM bekannt und Tom Cruise unter seinen Initialen TC. Von Ende 1980 bis ich Gold verließ waren Tom Cruise ein persönliches und exklusives Appartement sowie Lagermöglichkeiten von der Scientology Organisation und auf Kosten der Scientology zur Verfügung gestellt worden. Tom Cruise hielt sich in Gold zwei Yamaha Motorräder, einen Mercedes Benz und ein großes Wohnmobil. Die wurden da untergestellt, wo Hubbards Garage und Parkbereich war. Offensichtlich haben Miscavige und Cruise eine besondere Art von Beziehung entwickelt. Der eine ist ein junger überheblicher Weltprominenter („world domineering celebrity"). Der andere ist ein junger überheblicher Kultführer, der die Welt „klären" und nach Scientology Glauben und Praktiken regieren will.

119. Als Tom Cruise Nicole Kidman heiratete, fuhren sie zur Trauzeremonie mit David Miscavige in ein Skigebiet in Colorado. Ein Seeorganisations-Mitglied (Sinar Parman) wurde mitgenommen um für Tom Cruise und Miscavige auf Kosten der nicht profitorientierten Scientology Organisationen persönlich zu kochen. Damit blieben 3 Köche zurück, um für 800 Leute drei mal täglich zu kochen.

120. Ich habe selbst am Bau eines Appartements in der Gold Basis teilgenommen, in dem umfangreiche Mittel verschiedener nicht profitorientierter Scientology Organisationen für den persönlichen und ausschließlichen Gebrauch von Tom Cruise eingesetzt wurden. Dies geschah auf Befehle von David Miscavige hin. Weitere Appartementhäuschen wurden zur Verwendung von John Travolta gebaut, für Kristie Alley, Edgar Winters, Priscilla Presley und andere scientologische Prominente; sie wurden sorgfältig davon abgehalten, die tatsächliche Wahrheit über die Scientology Organisation herauszufinden.

121. Wir mussten Tom Cruises Appartement auch reparieren, nachdem es von einem Erdrutsch beschädigt worden war. Die Reparaturen mussten unter „Notstands-Umständen" durchgeführt werden. Sowohl die Belegschaft von Gold als auch die RPFler wurden auf verlängerte Stundenpläne gesetzt, um das Appartement wieder herzurichten. Wiederum profitierte Tom Cruise vom Einsatz dessen, was im Grunde beinahe rund um die Uhr als Arbeit von Gefängnissklaven geleistet wurde.

122. Tom Cruise genoss auch den Zugang zu Einrichtungen der Basis, die für keinerlei Scientology Mitarbeiter zugelassen waren außer den obersten Scientologen der Basis, insbesondere Miscavige und seinen Leutnants. Beispielsweise sah ich Tom Cruise den Übungsraum benutzen, der für mindestens 98 Prozent der Mitarbeiter als Sperrbezirk galt. Weiterhin hatte Tom Cruise unbeschränkten Zutritt zu dem Schiff, welches eine Sauna, ein Jacuzzi-Bad und ein großes Schwimmbecken von Olympiaformat umfasst. Was den Sporttrakt von Miscavige/Cruise angeht,

wurde der mit dem Anwesen ca. 1989 gebaut. Der Sporttrakt kostete ca. 150.000 Dollar (wieder unter Einsatz von Sklavenarbeit) und enthält eine komplette Ausstattung mit modernsten Hantel- und Gewichtssätzen. Es ist eine der unglaublichsten Sportausstattungen, die man sich nur vorstellen kann und für den alleinigen Gebrauch von Tom Cruise da. David Miscavige und andere haben ihn gezielt und detailliert genehmigt. Weiterhin gibt es einen unglaublichen Duschenbereich.

123. Um sicherzustellen, dass die Aufenthalte von Tom Cruise in der Hemet Basis sich erfreulich gestalteten, wurden für ihn besondere Vorkehrungen getroffen und den Mitarbeitern der Basis wurden Einschränkungen auferlegt. Es wurden Millionen von Dollars der Church aufgewendet, damit der Millionär Tom Cruise die Basis regelmäßig besuchen und die Freundschaft mit Miscavige pflegen könne. Beispielsweise bekam Tom Cruise einen speziellen Speisenservice, speziellen Zimmerservice und die Mitarbeiter der Hemet Basis wurden in ihrem Zutritt zu den Einrichtungen der Hemet Basis eingeschränkt. Es wurde tatsächlich sogar ein Mädchen namens Jennie Matsamura abgestellt, um für ihn und sein renoviertes Haus zu sorgen. Der Belegschaft der Hemet Basis wurde untersagt, dorthin zu gehen, wo Tom Cruise sich aufhalten könnte. Bau- und Renovierungsarbeiten, die in der Basis zum Nutzen von Tom Cruise durchgeführt wurden, mussten oftmals eingerissen und neu errichtet werden, wenn die Farbtöne nicht genau stimmten oder wenn einige Zentimeter einer Gruppe nicht genau zueinander passten. Einmal mussten wir einen Fußweg betonieren, so dass Tom Cruise nicht auf dem Wüstenboden gehen musste. Bevor der Beton ausgehärtet war, regnete es. Der Beton war verdorben. Miscavige bekam deshalb einen Tobsuchtsanfall.

124. Einmal entschied Miscavige vor einem Besuch von Cruise/Kidman, dass die Wiese mit schönen Blumen neu gestaltet werden solle; Zehntausende von Dollars wurden bei dem Projekt ausgegeben, damit Cruise und Kidman, da herumtollen könnten. Miscavige inspizierte das Projekt und es gefiel ihm nicht. Also wurde die gesamte Wiese umgepflügt, aufgerissen nochmals gepflügt und es wurde einfaches Gras eingesät.

125. Tom Cruise bekam auch sein Auditing der höheren Stufen in der Gold Basis. Sein gesamtes Auditorentraining wurde unter der Schirmherrschaft von RTC bereitgestellt und geliefert. Offiziell hat RTC keinerlei Einrichtungen zum Liefern von Auditingdiensten. Es besteht ausschließlich dazu, die Warenzeichen der Scientology durchzusetzen. Damit ist dies ein weiterer Hinweis dafür, wie die vorgebliche körperschaftliche Unterteilung nur für die „Wog"-Welt besteht und innerhalb der Scientology keinerlei Bedeutung hat. Als ich Gold verließ, hatte Tom Cruise Dianetik, die Stufen 0-IV, den „Schlüssel-zum-Leben"-Kurs und den „Lebensorientierungskurs" abgeschlossen und war OT-Stufe III.

129. Tom Cruise auditierte auch Kevin Catano bis hinauf zu Grad IV. Kevin Catano war ein Mitglied des Sicherheitstrupps von Gold. Normalerweise wurde ein Mitglied der Seeorganisation nur von einem anderen Mitglied der Seeorganisation auditiert – nicht von einem Scientologen aus der Öffentlichkeit, geschweige denn von einem prominenten Scientologen.

130. Die Preclearakte von Tom Cruise wurde im Büro des Gold Fallüberwachers aufbewahrt, zu dem ich als Sicherheitsgesandter Zugang hatte. Sie enthält mutmaßlich vertrauliche Informationen aus Auditingsitzungen. Die Inhalte solcher Auditingsitzungen wurden bereits entnommen und gegen Leute eingesetzt. Es ist meine Meinung aufgrund von meinem Training, meiner Ausbildung und meiner Erfahrung in der Scientology, dass solche Informationen von der Scientology Organi-

sation gesammelt werden, um später Kontrolle und Einfluss über solche Personen wie Tom Cruise oder John Travolta ausüben zu können, falls sie jemals versuchen sollten, die Scientology Organisation zu verlassen.

FINANZBETRUG

133. Im Januar/Februar 1990 wurde mir klar, dass einige Freunde von mir schweren Ethikstrafen unterzogen wurden. Der erste davon war Mike Silverman, er wurde dem RPF des RPF wegen Kreditkartenschwindel und einer Menge anderer Finanzbetrügereien zugewiesen, in die er verwickelt war. Nach meiner Meinung war Mike der Sündenbock und alle anderen, die mit dem Kreditkartenschwindel zu tun hatten, wanderten nicht in das RPF des RPF. Nach all meiner Erfahrung hat die Church auch die Gelder behalten, die auf diese Weise eingenommen worden waren und hat die betreffenden Personen aus der Öffentlichkeit mit nötigenden Ethikmaßnahmen dazu gebracht, die Kreditkartenschulden abzubezahlen; die Church behielt die Gelder. Der zweite Freund, der schweren Ethikaktionen unterzogen wurde, war Joe Bueno. Joe und ich verbrachten Monate gemeinsam im RPF (dem Gefangenenlager der Scientology zur Gedankenreform). Ich sah eine Ethikorder bezüglich Joe Bueno, nach der er der Urheber des Systems war, mit dem die Kreditkarten missbraucht worden waren; er arrangierte spezielle Kreditkartengeschäfte über Kreditkarten. Jonno Epstein und Mark Yeager behaupten, von der Kreditkartengeschichte nichts zu wissen. Ihre Behauptungen sind schlicht unwahr, da der Wachhund Vorsitzende Mark Yeager über die „Einkommensquellen der Scientology „ unterrichtet ist. Ebenso ist Jonno Epstein über alle verwendeten „Einkommensquellen" unterrichtet; wenn sie also sagen, sie wüssten nichts davon, dann ist das wie die Behauptung es gäbe keine Luft oder keine Fische im Meer, völliger Unsinn.

134. Ich wurde von L. Ron Hubbard angewiesen, zu einer Bank in Zürich in der Schweiz zu gehen und dort 14 Millionen Dollar abzuheben und damit wieder nach Lissabon in Portugal zu kommen. Bei diesem Einsatz („mission") begleiteten mich zwei weitere Seeorganisations-Mitglieder. Als wir in der Bank waren, brachten sie das Geld in einem Wägelchen heraus und wir saßen dort und zählen es drei mal. Dann legten wir es in einen Koffer, stiegen in ein Taxi, steigen dann in ein Flugzeug und händigten das Geld wie befohlen aus; dann erstatten wir Bericht („debrief").

BESTÄTIGUNG DER RECHTMÄSSIGKEIT ANDERER ZEUGEN

146. Ich war mit Vaughn Young und anderen im RPF. Ich war persönlich beauftragt sicherzustellen, dass Youngs von meinen Vorgesetzten angeordnetes Programm zur Gedankenkontrolle („Mind control") wirklich durchgeführt wurde. Das Programm schloss die Anwendung von Verfahren der „Schwarzen Dianetik" mit ein. Als Fallüberwacher arbeitete ich 20 bis 30 Stunden an der Überprüfung des Gedankenkontroll-Programmes, das bei Young eingesetzt worden war und dann mit an der Überprüfung der Ergebnisse der Gehirnwäsche.

147. Ich war auch mit Stacy Young im RPF und überwachte die Anwendung verschiedener Auditingverfahren der „Schwarzen Dianetik" an ihr. Teil dieses Programms schloss eine „Banden-Sicherheitsüberprüfung" („Gang bang sec check") mit ein, die Rick Aznaran und ich auf Anweisung des Senior C/S Int Ray Mithoff durchführten.

FINANZBETRUG DER SCIENTOLOGY DURCH VERHEIMLICHEN VON INFORMATIONEN VOR DEM INTERNAL REVENUE SERVICE

148. Im Dezember 1992 wies Miscavige an, dass wir eine große Anzahl von Seecontainern mit finanziellen Aufzeichnungen bezüglich der Church und ihm verstecken sollten. Diese Seecontainer sollten vor dem Internal Revenue Service („IRS") versteckt werden. Prüfer des IRS waren zum Besuch der Basis angemeldet. Zur Inspektion der Bücher verschiedener Scientology Organisationen in Verbindung mit dem Antrag auf Steuerbefreiung der verschiedenen Körperschaften der Church of Scientology gemäß Sektion 501 (c)(3).
(Ein Seecontainer ist ein großer metallener Container, ca. 40' x 8' x 8'6'. Diese Container können auf Sattelschleppern, Bahnwaggons und Containerschiffen transportiert werden.)

149. Die Verfahren zum Verstecken der Informationen in den Seecontainern war in einem handgeschriebenen TRS Handhabungsprogramm dargelegt. Es beinhaltet die zu unternehmenden Schritte zur Absicherung der Hemet Basis und zur Sicherstellung, dass die Prüfer der IRS keine Informationen zu sehen bekämen, von denen Miscavige nicht wollte, dass die Prüfer sie sehen.

150. In dieser „Versteckaktion" waren insgesamt 20 Seecontainer im Einsatz. Wir konsolidierten es dann auf 12 Seecontainer. Es wurde auch angeordnet, dass die Stellen, an denen die Container gestanden hatten, einzuebnen seien, damit kein Beweis übrig bleiben würde, dass sie jemals dort gewesen waren.

151. Einer dieser Seecontainer mit Dokumenten war versehentlich ohne mein Wissen oder das von Miscavige von der Basis entfernt worden. Damals wurden unbenutzte Seecontainer von der Gold Basis zu ihren Besitzern zurückgebracht. Unerklärlicherweise wurde einer der Seecontainer, der verborgene Steuerinformationen erhielt, von den Angestellten der Inhaberfirma in dem Glauben mitgenommen, er sei leer. Als Miscavige mitbekam, dass es einen Fehler im Zusammenhang mit dem Verstecken der Seecontainer voller Finanzdokumente gegeben hatte, bekam er einen Tobsuchtsanfall. Er ließ eine Schimpfkanonade los. Er beschuldigte mich, ihn zerstören zu wollen. Der Container wurde schließlich auf einem Schiff in San Pedro gefunden und wurde wieder entladen, bevor das Schiff ablegte.

MEIN ENTSCHLUSS, SCIENTOLOGY ZU VERLASSEN

Damals hatte ich meine Grenze dessen erreicht, was ich an Misshandlung zu ertragen bereit war. Ich entschloss mich, aus der Scientology zu fliehen. Ich verließ („blowte") meinen Posten in der Hemet Basis. Als ich ging, konnte ich meine Frau finden und wir gingen gemeinsam. Meinen 21jährigen Sohn konnte ich nicht finden. Er ist immer noch Seeorganisations-Mitarbeiter. Wir konnten seither nicht mehr miteinander kommunizieren. Meine Frau und ich wichen den Bemühungen der Scientology Mitarbeiter von RTC und CSI, uns in die Basis zurückzuholen, erfolgreich aus.

Ich erkläre unter Strafe eines Meineides gemäß den Gesetzen der Vereinigten Staaten von Amerika und des Bundesstaates Californien, daß das Vorstehende wahr und korrekt ist. Gegeben in Los Angeles, heute am 5. März 1994
Andre Tabayoyon

Mary Tabayoyon

EIDESSTATTLICHE ERKLÄRUNG VON MARY TABAYOYON - CD - 14 vom 26. August 1994

Ich, Mary Tabayoyon, erkläre folgendes:

1. Ich wurde 1967 Scientologe. Ich wurde 1971 zum Mitglied der Elite „Seeorganisation". Ich blieb in der Seeorganisation, bis ich Scientology 1992 verließ.

2. Eine meiner ersten Positionen in der Seeorganisation war Empfangsdame unter Heber Jentzsch im Celebrity Center in Los Angeles, das von Yvonne Gilliam Jentzsch geleitet wurde.

3. Ich wurde 1972 auf das Flaggschiff Apollo versetzt. Während der Zeit auf dem Schiff war ich im persönlichen Stab von Mary Sue und L. Ron Hubbard in der Haushaltseinheit („HU") tätig.

4. Im März 1973 wurden mein Mann Andre und ich zur Advanced Organization Los Angeles (AOLA) versetzt. Wir wurden versetzt, weil ich schwanger war und Kinder am Schiff nicht gestattet waren. Ich blieb ca. 10 Jahre in AOLA.

5. Im Juli 73 wurde unser Sohn Casavius geboren. Er war in Scientology seit seiner Geburt. Er ist nun von uns aufgrund der Tatsache getrennt, das wir die Seeorganisation verlassen haben und mit mehreren der Grundsätze der Seeorganisation nicht mehr in Einklang stehen.

6. Ende 1984 wurden wir in den hoch vertraulichen Ort in Hemet, Kalifornien versetzt, der im Allgemeinen als „UPLINES" (Linie nach oben) bezeichnet wird. Seeorganisations-Mitglieder, die dort arbeiten, nennen den Ort „Die Basis". Die Seeorganisations-Einheiten, die dort stationiert waren, hießen Golden Era Productions („Gold" - Golden Era Productions stellt alle Scientology Filme, Tonbänder, E-Meter, Musik und Werbung her), Commodores Messenger Organization International (CMOI, Internationale Botschafter Organisation des Commodore), Watch Dog Commitee (WDC), Religious Technology Center (RTC) und Commodores Messenger Org Golden Era Productions (CMO GOLD). Ich habe die letzten acht Jahre meiner Dienstzeit in der Seeorganisation in dieser Basis in Hemet verbracht.

SEIT 1986 WURDE MITGLIEDERN DER SEA ORG VERBOTEN, WEITERE KINDER ZU BEKOMMEN WENN SIE AUF POSTEN BLEIBEN WOLLTEN UND DIE HUBBARD TECHNOLOGIE WURDE ANGEWENDET, UM UNS MIT ZWANG ZU ÜBERREDEN, DASS WIR ABTREIBEN SOLLTEN, UM AUF POSTEN BLEIBEN ZU KÖNNEN.

7. Am 28. September 1986 gab Guillaume Leserve, der Executive Director International („ED Int") eine Order heraus, die für alle Seeorganisations-Mitglieder bindend ist. Innerhalb der Seeorganisation werden diese bindenden Orders „Flag Orders" genannt. Die Flag Order 3905 vom 28 September 1986 verbot Seeorganisations-Mitgliedern, weitere Kinder zu bekommen. Der vom ED Int angeführte Grund war, dass die Seeorganisation einfach nicht die Zeit, das Geld und die Mittel hätte, um Kinder richtig großzuziehen. Für den Fall, das Seeorganisations-Mitglieder sich entscheiden würden, der Flag Order nicht zu gehorchen, würden sie zu Scientology Organisation der Klasse IV verbannt, die nicht der Seeorganisation

angehörten, bis das Kind 6 Jahre alt sei. Sobald das unautorisierte Kind 6 Jahre alt wäre, könnten die Eltern zur Seeorganisation zurückkehren.

8. Am 3. April 1991 wurde ein Zusatz zu dieser Flag Order herausgegeben. Ein Teil des Zusatzes gab an, dass jeder, der schwanger würde, zu einer nicht expandierenden Klasse IV Org geschickt werden würde. Der Leitende Offizier von CMOI, Marc Yager, bestätigte die Anwendung dieses Zusatzes auf alle Mitarbeiter der Basis und erweiterte sie. Es wurde betont, dass Seeorganisations-Mitglieder die Spitzenschicht seien. Als solche ermahnte Yager uns, dass wir die Verantwortung für die Expansion von Scientology hätten und für die Befreiung der Menschheit. Das obere Scientology Management entschied, dass wir uns auf dieser hohen Stufe weder die Zeit noch die Mittel leisten könnten, die zum Aufziehen von Kindern notwendig seien. Das Kinderbekommen, so hätte sich herausgestellt, würde unsere Produktion und die Ziele untergraben. Es wurde zur Ethikangelegenheit. Eine Ethikangelegenheit ist ein Verstoß gegen Scientology. Eine Ethikangelegenheit entsteht, wenn ein Scientologe etwas tut, was von der Verbreitung von Scientology ablenkt. Ethikangelegenheiten werden für diejenigen durch Scientology-Gepflogenheiten entgegnet, die „vom schmalen, geraden Pfad abgekommen" seien.

10. Die Flag Order legte fest, dass Seeorganisations-Mitglieder, die ihr nicht gehorchten und sich für Kinderbekommen entschieden, nicht selbst wählen konnten, in welcher Klasse IV Organisation sie dienen wollten. Stattdessen sollte das höhere Management das zuwider handelnde Seeorganisations-Mitglied in eine Klasse IV Organisation versetzten, die versagte. Dies ist eine schwere Strafe. In einer versagenden Klasse IV Organisation muss ein verbanntes Seeorganisations-Mitglied für sich selbst sorgen und zusehen, wie es ein Kind von dem nominalen Entgelt aufziehen kann, das den Mitarbeitern einer versagenden Klasse IV Organisation zur Verfügung steht. Zusätzlich sind verbannte Seeorganisations-Mitglieder verpflichtet, die versagende Organisation wieder zu beleben, wenn sie nicht weitere Ethikzustände erleiden wollen.

11. Während der Zeit auf der Basis kannte ich mehrere Fälle von Mitarbeitern, die schwanger wurden und gezwungen wurden, abtreiben zu lassen. Einige der Fälle wurden mir von den Opfern selbst berichtet, andere wurden mir über Dritte zugetragen. In zwei Fällen behielten die Eltern ihr Kind trotz umfangreichem Einsatz der Ethikmethoden und wurden an eine versagende Klasse IV Organisation verbannt. In beiden Fällen mussten sie sich einer Ethikhandhabung unterziehen mit dem Zweck, sie davon abzuhalten und ihnen klarzumachen, dass es für Scientology und die Seeorganisation und alle Beteiligten viel vorteilhafter sei, abtreiben zu lassen. Einige dieser Frauen machten verschiedene Druckmethoden mit, um sie von einer Abtreibung zu überzeugen. Die Schwere der Ethikhandhabung stand in direktem Verhältnis zu dem Wunsch der werdenden Mutter und ihrem Beharren darauf, das Kind zu behalten. Ich selbst wurde 1993 schwanger und gab mein Kind aufgrund meiner grob fehlgeleiteten Verpflichtung und Hingabe zur Seeorganisation auf.

12. Während der eineinhalb Jahre vor meiner Feststellung, dass ich schwanger sei, wurde ich mit der gesamten Gold Mannschaft unablässig darauf gedrillt, ein perfektes und zielgerichtetes Seeorganisations-Mitglied zu sein, das der Kommandoabsicht immer gehorcht. Kommandoabsicht bedeutet im Grunde die Absicht der höchsten Befehlshaber über die gesamte Scientology und die Seeorganisation. So wie L. Ron Hubbard, Marc Yager und David Miscavige es in verschiedenen Schriften ausdrückten, wurde mir eingeimpft, dass ich meine persönlichen Wünsche nie

vor das Erreichen der Ziele der Seeorganisation stellen sollte. Es wurde mir der Glaube eingeimpft, dass ich meine persönlichen Wünsche nie vor das Erreichen der Ziele der Seeorganisation stellen sollte. Obwohl ich wirklich gerne mein Kind bekommen hätte und bereits die Vorstellung einer Abtreibung mir schrecklich ist, getraute ich mich nicht zu sagen, dass ich mein Baby gerne behalten hätte.

13. Ich erzählte dem Medizinischen Offizier (Martine Collins) von meiner Schwangerschaft. Sie machte sich sofort daran, meine Abtreibung zu arrangieren. Sie sagte mir, dass ich natürlich selbst dafür bezahlen müsse, da es unethisch sei, schwanger zu werden. (Unethisch bedeutet in Scientology, dass die eigenen Vernunftskräfte nicht mehr in eine Richtung denken, die der Scientology dient und dass sie daher korrigiert werden müssen).

14. Der Medizinischen Offizier Collins sagte mir, ich solle wegen des Abtreibungstermines selbst anrufen. Sie sagte, ich solle die Adresse der Basis nicht angeben und auch nicht bestätigen, dass ich von der Basis sei. Sie gab als Grund dafür an, dass zu viele Frauen von der Basis wegen Abtreibungen dorthin gingen und dass es möglicherweise „Out PR" werden würde. (Schlechte Public Relations, das heißt, dass die Öffentlichkeit ein schlechtes Bild bekam).

15. Am Tag nachdem ich von der Abtreibung zurückkam, war ich schwach, hatte Schmerzen und Krämpfe. Ich schlug eine leichte Arbeit vor, die ich auch bewältigen könne. Meine Vorgesetzte, Megan Rae, lehnte dies ab und gab mir stattdessen eine Vorgabe, die buchstäblich mehrere Leute erfordert hätte, um sie an einem Tag zu schaffen. Ich versuchte ihr klarzumachen was für eine unmögliche Aufgabe dies sei und dass ihre Order wohl ein Scherz sein müsse. Ich merkte bald, dass es ihr sehr ernst sei. Mein offener Protest dagegen erntete die gebellte Drohung „Wenn Du diesen Abtreibungszyklus benutzt, um Ineffizienz zu dramatisieren und so Deine Produktionsvorgaben nicht zu erfüllen, dann lasse ich Dir ein Comm-Ev geben!" Ein Comm-Ev steht kurz für Commitee of Evidence, Beweisaufnahmekommitee. Es ist eine der schwersten Ethikaktionen, die man jemandem antun kann.

16. Eine Freundin von mir, Bette Hardin, die in der Finanzabteilung von Golden Era Productions arbeitet, sagte mir dass sie oft die schwangeren Frauen von der Basis nach Riverside, Kalifornien brachte, beinahe wöchentlich zum Zentrum für geplante Elternschaft, wo sie dann ihre Abtreibungen bekämen und die darauf folgenden Nachuntersuchungen. Sie sagte, dass es einfach zur Routine geworden sei. Schwangere Seeorganisations-Mitglieder wurden zum Zentrum für geplante Elternschaft geschickt, um ihre Abtreibung zu bekommen. Wenn sie zur Basis zurückkamen, gingen sie zu Ethik.

17. Der Begriff „Ethik" wird verwendet um den Ort zu beschreiben, zu dem man geht, um die eigene Ethik wieder herein zu bekommen. Um dies in normalen Worten auszudrücken wird man zu Ethik immer dann geschickt, wenn man vom Pfad abkommt, beispielsweise absichtlich oder versehentlich gegen die Kommandoabsicht handelt und der Ethikoffizier arbeitet dann so lange mit einem, bis man sich dem Fördern von Scientology wieder unnachgiebig hingibt und den „Schaden" wieder gutgemacht hat. Zu Ethik und deren Methoden werde ich später mehr erklären.

18. Bette Hardin sagte, dass ehemals schwangere Frauen nach ihrer Abtreibung umgehend zu Ethik geschickt wurden um „Untere Zustände" zu machen. Untere Zustände sind von unten nach oben: Verwirrung, Verrat, Feind, Zweifel und Belastung. Zu jedem dieser Zustände gehört eine Reihe von genauen Schritten, die zu befolgen sind. Wenn man durch alle Schritte der unteren Zustände erfolgreich

durch ist - und nur der Ethikoffizier kann offiziell bestimmen, ob man diese Schritte korrekt durchgeführt hat und zum nächst höheren Zustand darf - dann ist man wieder ein Seeorganisation-Mitglied, das sich zusammenreißt („gung-ho") und mit neuer und neu belebter Entschlossenheit, nie wieder einen Fehler zu machen, welcher der Gruppe irgend einen Schaden zufügt oder sie damit bedroht.

19. Mein Vorgesetzter ließ mich die Schritte der Formel des sogenannten „Gefahr" Zustandes machen, was über „Belastung" der nächst höhere Zustand ist. Der Grund, warum ich nicht Verrat und die ganzen unteren Zustände machen musste ist, dass ich beteuerte, dass das Scientology Auditing, das ich vor der Schwangerschaft bekommen hatte, meinen Körper in dem Maße geheilt hätte, dass ich wieder schwanger werden konnte, obwohl mir ein Arzt vor Jahren gesagt hatte, dass ich wahrscheinlich nie wieder Kinder bekommen könne. Das war nicht alles wahr, aber es war meine einzige Lösung, um an dem Gang zu Ethik vorbeizukommen und diese unteren Zustände nicht nochmals durchzumachen. Ich wusste, dass ich in späteren „Confessionals" (Ausfragung nach Vergehen) damit herausrücken müsse und dann diese Zustände auch durcharbeiten müsse, aber dazu war ich damals nicht imstande. Das war auch für mich ganz ungewöhnlich, da ich es mir zur beständigen Notwendigkeit gemacht hatte, in meinem Leben immer sehr bei der Wahrheit zu bleiben.

20. Um meine eigene Integrität und Würde in meiner eigenen Vorstellung aufrechtzuerhalten, beteuerte ich gegenüber mir selbst und einigen Freunden, dass mein Mann und ich wirkliche Angst hätten, entweder ich oder mein Baby würden eine Geburt nicht überleben, weil bei einer früheren nicht erfolgreichen Entbindung Komplikationen aufgetreten seien. Die Wahrheit jedoch war und ist, dass ich nie über Abtreibung nachgedacht hätte. Mein Mann und ich wollen noch immer ein weiteres Kind.

21. Ich fragte Betty, wie viele Frauen sie eigentlich schon nach Riverside zu Abtreibungen gebracht hätte. Das wollte sie mir nicht sagen. Von dem, wie sie gesprochen hatte, klang es schon nach etlichen und so fragte ich zurückhaltend „Waren es mehr als 20?" Sie winkte mit dem Arm und sagte sehr nachdrücklich „Oh, ja!"

22. Betty sagte mir auch, dass sie sich letztlich rundweg geweigert hätte, weiter die Fahrerin zu sein und dass es richtig unangenehm geworden sei, weil vor dem Zentrum für Geplante Elternschaft oft Anti-Abtreibungs-Anträge veranstaltet würden und weil die sie immer wieder sahen, wie sie Frauen zu Abtreibungen hinbrachte.

23. Das folgende sind kurz die Geschichten von Frauen, die ich kannte und die Abtreibungen hatten, nachdem sie zwingende Ethiksitzungen und Drohungen hatten, zu Klasse IV Organisationen verbannt zu werden. Da das Thema etwas war, über das wir aus Gründen der Public Relations weder innerhalb noch außerhalb der Basis sprechen sollten, und um die betroffenen Frauen vor Vergeltung zu bewahren und ihre Vertraulichkeit zu wahren, habe ich ihre Namen nicht angegeben.

A. Fall 1: Sie war meine Freundin und arbeitete in meiner Abteilung, auch während ihrer Schwangerschaft und Abtreibung. Sie schien wegen dieser sehr verstimmt und wollte zuerst nicht darüber sprechen. Als wir eines Tages alleine waren, brachte ich sie dazu, darüber zu sprechen. Sie sagte, dass sie liebend gerne das Baby bekommen hätte, aber nachdem sie den Ethikzyklus durchgemacht hatte (von dem ich wusste, dass er mindestens eine Woche gedauert hatte) wäre ihr klar geworden, dass sie nicht bereit war, ein Kind zu bekommen. (Sie war 20 Jahre alt). Sie sagte, dass ihr Mann völlig verzückt gewesen sei, als er von ihrer Schwangerschaft erfahren hatte und es so gerne behalten hätte. Er war ganz unerbittlich dafür, das Baby zu behalten. Aber nach dem Ethikzyklus sah er die Tatsache ein, dass er vielleicht nie wieder zur Basis zurückkommen würde, dass er seinen geliebten Job verlieren würde und seine Position in Gold. Er hätte zu einer Klasse IV Organisation gehen müssen. Wie auch immer, die Ethik Aktionen überzeugten sie, dass sie „gute Seeorganisations-Mitglieder" seien und das Kind abtreiben müssten, so dass sie in der Seeorganisation „am Ziel" bleiben könnten. „Am Ziel" („On Purpose") bedeutet in der Seeorganisation, dass man das, was zum Fördern des Zweckes der Seeorganisation gewünscht und gebraucht wird - dass man das ist und tut. (Anmerkung: Ich werde später auf die Zwangsmethoden der Ethiktechniken in Scientology eingehen).

B. Fall 2: Ihr Mann arbeitete während ihrer ersten Schwangerschaft im gleichen Bereich wie ich. Er vertraute mir als Freund an, dass seine Frau schwanger sei und sich entschieden hatte, das Baby wieder zu behalten! Es war ihr von Ethik ausgeredet worden, das Kind zu behalten aber sie hatte sich wieder entschlossen, es zu behalten. Sie sagte es ganz unerbittlich. Ich sagte: „Gut". Wir diskutierten die Bezugsstelle in Hubbards Buch Dianetik, die moderne Wissenschaft der geistigen Gesundheit, wo es sehr deutlich war, dass er gegen Abtreibungen ist. Sie war deutlich froh, jemanden auf ihrer Seite zu haben. Irgendwann später hörte ich, dass sie hingegangen sei, um abzutreiben. Sie landete auch im Rehabilitation Projekt Force („RPF"). Das RPF ist im Grunde ein Gefangenenlager in der Seeorganisation. Nach einigen Monaten wurde mir gesagt, sie sei wieder schwanger geworden. Die Tatsache, dass sie im RPF wieder schwanger wurde ist bemerkenswert, da die Wohnabteile der RPFler von denen anderer Seeorganisations-Mitglieder der Basis (einschließlich derer der Ehegatten) abgetrennt waren und ihr Mann unter Bewachung stand, weil er während ihrer Inhaftierung als Sicherheitsrisiko angesehen wurde. Dieses Mal unterwarf sie sich nicht der Abtreibung, sondern entkam erfolgreich der Basis und kam nie zurück in die Seeorganisation. Später fanden wir heraus, dass sie nach England gegangen war und dort ihr Kind bekommen hatte. Ich habe den Brief gelesen, den Tina ihrer Schwester schickte. Sie hatte Bilder ihres hübschen Mädchens mitgeschickt. Sie war eine sehr stolze Mutter und ganz verliebt in ihr Baby.

C. Fall 3: Mir wurde erzählt, dass Fall 3 irgendwann 1986 schwanger geworden war. Es war ein grober Patzer, weil sie bis zu dieser Zeit immer ein Spitzenbotschafter des Commodore gewesen war (also L. Ron Hubbards Botschafter). Sie und ihr Mann waren sehr entschlossen, das Baby zu behalten. Sie wurde durch umfangreiche Ethikmaßnahmen geschickt, mit immer schwereren und schwereren Drohungen und Strafen, bis sie schließlich aufgab und abtreiben ließ. Ca. 1990 sah ich, dass sie wieder schwanger war. Zur gleichen Zeit sah ich, dass sie von ihrem Posten weg war und manuelle Arbeiten verrichtete. Ihr Mann sagte mir, dass sie entschlossen seien, das Baby zu behalten. Monate später entkamen sie erfolgreich. Sie sind nicht mehr zur Seeorganisation zurückgekehrt und mir ist klar, dass sie und ihr Mann mit einem liebenswerten Sohn gesegnet sind.

D. Fall 4: Mir wurde gesagt, sie sei schwanger. Sie durchlief das Ethikverfahren und ließ abtreiben.

E. Fall 5: Sie schien durch die Hölle zu gehen. Oft sah sie aus, als hätte sie geweint. Oft sah sie aus, als wäre sie in einem emotionalen Zusammenbruch. Ich versuchte, besonders freundlich zu sein und sie dazu zu bringen, dass sie spricht. Aber sie lächelte nur und wechselte das Thema. Sie und ihr Mann wurden vom Posten genommen und durch umfangreiche Ethikhandlungen geschleust, weil sie entschlossen waren, das Baby zu behalten.. Dann sah ich eines Tages beide fröhlich und zurück auf Posten. Ich fragte den Mann, was denn mit dem Baby geschehen sei. Er meinte, sie seien beide durch die unteren Ethik Zustandsformeln gegangen und aus „Zweifel" herausgekommen und hingegangen, um abtreiben zu lassen. Monate später sah ich, wie sie regelrecht geschockt aussah und geistig verstört, nachdem sie mit sechs anderen Mitarbeitern der Qualifikationsabteilung in den See geworfen worden war. Sie hatten die Vorgabe nicht erreicht, das ihnen für diesen Tag zugewiesen worden war. Sie brannte später mit einem anderen Mann durch, der in der gleichen Abteilung gearbeitet hatte.

F. Fall 6: Mir wurde gesagt, dass Fall 6 schwanger geworden sei und abtreiben ließ, während sie mit einem der oberen Manager der Scientology verheiratet war. Ich bekam mit, wie sie sich mit ihrem Mann überwarf und sich scheiden ließ. Später heiratete sie ein anderes Seeorganisations-Mitglied der Basis. Danach wurde sie zum RPF geschickt.

G. Fall 7: Mir wurde gesagt, dass Fall 7 schwanger geworden war und durch den Einsatz von Ethikverfahren zur Abtreibung gebracht worden sei. Sie brach mental zusammen. Die Abtreibung ließ sie emotional zerbrechen. Nach der Abtreibung war sie nie wieder die Gleiche. Vorher war sie fröhlich und man konnte viel Spaß mit ihr haben, aber nach der Abtreibung war es schwer, sie überhaupt etwas aufzumuntern oder mit ihr herumzublödeln. Das wurde mir durch ihren besten Freund erzählt.

H. Fall 8: Dieses Paar schaffte es, ihr Ehrgefühl zu wahren und das Kind nicht aufzugeben. Sie machten ungefähr einen Monat lang Ethikhandhabungen durch, bis ihnen endlich erlaubt wurde, zu einer Klasse IV Organisation zu gehen und damit ihr Baby zu behalten. Ethik versuchte mit Zwang, sie zu einer Abtreibung zu bewegen. Als sie gingen, hieß es sie seien im Zustand „Verrat" und beim Mitarbeitertreffen wurde verächtlich von ihnen gesprochen. Es war, als hätten sie die Seeorganisation verlassen, was unter Seeorganisations-Mitgliedern mit zu den schwersten Verbrechen gehört, die man überhaupt begehen kann.

I. Fall 9: Dieses Paar entschied sich aufgrund ihrer Schwangerschaft zum Gehen. Sie wurden mit Schimpf und Schande zur Klasse IV Organisation in Santa Barbara geschickt, weil sie beschlossen hatten, die Seeorganisations-Gruppe zu verlassen und wegzugehen und ein Kind zu bekommen. Auch von ihnen wurde bei einem Mitarbeitertreffen sehr kritisch gesprochen.

24. Ich kann jetzt feststellen, dass die Handlung, dass ich abtreiben ließ in Verbindung mit der nachfolgenden rüden Behandlung durch meine Vorgesetzten mir den ersten Ruck versetzt hat, mich von der blinden Hingabe zur Seeorganisation loszulösen. Ein weiterer Ruck war, dass ich 2 Wochen nach meiner Abtreibung und kurz bevor ich zur Nachuntersuchung zum Zentrum für Geplante Elternschaft nach Riverside fuhr, einer Aktion unterzogen wurde, die „Abstreifen falscher Daten" genannt wird. Diese Aktion öffnete mir die Augen bezüglich einiger wirklicher Verrücktheiten, die in der Basis stattfanden und die ich vorher nicht sehen wollte. Die größte Verrücktheit war die Tatsache, dass Miscavige, der höchste Führer in Scientology, uns regelmäßig (ungefähr einmal im Monat oder so) beim Mitarbeitertreffen anschrie, wie unfähig und inkompetent und uneffektiv wir alle wären. Manchmal schrie er sogar „WOGs könnten das besser machen." (WOG ist ein abschätziger Begriff in der Seeorganisation für jemanden in der Außenwelt, der noch nicht einmal von Scientology gehört hat).

25. Der gleiche Miscavige ließ die Mannschaft von Gold auf ihren verschiedenen Posten und Funktionen bei der Arbeit filmen. Das Video stellte die Gold Mannschaft als Halbgötter dar mit ihrer Stufe von Professionalismus, Perfektion und Fertigkeit.

26. Eine weitere Ungereimtheit war, dass ich oft feststellte, wie ärmlich sich manche niederen Seeorganisations-Organisationen anstellten und einige der Klasse IV Organisationen. Trotz alledem beschrieb Miscavige die internationale Scientology Szene als phantastisch gut und boomend, in allen größeren Veranstaltungen, in denen er sprach oder einer seiner direkten Untergebenen. Jeder beschrieb seinen Verantwortungsbereich als fabelhaft gut laufend.

ETHIK, SICHERHEITSÜBERPRÜFUNGEN UND RPF.

39. Ethik ist in Wirklichkeit eine Methode, mit welcher der Verstand aller dergestalt kontrolliert werden soll, dass sie in einem solchen Ausmaß nur in bestimmten Bahnen denken und handeln sollen, dass bestimmte Fehler seitens der Scientology Führer nicht mehr bemerkt werden, ebenso seitens der Organisation und seitens der Hubbard Technologie selbst.

40. Nachdem Hubbard einen in eine bestimmte Geisteshaltung geführt hat, in der man einen höheren IQ, höhere Fähigkeitsstufen und geistige Freiheit will, fängt er einen ein und pfercht einem mit Anleitungen wie „Die Funktionsfähigkeit der Scientology erhalten" ein. In diesem Richtlinienbrief betont Hubbard sehr stimmungsvoll, dass Scientology die einzige Hoffnung der Menschheit sei, die spirituellen Ketten abzulegen, die sie „in den letzten Trillionen" gebunden hatten. Und dass es die erste Chance der Menschheit sei und dass es wohl auch sein könnte, dass es die letzte Chance der Menschheit sei. Hubbard fährt fort, Scientologen inständig dazu aufzufordern, mit ihm diese Verantwortung für diese eine Chance der Menschheit zu tragen und sie alle die scientologische Straße zu ihrer geistigen Freiheit hin zu führen. Hubbard betont, das wenn man das nicht täte, man sich selbst und die Menschheit in die schlimmste Hölle verdammen würde. LRH ordnete an, dass diese Anleitung eine der ersten in jedem Kurs sein sollte und gründlich gelesen und vollständig verstanden werden müsste.

41. Wenn man diesen Köder geschluckt und sich der Scientology völlig angeschlossen hat, wird man von da an durch Ethikverfahren in dieser Art zu denken kanalisiert.

42. Sobald ein Scientologe irgend etwas sagt oder denkt das zeigt, dass er kein total hingebungsvoller Scientologe ist, bekommt er umgehend Ethikverfahren.

43. Die Schwere der Ethikverfahren, die an einem Scientologen angewendet werden, der abweichlerisches Verhalten an den Tag legt, hängt davon ab, wie weit er von den Scientology-Idealen abweicht. Die Schwere der Ethikaktionen wird bei der Person so lange vertieft, bis er wieder in dem Pferch zurück ist und der „korrekten, scientologischen Art zu denken" folgt.

45. Sobald ein Scientologe an Ethik verwiesen wird, wird er von einem oder mehreren Ethik-Offizieren so lange verhört, bis der Offizier zufrieden damit ist, dass alles abweichlerische Denken eliminiert ist.

49. Wenn der widerspenstige Student sich weigert, irgendwelche schlechten Taten aufzuschreiben, wird der Ethik-Offizier ihn zu einer „Sicherheitsüberprüfung" beordern. Eine Sicherheitsüberprüfung („Sec Check") ist eine Liste von Fragen, die auf verschiedenen Arten nach schlechten Taten fragen, die der Student gemacht haben könnte. Bei einer Sicherheitsüberprüfung wird der Student an ein E-Meter gesetzt, so dass seine körperlichen Reaktionen auf die Fragen gemessen werden

können. Der Sicherheitsprüfer ist darin trainiert, die Person zum Sprechen zu bringen und dazu, ihre schädlichen Handlungen zuzugeben.

68. Eine weitere Schlüsselfunktion der Ethik Methodologie ist, diejenigen Scientologen aufzuspüren, die mit Leuten in Verbindung stehen, die in irgend einer Weise gegen Scientology sind. Der Grund dafür ist, dass feindselige Personen Scientology auf irgend eine Weise Schwierigkeiten machen können oder den Scientologen verstimmen können, indem sie ihm schlechte Dinge über Scientology oder über Hubbard erzählen. Der Scientologe könnte sogar die Organisation verlassen und sich gegen Scientology wenden.

69. Sobald ein Ethik-Offizier von einem Scientologen erfährt, der mit jemandem in Verbindung steht, der irgendwie gegen Scientology ist, bezeichnet er diesen Scientologen als eine „Potentielle Quelle von Schwierigkeiten" („PTS"). Daraufhin wird diesem Scientologen nicht mehr erlaubt, weitere Scientology-Dienstleistungen zu belegen, bis er die feindselige Verbindung gehandhabt hat. Das wird dadurch erreicht, dass man das feindselige Element dazu bringt, seine Meinung zu ändern und entweder zuzustimmen, dass er Scientology mag oder dass es für ihn zumindest in Ordnung ist, dass der Scientologe weiterhin die Brücke hinaufgeht.

70. In manchen Fällen wird die feindselige Person ihre Meinung nicht ändern, dann muss der Scientologe sich von der feindseligen Person trennen. Normalerweise wird der Ethik-Offizier den Scientologen anweisen, dass er einen Brief schreiben soll, in dem er die feindselige Person anprangert und alle zukünftigen Verbindungen und den Kontakt mit der Person abschneidet.

71. Dies gesamte Verfahren bewirkt im Grunde, dass niemand von außerhalb des Pferches, in dem die Scientologen stecken, hergehen kann, um einem Scientologen zu erzählen, dass das „Gras auf der anderen Seite grüner ist" oder etwas dieser Art. Dieses Ethik Verfahren hilft also wiederum, die Scientologen in dem Pferch glücklich zu halten.

DIE VERWENDUNG VON ETHIK IN DER SEEORGANISATION

72. Die Seeorganisation ist eine Elitegruppe von Leuten, die ihr Herz und ihre Seele und ihr Leben für die nächste Milliarde Jahre der Befreiung der Menschheit im gesamten Universum von der geistigen Versklavung verschrieben haben, der sie unterworfen ist. Das ist es, was die Seeorganisations-Mitglieder wirklich glauben und sie glauben, dass Scientology die EINZIGE Hoffnung auf geistige und mentale Freiheit wäre. Die große Mehrheit der Seeorganisations-Mitglieder ziehen praktisch keinen materiellen Nutzen aus ihren Diensten und erhalten nur $ 30.00 pro Woche als Ausgleich für ihre Mühen. Seeorganisations-Mitglieder leben in gemeindeähnlichen Umständen, in denen für Nahrung und Unterkunft gesorgt ist.

73. Die spartanischen Bedingungen, unter denen praktisch alle Seeorganisations-Mitglieder leben, stehen in krassem Gegensatz zu den Umstände der höchsten Ränge von Seeorganisation & Scientology. Die meisten in den höchsten Ränge haben ihre eigenen Autos. Miscavige, der leitende Vertreter von CSI und anderen Scientology Organisationen, sowie seine Frau hatten stets die teuersten Wagen.

75. In der Seeorganisation wird Ethik in einem solchen Ausmaß angewendet, dass Seeorganisations-Mitglieder bereit sind, Scheuklappen anzulegen, damit sie es umgehen können, irgend etwas anderes zu denken und zu tun außer Scientology und ihren Jobs und ihrem Ziel, die Menschheit zu befreien. Merkwürdigerweise bekommt man jedoch, wenn man „verdient" genug ist, um auf einen Posten in der Basis befördert zu werden, nicht mehr die Unterweisungen, die einen aufheizen („to hype up on"), die Menschheit zu retten. Alles, was man von den Führungskräften

in der Basis bei Unterweisungen hört ist, dass man Scientology expandieren und Geld machen soll. Man hört kaum mehr etwas von „Befreiung der Menschheit" in der Basis.

76. Der Grund, warum Mitarbeiter dieser Basis diese Scheuklappen anlegen wollen ist, weil es für den Vorgesetzten oder einen Ethik-Offizier so leicht ist, einen in einen tieferen Ethikzustand zu setzen. Wenn man in einem niederen Zustand ist, hat man keine Freizeit mehr (was man sowieso nur jeden zweiten Sonntag ab Mittag hat) und man verliert eine Menge Schlaf, weil man bis spät nachts oder die ganze Nacht lang Wiedergutmachung leisten muss, da man die natürlich in der eigenen Zeit leistet. Man ist also glücklich, wenn man nachts 7 Stunden Schlaf bekommt. Und man macht sowieso immer wieder Nächte durch, um irgend welche Projekte rechtzeitig zu schaffen. Außerdem wird man als Mitarbeiter in einem niedrigen Zustand von anderen Mitgliedern der Mannschaft gründlich gemieden, da die verpflichtet sind, nicht zu freundlich zu sein, bis ein Mitarbeiter aus dem tieferen Zustand heraus ist.

78. Es gibt eine Angabe, die Hubbard in verschiedenen Bulletins macht und welche beinhaltet, dass wenn man kritisch gegenüber einer Person oder Gruppe ist und die Kritik nicht sachlich ist, dass man dann eine schädliche Handlung begangen hat gegen diese Person oder Gruppe. Erkennen und Loswerden der schädlichen Handlung wird einem Erleichterung verschaffen. Wenn das alles war, was es da gab, wird einem nicht mehr nach Kritik zumute sein. Wenn man sich hingegen entscheidet, es nicht zu erzählen, werden verschiedene mentale Folgen eintreten: (a) der eigene Verstand wird ganz in Überlegungen verstrickt sein, wer es beinahe bemerkt haben könnte und (b) "man zieht selbst schädliche Handlungen an".

79. Jeder überzeugte und trainierte Scientologe wird immer jede Gelegenheit ergreifen wollen, jede kleinste schädliche Handlung loszuwerden, um diesen Folgen zu entgehen. Es ist bemerkenswert, dass ich jedes Wort der Hubbard Tech in einem solchen Ausmaß glaubte, dass ich diese beiden Folgen jedes Mal verspürte, wenn ich die kleinste Missetat begangen hatte. Es ist wie bei einer hypnotischen Anweisung.

80. Der Zwang ging so weit dass ich jedes Mal, wenn mir etwas Schlechtes widerfuhr (wie beispielsweise ohne Begründung angeschrieen zu werden, wobei es seltene Tage waren, wo dies nicht geschah), das Gefühl hatte, ich müsse etwas Schlechtes getan haben, um mir diese Behandlung anzuziehen.

81. Ich durchsuchte meinen ganzen Verstand, um zu finden, was ich denn getan hätte. Wenn ich gar nichts finden konnte (was häufig der Fall war, da ich zwanghaft darauf achtete, alle Regeln einzuhalten und super gut zu sein um diese Folgen zu vermeiden) musste ich annehmen, dass es etwas ganz Frühes gewesen sein musste, das ich sogar vor mir selbst verborgen hatte.

82. Ich hatte so viele Sicherheitsüberprüfungen gehabt und jedes kleinste nur vorstellbare schädliche Ding, das ich je getan hatte, immer wieder erzählt, dass ich letztendlich anfing zu glauben, dass wenn dieses Leben mit einem so feinen Kamm durchkämmt worden war, dass ich dann eine Menge von Verbrechen in früheren Leben begangen haben musste, die ich der gründlichen Untersuchung der Ethik-Offizier nicht richtig preisgegeben hatte. Um die schlechten Erfahrungen der Gegenwart besser zu begründen, fing ich wie viele Scientologen an, scheußliche Taten zu erfinden, die ich in früheren Leben begangen hatte. Ich beschwor die herauf, um zu erklären, wieso ich so unglücklich war und trotz meiner Mühen, perfekt zu sein, immer wieder angeschrieen wurde.

83. Der Trick ist, Seeorganisations-Mitglieder dermaßen zu introvertieren und dazu noch mit gewaltigen Mengen von Produktion zu beschäftigen, die von einem verlangt werden und für die man sehr unliebsame Strafen bekommt, wenn man die verlangte Produktion nicht schafft, dass man einfach keinen Raum zum Durchatmen hat und zum Beobachten und zum ernsthaften kritischen Überlegen von irgend etwas.

84. Ich sah beispielsweise zu, wie ein Freund von mir wegen einem von ihm begangenen Fehler von einer sehr hohen Führungskraft angeschrieen und völlig niedergemacht wurde. Mein Freund tat mir sehr leid. Aber ich war geschult, auch nur den Gedanken daran zu verweigern, dass diese Art von verbaler und emotionaler Misshandlung falsch sei. Das Verhalten dieser hohen Führungskraft war per Definition über alle Vorwürfe erhaben. Ich war tatsächlich richtig in den Glauben konditioniert, dass es notwendig sei, Leute anzuschreien um gute Produktion zustande zu bringen.. Dieser Konflikt zwischen meinen natürlichen Neigungen und der Scientology Lehre, die ich damals vollkommen unterstützte, vertiefte meine Introversion, da es nicht aus mir heraus kam, so zu schreien. Also musste gemäß den Definitionen des scientologischen Glaubenssystems etwas mit mir selbst falsch sein. Ich habe wirklich oft das Gefühl gehabt, dass meine Unfähigkeit, meine Untergebenen verbal zu misshandeln, ein grober Charakterfehler in mir war, da alle höheren Führungskräfte mich und ihre anderen Untergebenen regelmäßig verbal und emotional misshandelten.

Wem gehört Scientology?

Das ist überhaupt die beste Frage, die man stellen kann. Scientology präsentiert sich in einer verwirrenden Anzahl von Stellen, die alle irgend etwas zu tun haben oder auch nicht. Im Internet fand ich dann einen offenen Brief an David Miscavige - www.freierscientologe.netfirms.com/komplott.htm[72] - und interessantere Namen:

Lyman Spurlock
Sherman Lenske
Meade Emory
Leon Misterek
Norman F. Starkey

Und dann findet man noch das Kürzel „CST" – Church of Spiritual Technology. Und damit das Ganze nicht zu verschwörerisch ausfällt, die Auflösung: Da gibt es einmal die L. Ron Hubbard Library, die über ein Postfach aktiv ist, aber hinter der sich eben diese „CST" verbarg/verbirgt.
Und diese CST wurde 1982 gegründet und besitzt seit 1993 sämtliche Copyrights an L. Ron Hubbards Werken.
Der Einfachheit halber ist Norman F. Starkey der Testamentvollstrecker des Testamentes von L. Ron Hubbard – das man nie zu Gesicht bekommen hat und auch dann würde man nicht sicher wissen, ob es wirklich von L. Ron Hubbard ist.
Dafür ist Starkey auch Präsident des Author Services Inc.
Und jetzt?
Dort läuft mit den Copyrights das meiste Geld zusammen, das es in der Scientologywelt gibt.
Wie das geht, habe ich im Sommer 2001 mit eigenen Augen sehen können, als WISE-„Missionare" mit zumindest 4 Millionen, andere Quellen sprechen von 5 Millionen Österreichischen Schilling, wieder abdampften.
Soviel musste die österreichische Firma „Business Success" an WISE zahlen, da WISE behauptete, dieses Copyright-Geld der Author Services Inc. zu schulden.
Langer Rede, kurzer Sinn und bevor das Ganze zu verwirrend wird: Die Millionen wurden über die Grenzen getragen und landeten dann wahrscheinlich über irgendwelche Zwischenstationen bei CST – der Church of Spiritual Technology.
Und die ist im Besitz dieser fünf Personen:
Lyman Spurlock ist Mitbegründer der CST und nebenbei noch Treuhänder des RTC, des Religious Technology Centers, dessen Chef David Miscavige ist.
Sherman Lenske ist Mitbegründer der CST und ist kein Scientologe, dafür aber Anwalt.
Meade Emory ist ebenfalls Mitbegründer der CST, ebenfalls kein Scientologe, dafür hat er früher als Assistent des Commissioners des amerikanischen Finanzamtes (IRS) gearbeitet.
Leon Mistrek, ebenfalls ein Mitbegründer der CST, ebenfalls kein Scientologe, dafür aber ebenfalls Anwalt.
Norman F. Starkey ist Scientologe.
Die Autoren weisen noch auf einen anderen interessanten Punkt hin: Nach dem Zustandekommen des geheimen Abkommens mit dem amerikanischen Finanzamt (IRS) am 1. Oktober 1993 – Steuerfreiheit für alle Scientology-Organisationen

– hat Norman F. Starkey zwei Monate später sämtliche Copyrights, die er zuvor in
7 Jahren zusammengetragen hatte, an die CST übertragen.
Ist doch interessant – oder?

Quellen

[1] L. Ron Hubbard, The Volunteer Minster Handbook, 1976, Church of Scientology of California, Los Angeles, Seite 130

[2] L. Ron Hubbard, The Volunteer Minster Handbook, 1976, Church of Scientology of California, Los Angeles, Seite 130

[3] L. Ron Hubbard, Einführung in die Ethik der Scientology, 1998, New Era Publications International, Kopenhagen, Klappentext

[4] L. Ron Hubbard, Einführung in die Ethik der Scientology, 1998, New Era Publications International, Kopenhagen, Klappentext

[5] L. Ron Hubbard, Einführung in die Ethik der Scientology, 1998, New Era Publications International, Kopenhagen, Klappentext

[6] L. Ron Hubbard, Einführung in die Ethik der Scientology, 1998, New Era Publications International, Kopenhagen, Klappentext

[7] L. Ron Hubbard, Einführung in die Ethik der Scientology, 1998, New Era Publications International, Kopenhagen, Klappentext

[8] L. Ron Hubbard, Einführung in die Ethik der Scientology, 1998, New Era Publications International, Kopenhagen, Klappentext

[9] L. Ron Hubbard, Einführung in die Ethik der Scientology, 1998, New Era Publications International, Kopenhagen, Verantwortlichkeiten von Führungskräften, Seite 180 – 181

[10] L. Ron Hubbard, Einführung in die Ethik der Scientology, 1998, New Era Publications International, Kopenhagen, Verantwortlichkeiten von Führungskräften, Seite 182

[11] L. Ron Hubbard, Einführung in die Ethik der Scientology, 1998, New Era Publications International, Kopenhagen, Die Dynamiken des Daseins, Seite 13

[12] L. Ron Hubbard, Einführung in die Ethik der Scientology, 1998, New Era Publications International, Kopenhagen, Ethik, Recht und die Dynamiken, Seite 17

[13] L. Ron Hubbard, Einführung in die Ethik der Scientology, 1998, New Era Publications International, Kopenhagen, Ethik, Recht und die Dynamiken, Seite 17

[14] L. Ron Hubbard, Einführung in die Ethik der Scientology, 1998, New Era Publications International, Kopenhagen, Ethik, Recht und die Dynamiken, Seite 19

[15] L. Ron Hubbard, Einführung in die Ethik der Scientology, 1998, New Era Publications International, Kopenhagen, Ethik, Recht und die Dynamiken, Seite 20

[16] L. Ron Hubbard, Einführung in die Ethik der Scientology, 1998, New Era Publications International, Kopenhagen, Ethik, Recht und die Dynamiken, Seite 22

[17] „Der Standard" vom 17. November 2004

[18] L. Ron Hubbard, Einführung in die Ethik der Scientology, 1998, New Era Publications International, Kopenhagen, Zwei Arten von Menschen, Seite 188

[19] L. Ron Hubbard, Einführung in die Ethik der Scientology, 1998, New Era Publications International, Kopenhagen, Zwei Arten von Menschen, Seite 189

[20] L. Ron Hubbard, Einführung in die Ethik der Scientology, 1998, New Era Publications International, Kopenhagen, Zwei Arten von Menschen, Seite 191

[21] L. Ron Hubbard, Einführung in die Ethik der Scientology, 1998, New Era Publications International, Kopenhagen, Die antisoziale Persönlichkeit – Der Anti-Scientologe, Seite 192

[22] L. Ron Hubbard, Einführung in die Ethik der Scientology, 1998, New Era Publications International, Kopenhagen, Die antisoziale Persönlichkeit – Der Anti-Scientologe, Seite 193

[23] L. Ron Hubbard, Einführung in die Ethik der Scientology, 1998, New Era Publications International, Kopenhagen, Die antisoziale Persönlichkeit – Der Anti-Scientologe, Seite 196

[24] L. Ron Hubbard, Einführung in die Ethik der Scientology, 1998, New Era Publications International, Kopenhagen, Die antisoziale Persönlichkeit – Der Anti-Scientologe, Seite 196

[25] L. Ron Hubbard, Einführung in die Ethik der Scientology, 1998, New Era Publications International, Kopenhagen, Wissensberichte, Seite 287

[26] L. Ron Hubbard, Einführung in die Ethik der Scientology, 1998, New Era Publications International, Kopenhagen, Wissensberichte, Seite 287

[27] L. Ron Hubbard, Dianetik – die moderne Wissenschaft der geistigen Gesundheit, 1984, herausgegeben vom Autor Services Inc,, Hollywood, Der Clear, Seite 21

[28] L. Ron Hubbard, Dianetik – die moderne Wissenschaft der geistigen Gesundheit, 1984, herausgegeben vom Autor Services Inc,, Hollywood, Der Clear, Seite 21

[29] Pressemitteilungen des Verwaltungsgerichts Köln, Az.: 20 K 1882/03, 11. November 2004

[30] Jon Atacks Buch „A Piece of Blue Sky" (ISBN 0-8184-0499-X) wurde von Lyle Stuart Books in den USA und von Musson Bock Company in Kanada verlegt. „A Piece of Blue Sky" ist eine vierhundertseitige Geschichte von Hubbard, seinen Organisationen und seinen Techniken. In Europa kann es direkt vom Autor in Avalon, Cranston Rd, East Grinstead, West Sussex, RH19 3HG, England, bezogen werden.

[31] L. Ron Hubbard, Hubbard Kommunikationsbüro, Saint Hill Manor, East Grinstead, Sussex, HCO-Policybrief vom 7. Februar 1965

[32] L. Ron Hubbard, Einführung in die Ethik der Scientology, 1998, New Era Publications International, Kopenhagen, Verstöße und Strafen, Seite 338

[33] L. Ron Hubbard, Einführung in die Ethik der Scientology, 1998, New Era Publications International, Kopenhagen, Das Recht von Scientology, sein Gebrauch und Zweck, ein Scientologe zu sein, Seite 315

[34] L. Ron Hubbard, Einführung in die Ethik der Scientology, 1998, New Era Publications International, Kopenhagen, Das Recht von Scientology, sein Gebrauch und Zweck, ein Scientologe zu sein, Seite 315

[35] L. Ron Hubbard, Einführung in die Ethik der Scientology, 1998, New Era Publications International, Kopenhagen, Das Recht von Scientology, sein Gebrauch und Zweck, ein Scientologe zu sein, Seite 316

[36] L. Ron Hubbard, Hubbard Kommunikationsbüro, Saint Hill Manor, East Grinstead, Sussex, HCO-Policybrief vom 7. Februar 1965, Seite 2 und 3

[37] L. Ron Hubbard, Einführung in die Ethik der Scientology, 1998, New Era Publications International, Kopenhagen, Klappentext

[38] L. Ron Hubbard, Einführung in die Ethik der Scientology, 1998, New Era Publications International, Kopenhagen, Klappentext

[39] L. Ron Hubbard, Einführung in die Ethik der Scientology, 1998, New Era Publications International, Kopenhagen, Klappentext

[40] L. Ron Hubbard, Hubbard Kommunikationsbüro, Saint Hill Manor, East Grinstead, Sussex, HCO-Policybrief vom 7. Februar 1965

[41] L. Ron Hubbard, Hubbard Kommunikationsbüro, Saint Hill Manor, East Grinstead, Sussex, HCO-Policybrief vom 7. Februar 1965

[42] L. Ron Hubbard, Hubbard Kommunikationsbüro, Saint Hill Manor, East Grinstead, Sussex, HCO-Policybrief vom 7. Februar 1965

[43] L. Ron Hubbard, Hubbard Kommunikationsbüro, Saint Hill Manor, East Grinstead, Sussex, HCO-Policybrief vom 7. Februar 1965

[44] L. Ron Hubbard, Hubbard Kommunikationsbüro, Saint Hill Manor, East Grinstead, Sussex, HCO-Policybrief vom 7. Februar 1965

[45] L. Ron Hubbard, Hubbard Kommunikationsbüro, Saint Hill Manor, East Grinstead, Sussex, HCO-Policybrief vom 7. Februar 1965

[46] L. Ron Hubbard, Hubbard Kommunikationsbüro, Saint Hill Manor, East Grinstead, Sussex, HCO-Policybrief vom 7. Februar 1965

[47] L. Ron Hubbard, Hubbard Kommunikationsbüro, Saint Hill Manor, East Grinstead, Sussex, HCO-Policybrief vom 7. Februar 1965

[48] L. Ron Hubbard, Hubbard Kommunikationsbüro, Saint Hill Manor, East Grinstead, Sussex, HCO-Policybrief vom 7. Februar 1965

[49] L. Ron Hubbard, Hubbard Kommunikationsbüro, Saint Hill Manor, East Grinstead, Sussex, HCO-Policybrief vom 7. Februar 1965

[50] L. Ron Hubbard, Hubbard Kommunikationsbüro, Saint Hill Manor, East Grinstead, Sussex, HCO-Policybrief vom 7. Februar 1965

[51] L. Ron Hubbard, Hubbard Kommunikationsbüro, Saint Hill Manor, East Grinstead, Sussex, HCO-Policybrief vom 7. Februar 1965

[52] L. Ron Hubbard, Hubbard Kommunikationsbüro, Saint Hill Manor, East Grinstead, Sussex, HCO-Policybrief vom 7. Februar 1965

[53] L. Ron Hubbard, Hubbard Kommunikationsbüro, Saint Hill Manor, East Grinstead, Sussex, HCO-Policybrief vom 7. Februar 1965

[54] L. Ron Hubbard, Hubbard Kommunikationsbüro, Saint Hill Manor, East Grinstead, Sussex, HCO-Policybrief vom 7. Februar 1965
[55] L. Ron Hubbard, Hubbard Kommunikationsbüro, Saint Hill Manor, East Grinstead, Sussex, HCO-Policybrief vom 7. Februar 1965
[56] L. Ron Hubbard, Hubbard Kommunikationsbüro, Saint Hill Manor, East Grinstead, Sussex, HCO-Policybrief vom 7. Februar 1965
[57] L. Ron Hubbard, Hubbard Kommunikationsbüro, Saint Hill Manor, East Grinstead, Sussex, HCO-Policybrief vom 7. Februar 1965
[58] L. Ron Hubbard, Hubbard Kommunikationsbüro, Saint Hill Manor, East Grinstead, Sussex, HCO-Policybrief vom 7. Februar 1965
[59] L. Ron Hubbard, Hubbard Kommunikationsbüro, Saint Hill Manor, East Grinstead, Sussex, HCO-Policybrief vom 7. Februar 1965
[60] L. Ron Hubbard, Hubbard Kommunikationsbüro, Saint Hill Manor, East Grinstead, Sussex, HCO-Policybrief vom 7. Februar 1965
[61] L. Ron Hubbard, Hubbard Kommunikationsbüro, Saint Hill Manor, East Grinstead, Sussex, HCO-Policybrief vom 7. Februar 1965
[62] L. Ron Hubbard, Hubbard Kommunikationsbüro, Saint Hill Manor, East Grinstead, Sussex, HCO-Policybrief vom 7. Februar 1965
[63] L. Ron Hubbard, Hubbard Kommunikationsbüro, Saint Hill Manor, East Grinstead, Sussex, HCO-Policybrief vom 7. Februar 1965
[64] L. Ron Hubbard, Hubbard Kommunikationsbüro, Saint Hill Manor, East Grinstead, Sussex, HCO-Policybrief vom 7. Februar 1965
[65] L. Ron Hubbard, Hubbard Kommunikationsbüro, Saint Hill Manor, East Grinstead, Sussex, HCO-Policybrief vom 7. Februar 1965
[66] L. Ron Hubbard, Hubbard Kommunikationsbüro, Saint Hill Manor, East Grinstead, Sussex, HCO-Policybrief vom 7. Februar 1965
[67] L. Ron Hubbard, Hubbard Kommunikationsbüro, Saint Hill Manor, East Grinstead, Sussex, HCO-Policybrief vom 7. Februar 1965
[68] L. Ron Hubbard, Hubbard Kommunikationsbüro, Saint Hill Manor, East Grinstead, Sussex, HCO-Policybrief vom 7. Februar 1965
[69] L. Ron Hubbard, Hubbard Kommunikationsbüro, Saint Hill Manor, East Grinstead, Sussex, HCO-Policybrief vom 7. Februar 1965
[70] www.pewid.ch/SCI/jesseaff.html".
[71] www.holysmoke.org/tabayoyon2.txt - Copyright (C) 1994 Andre Tabayoyon - Redistribution rights granted for non commercial purposes.
[72] Church of Spiritual Technology (Kläger) gegen Vereinigte Staaten (Beklagte), No. 581-88T. United States of the State of California – Articles of Incorporation)